U0125720

世界体操运动 百年之旅

王文生 / 著

中央民族大学出版社
China Minzu University Press

图书在版编目（CIP）数据

世界体操运动百年之旅 / 王文生著 . —北京：中央民族大学出版社，2021.6（2023.9重印）

ISBN 978-7-5660-1854-0

Ⅰ . ①世… Ⅱ . ①王… Ⅲ . ①体操—体育运动史—世界

Ⅳ . ① G830.91

中国版本图书馆 CIP 数据核字（2020）第 261800 号

世界体操运动百年之旅

著　　者	王文生
策划编辑	赵秀琴
责任编辑	陈　琳
责任校对	肖俊俊
封面设计	舒刚卫
出版发行	中央民族大学出版社

北京市海淀区中关村南大街 27 号　　邮编：100081

电话：（010）68472815（发行部）　　传真：（010）68933757（发行部）

（010）68932218（总编室）　　（010）68932447（办公室）

经 销 者	全国各地新华书店
印 刷 厂	北京建宏印刷有限公司
开　　本	787×1092　1/16　印张：21.5
字　　数	245 千字
版　　次	2021 年 6 月第 1 版　2023 年 9 月第 3 次印刷
书　　号	ISBN 978-7-5660-1854-0
定　　价	97.00 元

序

现代体操运动已经走过了百余年的发展历程，而且已经形成了一个拥有适合人人享受其中的体操项目群。

体操运动是一项竞技体育项目。现行的国际性（Intercontinental Level）重大体操赛事主要包括奥运会（Olympic Games）、青年奥运会（Youth Olympic Games）、世界运动会（World Games）、世界体操（竞技体操、艺术体操、蹦床、技巧、健美操和跑酷）锦标赛（FIG World Championships）、英联邦运动会（Commonwealth Games）、非洲运动会（African Games）、亚洲运动会（Asian Games）、泛美运动会（Pan-American Games）及世界大学生运动会（Universiades）九大类。

体操运动也是一项适合各个年龄层次和不同人群的健身娱乐项目。国际体操联合会大众体操委员会主席玛格丽特·西肯斯·阿奎斯特（Margaret Sikkens Ahlquist）坚信，体操不仅仅是一项年轻人或高水平运动员的运动。（Gymnastics is not just a sport for the young, or for high-level competitors, insisted by Margaret Sikkens Ahlquist, President of the FIG Gymnastics for All Committee.）"体操的好处是你永远不必停下来，你可以继续进行其他类型的体操活动。体操真的是伴随着人的一生。"（The good thing about gymnastics is that you never have to stop, and you can always go on with another type of gymnastics activity. Gymnastics is really from the cradle to the grave.）该说法可以从参加世界大众体操节的国家（地区）数量和参与人数的增长态势中找到佐证，即参与国家（地区）由1953年第1届世界大众体操节的14个增长到2019年第16届世界大众体操节的62个，参与人数也由首届的5000人增长到近几届一直保持的2万人左右。由此也说明了体操运动作为"人人可以选择，人人能够选择"的健身、娱乐项目已经深深融入我们普通民众的日常生活方式之中了，并且在促进人类健康、长寿上发挥着不可或缺的积极作用。

体操运动更是一项具有丰富内涵和独特功能的育人项目，有助于促进青少年健康成长。从美国体操协会的相关数据来看，注册人数从1979年的30532人增长到2016年的125216人，而且每年在协会注册的体操类项目比赛多达4000多场，其中青少年是注册人数和参赛人数的主体。日本体操协会2020年3月6日的注册人口数据显示，大中小学生注册竞技体操和艺术体操项目的人数共计24975人，其中小学生有9889人，初中生有6768人，高中生有6336人，大学生有1982人。在我国，体操运动的基础性和重要性也开始受到重视。以体操类项目中的技巧为例，在2010年之前，全国性技巧比赛的参赛队伍只有六七个，参赛人员主要来自省级专业队的技巧运动员，参赛人数仅有几十人。出现这种现象的原因很简单——技巧项目在我国的学校体育中基本没有开展。为了彻底改变这一现状，中国蹦床与技巧协会决定，以着力推进技巧项目全面发展为目标，以技巧项目竞赛改革为引领，以"扩大人口，激励参赛；夯实基础，着眼长远；选好苗子，系统培养"为立足点，以技巧项目"人人都可练，人人都爱练，人人都能练，人人都能练到自己的极限"为理念，积极营造有利于各级、各类学校参与青少年技巧活动的氛围和环境，促进青少年技巧活动的广泛开展，帮助青少年在技巧锻炼中"享受乐趣，增强体质，健全人格，锤炼意志"。同时大力创新技巧后备人才培养方式，稳步推进优秀后备人才培养体系建设，努力造就一大批优秀的技巧后备人才；拓展并提高技巧后备人才培养的规模及效益，增强技巧项目可持续发展的能力，为增强国际竞争力、推进"健康中国"建设做出积极的贡献。近10年来我国技巧项目的改革成效可以被简要地归纳为以下四个方面：一是技巧项目"人人可练，人人能练"已成为我国技巧界的共识，从而有效破解了"练技巧"只能是专业技巧队和专业技巧运动员的"专利"；二是积极推动了技巧项目在我国20多个省、市、区的校园里开展，而且使之深受大中小学生及幼儿园小朋友的喜爱，为学校体育注入了新的活力；三是大中小学生已经成为全国性技巧比赛的主力军，在校生参赛队伍与参赛人数实现了"双增长"；四是技巧项目在校园里的育人功能正在发挥独特的作用，并且随着技巧项目在越来越多的校园里被进一步推广、普及，这种育人效能将越来越大。

关于本书的写作思路和体例设计的几点说明：

一、作为一名体操人，笔者深爱着体操运动，而且体操运动伴随的时间越长，越能够切身体验到体操运动之美：小学时开始练体操，大学期间学体操，毕业留校后教体操，攻读硕士、博士学位时研究体操。同时在体操类项目的国内外比赛中担任裁判员，1994年被国际体操联合会批准为国际级技巧裁判员，2000年被国际体操联合会批准为技巧项目专家级国际裁判员。在多年参加国际技巧比赛期间，印象最为深刻的是，每每看到比赛馆里座无虚席，比赛馆外的草坪上不同家庭的家长与孩子们在一起喜气洋洋地进行技巧动作练习时，眼前总是呈现出一幅绚丽多彩的画卷——体操真美！

正是基于内心深处对体操运动之爱，我也养成了时时关注体操运动并收集各类资讯的习惯——从早期的比赛秩序册、成绩册等文本资料收集，到如今只要每天一打开计算机，就会先浏览一下国际体操联合会、中国体操协会、美国体操协会及日本体操协会等网站，看一看各协会的新闻报道、相关文件及数据的更新情况。特别是在奥运会体操比赛和各体操项目举行世界锦标赛期间，每天都会跟踪赛事进展情况，并及时收集赛事信息（有些赛事信息在赛后就不可能再获得了），从而为了解、掌握世界体操运动发展的最新动态奠定了第一手资料的基础。长此以往，随着信息收集的不断积累与日渐丰富，也萌发出了"世界体操运动百年之旅"这一命题。值得欣慰和感激的是，在我校体育教育训练学院的支持下，这个夙愿得以实现了。

二、国际体操联合会自1881年成立以来，已经历了19世纪的创建、20世纪的发展，以及21世纪的腾飞，成员协会也由最初的3个发展到2020年6月时的152个。协会的影响力和美誉度不仅体现为开创了国际单项体育组织之先河，同时也彰显在现代奥运会发展的全过程中——从作为第一届奥运会的发起项目，到20世纪成为奥运会的"四大支柱"项目，再到进入21世纪后升格为奥运会的"三大支柱"项目。为此，国外诸多学者也从不同的视角追溯了国际体操联合会的诞生和发展，例如，《1881—1981国际体操联合会100年》[100 *Years of the International Gymnastics Federation*（1881—1981）]、《目标2000》（*Objectif An* 2000），以及《1992—2016从谢尔博到内村航平》（1992—2016 *from Vitaly Scherbo to Kohei Uchimura*）等记录了不同时期国际体操联合会及其核心人物留下的不可磨灭的历史痕迹。然而非常遗憾的是，目前尚未见到有关的中文研究成果。所以，希望本书能够弥补这一缺憾。同时也感谢国际体操联合会为推动体操运动在全世界的广泛开展所做出的不懈努力，以及为本书的写作和出版提供的丰富而翔实的支撑材料。

三、在体例安排上，本书主要分为六大部分：第一部分为国际体操联合会的发展历程；第二部分为奥运会体操（竞技体操、艺术体操、蹦床）比赛概览；第三部分为体操类项目（竞技体操、艺术体操、蹦床、技巧、健美操）世界锦标赛纵览；第四部分为大众体操与世界大众体操节概览；第五部分为国际体操名人殿堂（1997—2019）；第六部分为附录，即国际体操联合会所属152个成员协会一览表。

四、在写作过程中，之所以尽可能地采用中英文对照，是基于以下几点考虑的，其中心点就是为了消除不必要的误解：一是体操运动不仅项目多，而且术语更多，尤其是国际体操联合会对有些术语的英文表达进行过数次变更或规范，中文表达则一直是固定不变的。例如，中文"艺术体操"一词自诞生以来，就作为特指一项体操类运动项目的专用名词且沿用至今；而在英文中，则由最初的"Modern Gymnastics"演变为"Rhythmic Sports Gymnastics"，再到现在的"Rhythmic Gymnastics"。二是我们常常看到这样的案例，即明明是同一个运动员，我们在有关媒体的报道或文献中看到的却是不同的中文翻译。三是笔者学习的第一外语虽并不是英语，但是在20余年借助有关工具阅读英文文献的过程中，英文阅读水平也得到了不断的提高，而且对很多常用术语也能够烂熟于心。尽管如此，笔者认为也不能掉以轻心，故将有关原文引入其中，以供读者甄别并给予更为准确的翻译和理解。

五、本书的写作素材主要来源于从国际体操联合会官网上获得的各类文献资料等；同时，在整理、统计文献资料的过程中也发现了各种各样的问题。对此，笔者的态度是：对于能够做出准确甄别和修正的问题，就会给予相应的更正。例如，笔者在整理、统计世界技巧锦标赛男子双人项目金牌榜的排名时发现，原文中对我国技巧运动员宋敏和李仁杰的成绩统计出现了误差。究其原因得知，原文中把 RENJIE Li 和 MIN Song 获得的金牌数（1995、1997）与 LI Renjie 和 SONG Min 获得的金牌数（1996、2002）分别进行了统计，另外，还遗漏了宋敏和李仁杰在1999年第16届世界技巧锦标赛上获得的男子双人项目的全能金牌（笔者参加了该届世界技巧锦标赛的裁判工作）。故此，笔者在统计排名时给予了必要的更正。

在本书的写作中，笔者阅读、参考并引用了大量的相关资料（见参考资料）。笔者的博士生和硕士生们在整理、统计奖牌榜的过程中贡献了智慧，责任编辑为本书的出版付出了辛勤的汗水等，在此一并表示由衷的感谢！

鉴于水平有限，书中如有不当之处，敬请读者批评并指正！

目　录

第三部分　体操类项目世界锦标赛纵览　/ 117

第五部分　国际体操名人殿堂（1997—2019）/ 300

第 一 部 分

国际体操联合会的发展历程

一、国际体操联合会发展简况

国际体操联合会（Federation International Gymnastics，FIG）简称"国际体联"，是历史最悠久、规模最大的国际单项体育组织之一，1881年7月23日在比利时人尼古拉斯·J.卡鲁普斯（Nicolas J Cuperus）的

倡议下，世界上第一个单项体育组织 —— 欧洲体操联合会（Federation Européenne de Gymnastique，FEG）在比利时的列日市成立，当时只有比利时、法国和荷兰3个国家的代表出席了第一次会议。主席由比利时人尼古拉斯·扬·库佩鲁斯（Nicolas Jan Cupérus）担任，副主

席由法国人查尔斯·卡扎勒特（Charles Cazalet）担任，秘书长由阿尔·凯泽（Al Kayse）担任。1921年4月7日，欧洲体操联合会更名为"国际体操联合会"（Federation Internationale de Gymnastique，FIG），有16名代表出席了会议。1924年，国际体操联合会总部迁到法国巴黎，主席由法国人查尔斯·卡扎勒特担任。1933年，国际体操联合会总部迁至波兰，主席由波兰人亚当·扎莫斯基伯爵（Count Adam Zamoyski）担任。1946年，国际体操联合会总部设在瑞士日内瓦，主席由比利时人阿尔维耶拉（Goblet d'Alviella）担任。1956年，主席由瑞士人查尔斯·索尼（Charles Thoeni）担任。1966年，主席由瑞士人亚瑟·甘德（Arthur Gander）担任。1971年，美洲体操联合会（Pan-American Gymnastic Union，PAGU）在哥伦比亚的卡利成立。1973年，国际体操联合会开始在瑞士设立秘书处。1976年，主席由苏联人尤里·季托夫（Yuri Titov）担任。

1981年，国际体操联合会成立100周年庆典活动在瑞士蒙特勒举行；同年，艺术体操成为奥运会比赛项目。1982年，欧洲体操联合会（Union Européenne de Gymnastique，UEG）和亚洲体操联合会（Asian Gymnastics Union，AGU）相继成立。1990年，非洲体操联合会（Union Africaine de Gymnastique，UAG）在阿尔及利亚阿尔及尔成立。至此，国际体操联合会在四大洲建立了4个洲际联合会。1996—2016年，主席由意大利人布鲁诺·格兰迪（Bruno Grandi）担任。1998年，国际蹦床联盟和国际技巧联合会相继宣布解散，蹦床与技巧正式成为国际体操联合会的所属项目。2002年，国际体操联合会在马来西亚吉隆坡举行第一次体操学术会议，并创立了国际体操联合会基金会。2006年，国际体操联合会在瑞士日内瓦举行了成立125周年庆典，并发行了2枚庆祝国际体操联合会成立125周年的纪念邮票（见下图），时任国际奥委会主席罗格先生应邀出席了庆典活动。

　　2009年3月5日，时任国际奥委会主席罗格先生出席了国际体操联合会总部落户瑞士洛桑的典礼。2011年5月19—22日，国际体操联合会执行委员会和理事委员会在美国加利福尼亚州圣何塞市举行了全体会议。会议决定2011年7月10—16日将在瑞士洛桑庆祝国际体操联合会成立130周年，同时有20000名体操运动员及体操运动爱好者参加了在洛桑举行的第14届世界大众体操节。

　　2012年10月，第79届国际体操联合会代表大会结束后，随着安哥拉、贝宁、巴林、柬埔寨和土库曼斯坦5个新成员的加入，国际体操联合会的成员协会发展到134个，其中包括131个正式成员和3个非正式成员。据估计，国际体操联合会在其131个成员协会中拥有5亿左右的体操运动爱好者。国际体操联合会的正式用语为法语、英语、德语和西班牙语，主要以法语进行正式记录。

2013年5月28日，国际体操联合会（FIG）、国际奥林匹克委员会（IOC）执行委员会和夏季奥林匹克联盟（ASOIF）在俄罗斯圣彼得堡举行联合会议，时任国际奥林匹克委员会主席罗格先生公布了对奥林匹克运动会的成功做出贡献的、具有重要价值的体育项目做出了顺序分类：体操、田径、游泳三大项目被列为第一组，并代表着奥运会三个主要的支柱项目。

国际体操联合会的任务是通过体育教育及开展体操运动，将各种有利于身体发展的力量调动起来，研究体操理论与实践，印发文件；确定比赛动作和规程；为成员协会提供技术援助；举办国际比赛，鼓励、加强各国体操运动员之间的友好交往等。

国际体操联合会第80届代表大会于2014年10月29—30日在乌兹别克塔什干举行。大会接受了新的国际体操联合会成员，即阿富汗、波黑、中非共和国、开曼群岛、毛里求斯、尼加拉瓜、乌干达、赞比亚、科索沃等，共有142个国际体联成员协会参加了第80届代表大会。

国际体操联合会第81届代表大会于2016年10月18—20日在日本东京举行，来自120个国家和地区的代表参加了会议。大会投票选举并产生了新一届（2017—2020）国际体操联合会主席、副主席、执行委员会和理事会成员，选举产生了大众体操、男子竞技体操、女子竞技体操、艺术体操、蹦床、健美操、技巧等专门委员会主席及委员，以及上诉法庭的组成与审计员等领导机构。同时，大会一致确认了阿鲁巴、美属萨摩亚、喀麦隆、库克群岛、斐济、圣文森特和格林纳丁斯6个成员协会。会议期间，国际奥委会主席托马斯·巴赫先生到会祝贺，并代表国际奥委会授予即将离任的国际体操联合会主席布鲁诺·格兰迪"体育贡献特别荣誉奖"（见下图）。

2016年国际体操联合会第81届代表大会会场图及国际奥委会主席托马斯·巴赫与即将卸任的国际体操联合会主席布鲁诺·格兰迪先生（照片来源：国际体联网站）

新一届（2017—2020）国际体操联合会领导机构组成：

主席：渡边守成（Morinari Watanabe，日本）

国际体操联合会新老主席：时任主席布鲁诺·格兰迪（意大利，左）
与当选主席渡边守成（日本，右）（照片来源：国际体联网站）

副主席：尤里·季托夫（Yuri Titov，俄罗斯）、涅利·金（Nellie Kim，白俄罗斯）、罗超毅（Luo Chaoyi，中国）。

执行委员会（Executive Committee）：经选举产生了7名执委会委员，分别来自卡塔尔、西班牙、美国、叙利亚、芬兰、英国、韩国。

理事会（Council）：经选举产生了21名理事会成员，即欧洲体操联合会（Union Européenne de Gymnastique，UEG）7人（分别来自土耳其、斯洛伐克、塞尔维亚、希腊、保加利亚、挪威、匈牙利）、亚洲体操联合会（Asian Gymnastic Union，AGU）6人（分别来自印度、乌兹别克斯坦、黎巴嫩、泰国、巴基斯坦、斯里兰卡）、非洲体操联合会（Union

三名副主席合影（左起）：罗超毅（中国）、涅利·金（白俄罗斯）和尤里·季托夫（俄罗斯）（照片来源：国际体联网站）

Africaine de Gymnastique，UAG）3人（分别来自突尼斯、埃及、纳米比亚）、美洲体操联合会（Pan-American Gymnastic Union，PAGU）4人（分别来自古巴、巴西、阿根廷、多米尼加共和国）和大洋洲体操联合会（Oceania，OCE）1人（来自澳大利亚）。

各项目技术委员会主席合影（左起）：健美操技术委员会主席Sergio Garcia Alcazar（西班牙）、艺术体操技术委员会主席Nataliya Kuzmina（俄罗斯）、大众体操技术委员会主席Margaret Sikkens Ahlquist（瑞典）、蹦床技术委员会主席Horst Kunze（德国）、技巧技术委员会主席Rosy Taeymans（比利时）、女子竞技体操技术委员会主席Donatella Sacchi（意大利）和男子竞技体操技术委员会主席Steve Butcher（美国）（照片来源：国际体联网站）

各项目技术委员会（Technical Committees）组成名单如下：

1.大众体操技术委员会：主席（瑞典），委员6人（斯洛伐克、葡萄牙、日本、巴西、瑞士、丹麦）

2.男子竞技体操技术委员会：主席（美国），委员6人（拉脱维亚、英国、西班牙、德国、加拿大、日本）

3.女子竞技体操技术委员会：主席（意大利），委员6人（墨西哥、澳大利亚、中国、俄罗斯、叙利亚、加拿大）

4.艺术体操技术委员会：主席（俄罗斯），委员6人（埃及、日本、

美国、保加利亚、意大利、德国）

5. 蹦床技术委员会：主席（德国），委员6人（西班牙、白俄罗斯、俄罗斯、乌克兰、中国、法国）

6. 健美操技术委员会：主席（西班牙），委员5人（日本、中国、俄罗斯、罗马尼亚、巴西）

7. 技巧技术委员会：主席（比利时），委员6人（保加利亚、俄罗斯、波兰、乌克兰、德国、英国）

从1881年到2020年的100多年间，国际体操联合会主席先后由9人担任，其中前8任均由欧洲人担任。2017—2020年这一周期，国际体操联合会首次迎来了欧洲大陆以外的亚洲人担任掌门人（见表1）。

表1　1881—2020年国际体操联合会历任主席一览

序号	年份	任职主席姓名		所属学会
1	1881	尼古拉斯·扬·库佩鲁斯	Nicolas Jan Cupérus	比利时
2	1924	查尔斯·卡扎勒特	Charles Cazalet	法国
3	1933	亚当·扎莫斯基伯爵	Count Adam Zamoyski	波兰
4	1946	阿尔维耶拉	Goblet d' Alviella	比利时
5	1956	查尔斯·索尼	Charles Thoeni	瑞士
6	1966	阿瑟·甘德	Arthur Gander	瑞士
7	1976	尤里·季托夫	Yuri Titov	苏联
8	1996	布鲁诺·格兰迪	Bruno Grandi	意大利
9	2016	渡边守成	Morinari Watanabe	日本

从国际体操联合会组织机构（FIG Authorities）来看（见图1），主要包括国际体联代表大会（Congress）、理事会（Council）、执行委员会（Executive Committee）、各运动项目技术委员会（Technical Committees），等等。

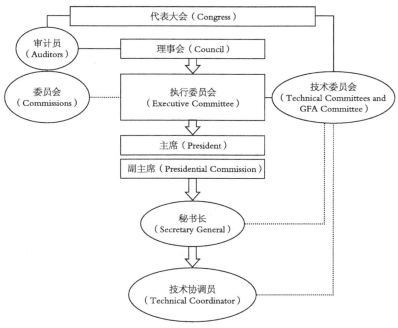

图1　国际体操联合会组织机构框架

国际体操联合会代表大会：根据国际体联章程，代表大会是国际体联的最高管理机构和最高权力机构，每两年（偶数年）举行一次成员协会代表大会。作为世界体操的立法机构，代表大会对发展世界体操运动负有特殊的责任。代表大会的主要职责如下：处理财务事项，包括批准四年周期财务计划和通过前两年的财务报表；考虑接纳、驱逐成员协会；每四年选举一次国际体操联合会主管机构，包括主席、副主席、执行委员会成员、各运动项目技术委员会主席、大众体操技术委员会主席、理事会成员等；特别代表大会也可以根据执行委员会的决定或至少1/4的成员协会的要求召开。

国际体操联合会理事会：理事会是国际体联的第二最高权力机构，是由来自五大洲的45名代表组成的年度立法大会。理事会由下列人员组成：国际体联主席、3名副主席、7名经选举产生的执行委员会委员、由代表大会选出的21名理事会成员、6位技术委员会主席、大众体操委员会主席、各大洲体操联合会主席、运动员委员会主席等。国际体联理事会是一个重要的决策机构。值得注意的是，理事会负责分配世界锦标赛（World Championships）、世界大众体操节（World Gymnaestrada）和世界体操挑战赛（World Gymnastics for Life Challenge），并负责修订所有的规则、条例、技术规程等。理事会还审议国际体联主席的报告，批准执行委员会的法案，批准包括预算在内的年度财务报告，可以授予成员协会临时成员资格，通过、修订纪律守则，并确保代表大会和特别代表大会的决定执行得当等。

国际体操联合会执行委员会：根据国际体联章程，执行委员会在理事会的总体领导和授权下，负责国际体联的行政和财务管理。执行委员会由23名成员组成，主要包括主席、副主席、各大洲体操联合会主席、各运动项目技术委员会主席、大众体操技术委员会主席、运动员委员会主席、7名其他当选成员等。除了与代表大会一起举行的会议外，执行委员会每年必须至少举行两次会议，但通常每三个月举行一次会议。

国际体操联合会技术委员会（见图2）：6个经选举产生的技术委员会和被提名的跑酷技术委员会负责管理国际体操联合会各运动项目（男子

竞技体操、女子竞技体操、艺术体操、蹦床、健美操、技巧和跑酷）。大众体操委员会负责大众体操的所有事宜。各运动项目技术委员会由大会选举产生的1名主席和6名委员（包括副主席）组成，各运动项目的运动员委员会代表（大众体操委员会除外）在各自的技术委员会任职。

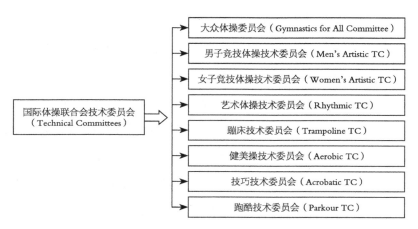

图2　国际体操联合会各运动项目技术委员会组成

　　从国际体操联合会性别比例来看，女性在国际体操联合会组织机构中占有较大的比重（见表2）；在运动员群体中，女性则占有绝对的比例（见表3）。

表2　2009—2020年国际体操联合会领导机构成分变化（单位：人）

类别	总计			女性			女性比例（%）		
	2009—2012	2013—2016	2017—2020	2009—2012	2013—2016	2017—2020	2009—2012	2013—2016	2017—2020
执委会	23	23	—	7	7	—	30.34	30.43	—

续表

类别	总计			女性			女性比例（%）		
	2009—2012	2013—2016	2017—2020	2009—2012	2013—2016	2017—2020	2009—2012	2013—2016	2017—2020
理事会	44	21	21	14	6	7	31.82	28.57	33.33
技术委员会	42	42	48	21	24	25	50.00	57.14	52.08
注册精英人数	4724	16751	22330	2774	11237	——	58.72	67.08	——
工作人员	25	28	——	11	15	——	44.00	53.57	——
总平均数							58.19	66.94	——

注：依据2016年国际体操联合会官方网站数据综合制表。

从国际体操联合会注册人口来看，主要包括两类人群，即业余体操运动员和持证体操运动员。

业余体操运动员（Amateur Gymnasts）：无数不同年龄的业余体操运动员经常在俱乐部里练习体操，代表了国际体操联合会金字塔的基础，而国际体操联合会金字塔是支持优秀体操运动员的基石。这些业余体操运动员也是全世界大众体操的榜样和大使，他们也是构成国际体操联合会所举办的各个运动项目赛事的现场观众和电视等媒体的观众。

持证体操运动员（Licenced Gymnasts）：自2009年伦敦世界体操锦标赛以来，每位体操运动员必须在抵达比赛场地时提交许可证。表3展示了各运动项目国际水平体操运动员的人数。大众体操则不受许可证的限制。

按性别划分的人口（Population by Gender）：在国际体操联合会的所

有体操活动中，女性占有极大的比例。表3展示了不同运动项目中年龄组和参与运动的高水平运动员的性别情况。

表3　国际体操联合会各运动项目注册运动员人数统计（单位：人）

项目	高水平运动员		年龄组		现役运动员		总计
	男子	女子	男子	女子	男子	女子	
男子竞技体操	3419	—	369	—	3788	—	3788
女子竞技体操	—	3685	—	464	—	4149	4149
艺术体操	—	6146	—	1283	—	7429	7429
蹦床	3064	3202	652	830	3716	4032	7748
技巧	1544	3456	62	383	1606	3839	5445
健美操	943	3757	184	1739	1127	5496	6623
跑酷	112	34	—	—	112	34	146
合计	9082	20280	1267	4699	10349	24979	35328

注：根据国际体操联合会2020年5月7日的数据制表。

随着世界体操运动的不断发展，同时鉴于国际体操联合会工作人员的不断增加和现代化办公的需要，国际体操联合会的办公场所也难以满足工作所需，所以，国际体操联合会执行委员会决定投资建设新的办公大楼。经过26个月的建设，于2016年11月21日起，国际体操联合会总部从原址搬迁至新的办公大楼，即新的地址是：

Fédération Internationale de Gymnastique（FIG）

Avenue de la Gare 12A

1003 LAUSANNE

Switzerland

+41（0）21 321 55 10

info[at]fig-gymnastics.org

国际体操联合会总部原址（图片来源：国际体联网站）

国际体操联合会新的办公大楼（图片来源：国际体联网站）

现行的国际性（Intercontinental Level）体操赛事主要包括奥运会（Olympic Games）、青年奥运会（Youth Olympic Games）、世界运动会（World Games）、世界体操锦标赛（FIG World Championships）、英联邦运动会（Commonwealth Games）、非洲运动会（African Games）、亚洲运动会（Asian Games）、泛美运动会（Pan-American Games），以及世界大学生运动会（Universiades）九大类。

至此，国际体操联合会成立100多年以来，已将体操运动打造为一个拥有诸多体操单项的项目群，并在全世界范围内深受亿万民众的喜爱。体操运动（FIG，Gymnastics）、田径运动（IAAF，Athletics）和游泳运动（FINA，Swimming）三大项目被列为奥运会A组项目，从而使体操成为奥运会三大支柱项目之一。截止到2020年6月，国际体操联合会共有152个成员协会（见附录），其中欧洲50个，亚洲37个，美洲31个，非洲27个，大洋洲7个。

国际体操联合会现任主席渡边守成在2019年提出了一个雄心勃勃的目标，即在未来几年内将国际体操联合会的成员协会数量拓展到200个。

二、21世纪国际体操联合会着力推动体操运动改革与发展的几项重点举措

21世纪以来，国际体联推出并实施了一系列改革、创新和发展举措，旨在为体操运动更加深入世界各地，体操赛事更加客观、透明而持续发力，并已取得了显著的成效。

国际体操联合会现任主席（2017—2020）渡边守成（Morinari Watanabe）在竞选时曾提出，希望在21世纪将体操运动推广成为世界上最

受民众欢迎、喜爱的体育运动，即经过几年的努力，到2024年将体操运动从2015年全球体育运动排名第24位提升至第10位，再经过若干年的努力，体操运动能够一跃成为全球第一大运动。为此，渡边守成在2016年当选为国际体联主席的致辞中提出：现在是体操创新的时候了。今天我们向世界发出了一个强烈的信息：我们的体操不是只在奥运会上流行的运动，体操现在和将来将成为体育之王。

基于此，国际体操联合会在2017—2020年期间，每年都会提出一个口号。

2017年，国际体操联合会将"挑战"（Challenge）作为体操大家庭的年度口号。国际体联主席渡边守成在接受《国际体操》杂志记者的采访时，重点讨论了几个共同关心的问题，其中包括自己对今后世界体操运动发展的规划等。例如，他在回答"如何进一步提高体操运动的知名度？"的提问时表示："对目前而言，比赛对于那些想知道、了解体操的人，是一种最佳的方式！对那些还不是很了解体操的人来讲，他们很难理解什么是优秀的体操运动员，或者不知道为什么要给他们打很高的分。在这种情况下，体操迷的数量是不会增加的。我会采用另一种让人更容易理解、更让每个人兴奋的比赛方式。这就是说，要创造一个由体操迷参加的比赛。"

2018年，国际体操联合会将"创新"（Innovation）作为年度新口号。国际体联通过其悠久的历史确立了自己作为一个杰出的国际体育联合会的地位。同时，还必须继续发展体操，使这项运动在下一代人的心目中保持光彩。要做到这一点，体操界人士必须知道"简单地扩展过去就没有未来的成功"。原因就在于，技术的发展极大地改变了人们的思维方式、价值观和行为方式。如果继续遵循过去的成功经验，体操运动将来就无法取得成功。正因为如此，体操需要创新——要有新的组织运作、新的竞争形式、新的营销、新的规则、新的教育和新的道德。在所有方面，仅仅更新一些东西是无法应对变化的时代的。所以需要创新体操。

2019年，国际体操联合会将"我们是一家人！"（We Are Family！）作为年度新口号。为此，渡边守成主席解释道："我对'体操家庭'有着强烈的感觉。我们正在积极讨论并交换意见。我觉得没有人把自己的利益放在首位；大家都应该把整个体操家族的利益放在首位，都应该避免只想着我们自己的联合会的幸福。我真诚地希望体操界成为一个真正的家庭。重要的是要激励那些对体操不感兴趣的人，帮助他们增长对我们的体操项目的兴趣。"

2020年，国际体操联合会将"成就"（Achievement）作为年度新口号。第一个愿望是2020年东京奥运会的体操项目取得成功。参加奥运会是运动员最大的梦想。希望他们每个人都实现自己的梦想，无论是进入奥运会资格赛、决赛，还是获得奖牌。2020年对于跑酷项目标志着一个新时代的开始，因为4月初第一届世界跑酷锦标赛将在日本的广岛举行。到2020年，体操大家庭将继续在各大洲发展壮大。非常遗憾的是，由于一场百年不遇的新冠肺炎疫情袭扰全球，迫使2020年东京奥运会延期举行，原定的第一届世界跑酷锦标赛也不得不改期举办。

为了读者能够了解国际体操联合会在促进世界体操运动深入发展方面所推出的一系列重大举措，笔者在全面梳理的基础上，重点对以下五项举措进行简要介绍。

（一）进一步强化、规范体操运动参与者的行为

2019年，国际体操联合会颁布了《国际体操联合会运动员、教练员、裁判员和官员行为准则》《*FIG CODE OF CONDUCT for Athletes，Coaches，Judges and Officials*，2019》，进一步明确、规范了运动员、教练员、裁判员的誓言：

运动员宣誓（The Athletes' Oath）："我以全体体操运动员的名义承诺，我们将参加本届世锦赛，尊重并遵守世锦赛的规则，本着真正的体育精神，为体育的荣耀和体操运动员的荣誉，致力于一项没有兴奋剂和毒品的运动。"（In the name of all gymnasts, I promise that we shall take part in these World Championships, respecting and abiding by the rules which govern them, committing ourselves to a sport without doping and without drugs, in the true spirit of sportsmanship, for the glory of sport and the honour of the gymnasts.）

教练员誓言（The Coaches' Oath）："我以全体教练员和运动员随行人员的名义，保证按照奥林匹克的基本原则，充分坚守、维护体育道德精神。我们将致力于教育体操运动员坚持公平竞争和无毒品运动，并尊重国际体操联合会关于世界锦标赛的所有规则。"（In the name of all Coaches and other member of the athlete's entourage, I promise that we shall commit ourselves to ensuring that the spirit of sportsmanship and ethics is fully adhered to and upheld in accordance with the fundamental principles of Olympism. We shall commit ourselves to educating the gymnasts to adhere to fair play and drug free sport and to respect all FIG Rules governing the World Championships.）

裁判员宣誓（The Judges' Oath）："我以全体裁判员和官员的名义，保证我们将本着真正的体育精神，完全公正地主持本届世界锦标赛（或任何其他国际体操联合会官方赛事），尊重并遵守有关规则。"（In the name of all judges and officials, I promise that we shall officiate in these World Championships, or any other official FIG event with complete impartiality, respecting and abiding by the rules which govern them, in the true spirit of sportsmanship.）

（二）跑酷（Parkour）已成为国际体联所属的第6个运动大项

2017年2月21—23日，国际体联在洛桑总部举行了第一次执委会，会上通过了体操发展计划，并决定将已经成为瑞典、荷兰、比利时等许多国家（地区）体操协会工作的一部分的跑酷项目纳入国际体联所属的正式比赛项目。其目的是通过"开发一个新的运动项目，进一步扩大体操运动的吸引力"（渡边守成）。2018年1月27日，国际体操联合会（FIG）与国际跑酷联盟（IPF）签署了伙伴关系的谅解备忘录。国际体联和国际跑酷联盟承认跑酷是一种独特的文化，并承诺尽最大努力保护这项运动的文化性、完整性和自主性。

目前，国际体联举办的跑酷世界杯系列赛（Parkour World Cup Series）已正式启动，并于2018年在日本广岛和法国蒙彼利埃举办了第1届跑酷世界杯系列赛；2019年4月6—7日，在我国四川成都举办的2019年国际体操联合会跑酷世界杯比赛落下了帷幕，来自英国、法国、荷兰、俄罗斯、墨西哥、阿根廷、澳大利亚、日本、中国等17个国家的34名国际顶尖级跑酷运动员参加了男子竞速（Men's Speed Run）、女子竞速（Women's Speed Run）、男子自由式（Men's Freestyle）和女子自由式（Women's Freestyle）共计4个小项的比赛。

国际体操联合会决定，从2020年起，将举办国际体操联合会世界跑酷锦标赛。第1届世界跑酷锦标赛定于4月在日本广岛举行，但因新冠肺炎而推迟举行。[First FIG Parkour World Championships in Hiroshima, Japan,（3—5 April 2020）is postponed.]

（三）着力打造体操类项目赛事的公平、公正、透明

体操比赛是一项以判断力为基础的运动，在判断力和透明度方面，它代表着对人类行为的观察。评分是一回事，但评出的分数可能是另一回事！（As Gymnastics is, quintessentially, a sport based on judgment, it represents a privileged observatory of human behaviour, in terms of judgment and transparency. Giving a score is one thing, but showing it is another question! — La Jonchère）

正是基于体操项目竞赛评价的这一特征，国际体操联合会始终把着力打造体操类项目比赛结果的公平、公正和透明度作为孜孜以求的目标，并为此推出了诸多举措。在此主要介绍以下4个方面：

1. 加大对裁判员评分客观性、公正性的日常监控已成常态

近5年来，国际体联不断加大对裁判员比赛评分客观性、公正性的监控力度，并在组织举办的体操类项目国际赛事中，对出现不能令人满意的评判的情况及时给予相关裁判员相应的处罚，为营造一个清新、透明、客观的体操赛事环境做出了不懈努力。

例如，国际体联为了保证2016年里约热内卢奥运会体操项目比赛的公正性，对2015年世界体操（竞技体操、艺术体操、蹦床）锦标赛及里约热内卢奥运会体操（竞技体操、艺术体操、蹦床）测试赛的评分结果进行了系统的评价，即国际体联对参与赛事评判的381人次的裁判员进行了评价。对参加2015年格拉斯哥世界体操锦标赛的196名裁判员进行了评价，启动纪律处分程序5个，2名裁判员因存在有偏差的评判而被给予了警告处分；对参加里约热内卢测试赛的107名裁判员进行了评价，启动纪律处分程序2个，且均因存在评判偏差而被给予了停赛4个月的处分；对参加2015年斯图加特世界艺术体操锦标赛的64名裁判员进行了评价，启

动纪律处分程序5个，其中2名裁判员因存在评判偏差而被给予了警告处分；对参加里约热内卢测试赛的14名裁判员进行了评价，启动纪律处分程序2个，均因存在不能令人满意的评判而被给予了警告处分。同时，还对参加欧洲艺术体操锦标赛的裁判员进行了评价，并对其中的4名裁判员给予了有关处罚。

2. 研制并开发了体操项目"辅助裁判系统"

现任国际体联主席渡边守成在竞选之前曾有一个承诺，即为了减少体操比赛中个人主观因素的干扰，将研发一套计算机辅助裁判系统。其实原因很简单：裁判员作为人类的一员，都会出现错误，而出错则是智人的特征之一。（A judge, as all individuals of the same species, is fallible. Mistakes are one of the characteristics of homo sapiens. — La Jonchère）尽管我们所有人都具有这一遗传特征，但是正义仍然是每个人都向往的美德。然而，对体操运动员而言，应该有合法的工具来纠正比赛中出现的错误评判。（Justice, despite all of us belonging to this same genetic heritage, remains no less a virtue to which everyone aspires. However, a gymnast should legitimately have a tool to fix such a mistake. — La Jonchère）

故此，国际体操联合会在2017年正式开始与日本富士通公司合作，共同努力研发一套体操比赛现场的辅助评分系统 —— 辅助裁判系统（Judging Support System）。基于这种合作，在2017年，于加拿大蒙特利尔举行的第47届世界体操锦标赛首次获得了进一步发展辅助裁判系统所必需的比赛数据；进而在2018年，第48届卡塔尔多哈世界体操锦标赛对辅助裁判系统进行了技术验证；在2019年的德国斯图加特第49届世界体操锦标赛上，辅助裁判系统利用三维图像和人工智能捕捉体操运动员的动作，并进行数字化再现，为高级裁判组审核体操运动员在鞍马、吊环、男子跳马、女子跳马4个项目上的得分的公平性提供了科技支撑。国际体联主席渡边守成将称其为"迈向未来的一大步"（a big step towards the future）。并表示："我们必须永远记住的人是体操运动员。他们把自己的青春奉献给了这项运动，这项运动给了他们梦想，并使他们茁壮成长。我们不能接受，所有这些年的努力和所有的梦想都被一个错误的判断摧毁。争议打分必须成为过去。"（The people we must always have in mind are the gymnasts. They dedicate their youth to this sport, which gives them dreams and sees them flourish. We cannot accept that all those years of hard effort and all those dreams are destroyed by a single judging error. Scoring controversies must become a thing of the past.）国际体联技术协调人史蒂夫·布彻（Steve Butcher）表示："我们不只是把它用于比赛。我们的目标是运动员和教练员能够在赛后利用这些信息进行训练，为将来的比赛做准备。"（We don't keep it just inside the box of the competition itself. The goal is that athletes and coaches will be able to use this information in post-competition and for their training in order to prepare for future competitions.）按照国际体操联合会的计划，该套辅助裁判系统将在2020年东京奥运会体操比赛中被正式使用。

3. 规范运动员参赛年龄与裁判组的组成

国际体操联合会在《2020年技术规程》（Technical Regulations 2020）中对各体操项目参加国际体操联合会各种正式比赛的运动员在比赛当年必须达到的最低年龄做出了严格的规定（见表4），同时，还对各项目比赛裁判组的组成做出了进一步的规范（见表5）。

表 4　国际体操联合会最低参赛年龄规定

成年比赛		青少年比赛	年龄组比赛	青奥会比赛
竞赛项目	年龄（岁）	年龄（岁）	年龄（岁）	年龄（岁）
男子竞技体操	18	14 — 17		16 — 17
女子竞技体操	16	13 — 15		15
艺术体操	16	13 — 15		15
蹦床	17	13 — 16	11	15 — 16
技巧	15	13 — 19	11	15 — 18
健美操	18	15 — 17	12	
跑酷	17	14 — 16		

注：所有项目已经参加过成年的世锦赛、洲际锦标赛、世界杯赛或综合性运动会的运动员不允许再参加少年比赛。

表 5　国际体操联合会体操类项目比赛裁判组成一览

裁判组成	竞技体操	艺术体操	蹦床				技巧	健美操	跑酷	
			个人	同步	单跳	小蹦床			竞速	自由式
D 裁判员（难度）	2	2DB+2DA	2	2	2	2	2	2		1
E 裁判员（完成）	5	4ET+2EA					4	4		
R 裁判员（参考*）	2	2RET					4（2RE、2RA）	4（RE、2RA）		
S+T 裁判员（裁判长、飞行时间、同步）			1	1	1	1				

续表

裁判组成	竞技体操	艺术体操	蹦床				技巧	健美操	跑酷	
			个人	同步	单跳	小蹦床			竞速	自由式
E+H裁判员（完成、位移）			6	6	5	5				
裁判长（CJP）							1	1		1
A裁判员（艺术）							4	4		
T裁判员（时间）								1		1
L裁判员（视线）								2		
起始数与计时（ST）										
检查点（CP）									1—3	
完成、安全、驾驭（ES）										
运用航速与创造力（CC）										
	9	12	9	9	8	8	15	18	3—5	3—5

注：*参考裁判及分数：竞技体操（男子和女子）、艺术体操、技巧和健美操项目在比赛时应提名参考裁判。参考裁判经各项目技术委员会提名，由主席于赛前3个月予以任命。只能指定一级或二级裁判员担任。经历、正直和诚实的品质都是考虑人选的依据，同时，他们在本周期或上一个周期中均没有被处罚过。参考裁判的分数不显示在比赛场馆的任何分屏上，但必须显示在成绩单上。

4. 赛事举办时间相对固定

国际体操联合会为了避免自己举办的体操赛事与其他体育组织举行的重要赛事在举办日期上发生冲突，在每一个周期之前都会公布赛历（见表6），同时要求各大洲联合会和成员协会遵守执行。

表6　国际体操联合会赛历（2017—2020）

赛事	1	2	3	4	5	6	7	8	9	10	11	12
世界体操锦标赛										√		
世界艺术体操锦标赛									√			
世界蹦床锦标赛											√	
世界技巧锦标赛			√									
世界健美操锦标赛					√							
体操全能世界杯赛			√	√								
体操单项世界杯赛		√	√								√	
艺术体操世界杯赛		√	√	√								
蹦床/单跳世界杯赛		√	√	√								
技巧世界杯赛		√	√								√	
健美操世界杯赛（偶数年）			√	√					√	√		
健美操世界杯赛（奇数年）			√	√	√				√			
体操大洲锦标赛					√	√*						
艺术体操大洲锦标赛				√	√	√*						
蹦床大洲锦标赛				√	√	√*						

续表

赛事	1	2	3	4	5	6	7	8	9	10	11	12
技巧大洲锦标赛									√	√	√	
健美操大洲锦标赛									√	√	√	
世界大众体操节								√	√			
大众体操挑战赛								√	√			
综合性运动会							√	√	√			
代表大会										√		
理事会					√							

注：＊指非奥运会年。

（四）大力推进普及教育活动并获得可喜成效

1. 国际体联"年龄组发展与竞赛计划"在世界范围内轰轰烈烈地推进

国际体联年龄组计划（FIG Age Group Programme，AGP）始于20世纪90年代末，扎扎实实地得到落实则是从2011年开始的。当时在国际奥委会的部分支持下，该计划被拓展为年龄组发展与竞赛计划（Age Group Development and Competition Program），同时也从最初的男子竞技体操（Men's Artistic Gymnastics）和女子竞技体操（Women's Artistic Gymnastics）项目，逐渐扩展至艺术体操（Rhythmic Gymnastics）、蹦床（Trampoline Gymnastics — Trampoline，Tumbling & DMT）、技巧（Acrobatic Gymnastics）、健美操（Aerobics Gymnastics）、跑酷（Parkour Gymnastics — Speed–Trick–Freestyle）等国际体操联合会现辖的所有运动项目，目前正在全世界范围内轰轰烈烈地推广并培训。

各个项目的年龄组计划是在国际体联体操学院培训主管的指导下、各运动项目工作组专家的积极参与下制定的，主要包括身体和技术能力测试、监测和发展计划，以及一个完整的双向多层次竞赛计划。

　　整个计划旨在使非专家和没有专门知识或资源的协会制定自己的计划，为其提供以运动员为中心的"食谱"，主要目标是安全、系统地使初级水平以下的体操运动员做好扎实的准备。因为体操运动在过去的50年里已经从以成人为基础发展到以儿童强化训练为标准，其训练理念是成年人告诉孩子该做什么、该做多少，却忽视了孩子的健康和安全。国际体联年龄组计划的重点就在于高度关注儿童时期的质量表现和身心健康，同时特别重视青少年时期的较高难度的训练应该是在安全的条件下进行，更不应包含在竞赛体系中。

　　男子竞技体操（MAG）、女子竞技体操（WAG）和艺术体操（RG）项目的《年龄组发展与竞赛计划》的所有方面——技术手册、身体和技术测试的视频、必学练习的视频、音乐等都已发布在国际体联的网站上。男女竞技体操项目共有近800个视频；艺术体操项目视频已于2018年完成；蹦床项目、技巧项目和健美操项目的《年龄组发展与竞赛计划》已于2019年完成并公布，而且所有项目的《年龄组发展与竞赛计划》的技术手册都以英语、法语和西班牙语三种语言在国际体联网站上发布。

　　以艺术体操年龄组发展与竞赛计划（Age Group Development and Competition Program for Rhythmic Gymnastics）文本为例，其主要包括国际体联年龄组发展计划概述与理念、体操运动员长期发展概况、竞赛项目——必学和选学要求、必学练习和选学练习要求、身体与技术能力测试大纲、芭蕾舞练习与测试项目、技能获得概况七大方面。

　　从国际体联推介《年龄组发展与竞赛计划》的实际情况来看，自2012年以来，截止到2019年8月底，国际体联年龄组计划已完成了164个年龄组训练营，来自113个国家（地区）的教练员参加了训练营培训，有53个国家（地区）主办了训练营；共有3119名（4256人次）的教练员参加了训练营（见表7）。

表 7　140 个协会参加了国际体联举办的 526 个教练员教育活动

（140 Federations Have Attended 526 Coach Education Events）

阿富汗（AFG）	阿尔及利亚（ALG）	安道尔（AND）	安哥拉（ANG）	阿根廷（ARG）	亚美尼亚（ARM）	阿鲁巴岛（ARU）	美属萨摩亚（ASA）	澳大利亚（AUS）	奥地利（AUT）	阿塞拜疆（AZE）	巴哈马（BAH）
孟加拉国（BAN）	巴巴多斯（BAR）	比利时（BEL）	贝宁（BEN）	百慕大（BER）	白俄罗斯（BLR）	玻利维亚（BOL）	博茨瓦纳（BOT）	巴西（BRA）	巴林（BRN）	保加利亚（BUL）	布基纳法索（BUR）
柬埔寨（CAM）	加拿大（CAN）	刚果（布）（CGO）	智利（CHI）	中国（CHN）	喀麦隆（CMR）	库克群岛（COK）	哥伦比亚（COL）	佛得角（CPV）	哥斯达黎加（CRC）	克罗地亚（CRO）	古巴（CUB）
塞浦路斯（CYP）	捷克（CZE）	丹麦（DEN）	多米尼加（DOM）	厄瓜多尔（ECU）	埃及（EGY）	萨尔瓦多（ESA）	西班牙（ESP）	爱沙尼亚（EST）	埃塞俄比亚（ETH）	斐济（FIJ）	芬兰（FIN）
法国（FRA）	英国（GBR）	格鲁吉亚（GEO）	德国（GER）	希腊（GRE）	危地马拉（GUA）	关岛（GUM）	中国香港（HKG）	洪都拉斯（HON）	匈牙利（HUN）	印度尼西亚（INA）	印度（IND）
伊朗（IRI）	爱尔兰（IRL）	伊拉克（IRQ）	冰岛（ISL）	以色列（ISR）	意大利（ITA）	牙买加（JAM）	约旦（JOR）	日本（JPN）	哈萨克斯坦（KAZ）	吉尔吉斯斯坦（KGZ）	韩国（KOR）
科索沃（KOS）	沙特阿拉伯（KSA）	科威特（KUW）	拉脱维亚（LAT）	利比亚（LBA）	黎巴嫩（LBN）	莱索托（LES）	立陶宛（LTU）	卢森堡（LUX）	摩洛哥（MAR）	马来西亚（MAS）	摩尔多瓦（MDA）
墨西哥（MEX）	蒙古（MGL）	马耳他（MLT）	莫桑比克（MOZ）	毛里求斯（MRI）	黑山（MNE）	缅甸（MYA）	纳米比亚（NAM）	尼加拉瓜（NCA）	荷兰（NED）	尼泊尔（NEP）	尼日利亚（NGR）

挪威 （NOR）	新西兰 （NZL）	巴基 斯坦 （PAK）	巴拿马 （PAN）	巴拉圭 （PAR）	秘鲁 （PER）	菲律宾 （PHI）	巴勒 斯坦 （PLE）	巴布亚 新几 内亚 （PNG）	波兰 （POL）	葡萄牙 （POR）	朝鲜 （PRK）
波多 黎各 （PUR）	卡塔尔 （QAT）	罗马 尼亚 （ROU）	南非 （RSA）	俄罗斯 （RUS）	萨摩亚 （SAM）	塞内 加尔 （SEN）	新加坡 （SGP）	斯洛文 尼亚 （SLO）	塞尔 维亚 （SRB）	斯里 兰卡 （SRI）	瑞士 （SUI）
斯洛 伐克 （SVK）	瑞典 （SWE）	斯威 士兰 （SWZ）	叙利亚 （SYR）	泰国 （THA）	多哥 （TOG）	汤加 （TON）	中国 台北 （TPE）	特立尼 达和多 巴哥 （TTO）	突尼斯 （TUN）	土耳其 （TUR）	乌克兰 （UKR）
乌拉圭 （URU）	美国 （USA）	乌兹别 克斯坦 （UZB）	委内 瑞拉 （VEN）	越南 （VIE）	也门 （YEM）	赞比亚 （ZAM）	津巴 布韦 （ZIM）				

引自国际体联网站，根据哈迪·芬克（Hardy Fink）2020年2月21日更新数据制表。

2. 积极推进国际体联体操学院计划，重在培养高水平体操教练员

国际体联体操学院计划（FIG Academy Programme）是国际体联所属项目（男子竞技体操、女子竞技体操、艺术体操、蹦床、健美操、技巧和跑酷）的全球教练员的教育计划。该教育计划的目标是为体操运动发达与不发达国家（地区）的体操协会培养高水平运动员提供一个共同的知识基础。计划以运动员为中心，提供科学的成长基础和发展特征，以及什么是"世界最佳实践"的案例等，使教练员在培养体操运动员的实践过程中尽可能避免出现任何大的失误。

国际体操联合会体操学院培训计划的教练员教育分为1、2、3级三个层次，培训课程包括8—10个理论讲座，如生物力学、解剖学、心理学、规划、训练理论、生理学和运动理论，以及器械项目和技术、音乐和艺术

准备、编排和身体准备等。每个学院的课程一般安排7天，理论课占1/3，实践课占2/3。特别需要说明的是，现行的课程内容已完全与国际体联颁布的年龄组发展、竞赛计划结合起来了。

　　自2002年以来，截止到2019年8月底，国际体联已在79个国家（地区）体操协会组织实施了316次国际体联学院教育计划（需要说明的是，鉴于大多数男子竞技体操学院和女子竞技体操学院都是联合办学的，所以在统计学院数据时，往往是合并计算的。如果要独立计算，所有项目的学院总数应该为442所）。来自129个国家（地区）体操协会的5329名各个体操项目的教练员参加了教育计划，培训达到了8950人次。来自44个国家（地区）的261名体操项目专家承担了培训任务。372位教练员获得了国际体联授予的教练员资格（见表8）。

表8　92个协会举办了国际体联526个教练员教育活动
（92 Federations Have Hosted 526 Coach Education Events）

阿尔及利亚（ALG）4+4	阿根廷（ARG）4+6	阿鲁巴岛（ARU）1	澳大利亚（AUS）18+21	奥地利（AUT）1	阿塞拜疆（AZE）8	巴哈马（BAH）1	孟加拉国（BAN）	巴巴多斯（BAR）2+1	比利时（BEL）4
贝宁（BEN）3+1	百慕大（BER）1+1	玻利维亚（BOL）11+6	巴西（BRA）6	保加利亚（BUL）1	加拿大（CAN）3+2	刚果（布）（CGO）1+2	智利（CHI）6+2	中国（CHN）2	哥伦比亚（COL）16+6
佛得角（CPV）1	哥斯达黎加（CRC）3+3	古巴（CUB）5+3	塞浦路斯（CYP）2	捷克（CZE）1	丹麦（DEN）1+1	多米尼加（DOM）4+1	厄瓜多尔（ECU）3+5	埃及（EGY）20+1	萨尔瓦多（ESA）2+5
爱沙尼亚（EST）1	芬兰（FIN）2	法国（FRA）3	英国（GBR）1	德国（GER）7	希腊（GRE）1	危地马拉（GUA）4+6	中国香港（HKG）5+2	匈牙利（HUN）3	印度尼西亚（INA）5

续表

印度 （IND） 1	伊朗 （IRI） 1	意大利 （ITA） 2	牙买加 （JAM） 3+2	约旦 （JOR） 1	日本 （JPN） 3	哈萨克斯坦 （KAZ） 1	韩国 （KOR） 3	科索沃 （KOS） 1	沙特阿拉伯 （KSA） 2+1
立陶宛 （LTU） 1	摩洛哥 （MAR） 3	马来西亚 （MAS） 5+5	墨西哥 （MEX） 9+7	蒙古 （MGL） 1	莫桑比克 （MOZ） 1+5	纳米比亚 （NAM） 7+5	尼加拉瓜 （NCA） 1	荷兰 （NED） 2+1	尼泊尔 （NEP） 1
尼日利亚 （NGR） 1	挪威 （NOR） 2	新西兰 （NZL） 5+1	巴拿马 （PAN） 7+6	巴拉圭 （PAR） 1+1	秘鲁 （PER） 7+7	菲律宾 （PHI） 10+4	葡萄牙 （POR） 15+2	朝鲜 （PRK） 2	波多黎各 （PUR） 1+1
卡塔尔 （QAT） 6+2	南非 （RSA） 32+141	俄罗斯 （RUS） 2	塞内加尔 （SEN） 6+2	新加坡 （SGP） 6+5	斯洛文尼亚 （SLO） 1	斯里兰卡 （SRI） 1	瑞士 （SUI） 8+2	斯洛伐克 （SVK） 1	瑞典 （SWE） 1
泰国 （THA） 1	中国台北 （TPE） 1	特立尼达和多巴哥 （TTO） 6+3	突尼斯 （TUN） 1+1	乌克兰 （UKR） 2	乌拉圭 （URU） 2+2	美国 （USA） 2	乌兹别克斯坦 （UZB） 4+1	委内瑞拉 （VEN） 6+3	越南 （VIE） 5+6
也门 （YEM） 1	津巴布韦 （ZIM） 6								

引自国际体联官网，根据哈迪·芬克（Hardy Fink）2020年2月21日更新数据制表。

注：灰色部分表示年龄组培训（没有学院培训）。1.南非已经在国际体联的许可下开办了11所学院，由国际体联培训专家来提供课程内容。澳大利亚在国际体联的许可下开办了2所学院，由国际体联培训专家来提供课程内容。2.瑞士的8所学院（其中6所在艾格尔的训练中心设有训练营）都是由国际体联作为特别项目管理的。3.大多数男子竞技体操/女子竞技体操学院都是联合办学的，并被记录为一所学院而不是两所。如果单独记录，所有项目的学院总数为496所，而不是356所（笔者经核对数据，确定为350所）。同样地，年龄组营地为232所而不是170所（笔者经核对数据，确定为168所），合计为728所。在加拿大和瑞士的4个年龄组会议不是由这些联合会专门主办的，而是作为特别项目由国际体联负责，目的是培训专家并与男子竞技体操技术委员会和女子竞技体操技术委员会协商。

（五）推出世界锦标赛的新模式与奥运会资格的新制度

2019年5月2—3日，国际体联理事会在举行于俄罗斯圣彼得堡的会议上做出了几项重要决定，其中包括竞技体操和艺术体操世界锦标赛的新形式，以及2024年巴黎奥运会资格制度的变化。对此，现任国际体联主席渡边守成指出："最常见的批评之一是我们的世界锦标赛太长了。我们采用的新形式将有助于缩短时间和降低成本，有助于使比赛更加激动人心，并提高洲际锦标赛（continental championships）的价值。"另外，他强调："对我们来说，在公平对待最优秀的运动员的同时，落实2024年巴黎奥运会的资格制度也是至关重要的。"

1. 世界锦标赛的新模式

关于世界体操锦标赛：2022年和2023年世界体操锦标赛将启用新模式。第一，参加世界体操锦标赛的运动员人数将受到限制，即运动员总人数为409人（见表9），其中男子体操运动员208人，女子体操运动员201人；第二，世界体操锦标赛的持续时间将由现行的15天（2018年世界体操锦标赛的总持续时间为15天）缩短到11天（减少了两个训练日和两个比赛日）。

表 9　世界体操锦标赛新模式

赛事	男子	女子
洲际锦标赛（Continental Championships）	24个团体，每队5人	24个团体，每队5人
洲际锦标赛（Continental Championships）	40名体操运动员参加个人全能比赛	49名体操运动员参加个人全能比赛
单项世界杯系列赛（Apparatus World Cup Series）	48名体操运动员（每个项目8名体操运动员）	32名体操运动员（每个项目8名体操运动员）
合计	208人	201人

关于世界艺术体操锦标赛：从2021年世界艺术体操锦标赛开始，个人项目（individual events）的参赛人数将限制在105人，配额分布在五大洲。洲际锦标赛的结果将决定每个联合会的名额分配，每个国家（地区）最多3名运动员参赛。2021年和2022年，每个联合会只允许1个集体项目（group competition）参赛，在2023年世界艺术体操锦标赛中，最多只允许30个集体项目参赛。因此，世界艺术体操锦标赛的比赛日将由2018年的7天缩短至5天。

另一个变化与团体比赛（team competition）有关，即同时考虑运动员在个人比赛和集体项目比赛中的成绩。

个人全能比赛（individual all-around competition）将由目前的前24名选手减少到前18名选手（每个国家或地区最多2名），而每种器械前8名运动员参加决赛的规定保持不变。

2. 法国巴黎2024年奥运会的资格制度

国际体联理事会已通过了法国巴黎2024年奥运会的资格制度。其目标是回归到更简单、更易于理解的标准。需要特别说明的是，该方案尚需得到国际奥林匹克委员会（IOC）的批准。

关于奥运会竞技体操项目参赛资格：主要的变化是每队参赛运动员数量最多为5人。2022年世界体操锦标赛将成为第一个资格赛，获得团体前三名的队伍将取得奥运会参赛资格。2023年世界体操锦标赛将是团体和个人资格的主要赛场。2023 — 2024年单项世界杯系列赛和2024年洲际锦标赛将是最终获得奥运会资格的机会。

关于奥运会艺术体操项目参赛资格：在2022年世界艺术体操锦标赛上，获得个人和集体项目比赛的冠军将取得参加2024年巴黎奥运会的资格。在2023年世界艺术体操锦标赛上，将有16个名额用于个人项目比赛，以及5个名额用于集体项目比赛。2024年洲际锦标赛也将发挥关键作用，即可以为每个大洲提供1个集体项目和1个个人项目比赛的名额。

关于奥运会蹦床项目参赛资格：在2023年世界蹦床锦标赛上，进入男子蹦床和女子蹦床个人决赛前8名的运动员将为本国（地区）赢得1张参加奥运会蹦床比赛的入场券，但是每个国家（地区）最多只能获得1张门票。

2023—2024年蹦床世界杯系列赛将给1名最优秀的蹦床运动员代表国家（地区）的机会；剩下的名额将根据2023年世界蹦床锦标赛的成绩，分配给没有获得入场券的大洲，以确保所有大洲均有代表参加奥运会蹦床比赛。

奥运会体操比赛概览

一、奥运会体操比赛项目的设置与变化

自1896年第一届现代奥运会举办之日起，体操就一直作为正式比赛项目。在120年夏季奥运会的历史征程中，体操项目始终沉寂时锻造自我，鼎盛时乘势而进。120年以来在实际举办的28届奥运会中，体操比赛项目的设置走过了一条由探索迈向规范并逐渐回归统一的发展之路（见图3）。

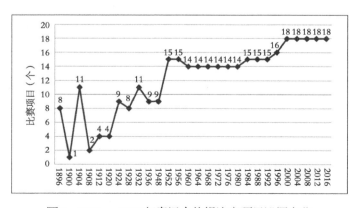

图3　1896 — 2016年奥运会体操比赛项目设置变化

具体来说，将120年以来奥运会体操比赛项目的设置划分为三个阶段，即探索阶段（1896 — 1932）、规范阶段（1936 — 1980）和回归统一阶段（1984 — 2016）。

第一阶段：奥运会体操比赛项目设置的探索阶段（1896 — 1932）。在1896年举行第一届现代奥运会之时，体操项目就被列在其中，而且比赛包括了单杠、双杠、鞍马、吊环、跳马、爬绳、单杠团体和双杠团体8个项目；但是到了1900年第二届奥运会举行之时，体操比赛虽然只设置了男子个人全能比赛，但是从具体比赛项目来看，不仅包含了第一届奥运会体操比赛的项目，而且增加了自由体操、跳远、跳高、跳远综合跳、撑竿跳高、50公斤举重等；进一步纵向分析其后的几届奥运会体操比赛设项情况，可以发现这样一个特点：变化不断。换句话说，一是在保留单杠、双杠、鞍马、吊环等器械体操比赛的基础上，增项与减项的调整或变更现象始终在发生；二是1928年设置了女子团体比赛，但是到了1932年没有设置女子比赛。

第二阶段：奥运会体操比赛项目设置逐渐走向规范的阶段（1936 — 1980）。之所以将这一阶段界定为"规范"，是基于三个方面的因素，一是奥运会体操（实际上指"竞技体操"）比赛项目得以成型、固定，二是国际体操评分规则诞生并不断完善，三是体操比赛场地由户外到被固定为室内。

从1936年开始，奥运会男子竞技体操的比赛项目（团体、全能、自由体操、鞍马、吊环、跳马、双杠、单杠）开始固定下来并一直延续至今。同时，女子体操比赛不仅在1936年的奥运会上再度出现，而且在该届与其后的1948年奥运会上都进行了女子团体比赛。从1952年奥运会体操比赛开始，现行的女子团体、女子全能、跳马、高低杠、平衡木、自由体操6个项目也基本成型，只不过1952年和1956年两届奥运会在女子体操比赛中设置了女子团体轻器械操比赛而已。至此，从1960年开始，奥运会体操比赛不仅男女体操运动员同时参赛，而且男子竞技体操8个项目和女子竞技体操6个项目得以成型并固定，为体操运动向着更高、更快、更强的方向发展不断注入了新的活力。

　　奥运会体操比赛项目的固定也为国际竞技体操评分规则、技术规程的产生和不断完善奠定了必要的基础。早期的体操比赛评分法只局限于"技术规程"中所提供的一般信息，有些原则的规定或扣分范围仅是赛前由男子竞技体操技术委员会在有限的范围内制定的。这就使得每个裁判员往往根据自己在国内所掌握的情况比较主观、随便地进行评分，结果是评分中常常出现差异很大和错误判断现象。为此，1938年，国际体操联合会在时任男子竞技体操技术委员会法国代表哥洛德·拉巴鲁和卢森堡代表比尔·亨吉斯的建议的影响下，决定对每一种体操比赛项目设置4名裁判员，并规定去掉最高分和最低分，两个中间分的平均数为最后有效得分，并对两个中间分之间的允许分差范围做出了规定。1948年，第二次世界大战后在伦敦举行的奥运会上举行了裁判员宣誓仪式。1949年开始组织力量制定国际体操评分规则，并出台了一本12页纸的小册子，由此揭开了国际体操评分规则不断完善的序幕。例如，1952年的赫尔辛基奥运会增设了裁判长，其职责是监督、指导4名裁判员进行工作；在1954年的苏黎世会议中，技术委员会开始补充自选动作难度评价，把单个动作和联合动作分成A、B、C组难度等级；1956年的墨尔本奥运会开始采用单项决赛。1964年，国际体操联合会举行了第一届洲际裁判员培训班。随后，以4年为一个周期的新评分规则的颁布及其定期4年一届的洲际裁判员培训班就成为一种制度。1968年出台的新规则中规定：决赛采用"三性"（动作难度的惊险性、编排的独特性、完成动作的熟练性）加分等。

　　从奥运会体操比赛的场地来看，其经历了一个从户外比赛到室内比赛的演进过程。早期奥运会比赛的影像和图片显示，体操比赛场地是被设在室外体育场的，男女体操运动员在蓝天、白云的衬托之下尽情展示自己的优美身姿和动作。到了1948年奥运会，伦敦奥运会的筹办者希望继承体操项目在户外比赛的传统，并且计划将体操比赛安排在帝国体育场（Empire Stadium，即后来被重新命名为"温布利体育场"的奥运会主会场）举行。然而，英国体操协会的代表与奥运会筹办者和国际体操联合会进行讨论时表达了将伦敦奥运会体操比赛场地安排在帝国体育场的顾虑，原因就在于英国气候的不确定性。后来的事实证明，英国体操协会的担心是正确的，即在奥运会体操比赛开始的前一天，倾盆大雨浸透了伦敦，使得原本被安排在帝国体育场的体操比赛场地成了水坑。面对湿漉漉的比赛场地，主办方不得不推迟奥运会体操比赛，并且为了不在天气上冒险，只好将体操比赛由户外搬到了离伦敦市中心更近的厄尔宫（Earl's Court）的室内皇后大厅举行，比赛时间被重新安排到奥运会的最后三天，而且是男女项目同场比赛。值得欣慰的是，体操比赛场地由户外搬至室内的无奈之举丝毫没有影响到体操运动的受欢迎程度——在体操项目的比赛日，观众纷纷涌进了大厅，挤到看台上观看了体操比赛。伦敦奥运会体操比赛也由此开创了世界体操运动的一项新的先例，即体操比赛开始了在室内举行的历史。尽管4年后的赫尔辛基奥运会的天气预报显示不会影响室外比赛，但体操比赛延续了伦敦奥运会在室内举行的做法。

左图为1928年阿姆斯特丹奥运会上意大利体操运动员罗密欧·内里在进行单杠比赛，右图为1948年伦敦奥运会上瑞士体操运动员约瑟夫·斯塔尔德在进行吊环比赛（照片来源：国际体联网站）

第三阶段：奥运会体操比赛项目设置逐渐回归于统一的阶段（1984—2016）。艺术体操项目在1984年奥运会体操比赛场上的出现对于世界体操运动可谓具有里程碑的意义。之所以如此评价，是因为奥运会竞技场（1936—1976）对竞技体操比赛项目的规范一方面有助于体操运动向更高、更快、更强的方向发展；另一方面却有意无意地把原本丰富多彩的体操运动人为地分离了，以至于新兴的艺术体操、蹦床、技巧等体操项目只好另起炉灶，并于1964年成立了国际蹦床联盟（International Trampolining Federation，ITF），于1973年成立了国际技巧联合会（International Federation of Sports Acrobatics，IFSA），从而形成了同属于体操运动的不同项目归为不同的世界单项体育组织管理。各自为政的结果不能在推动体操运动在世界范围内的大发展方面形成强大的凝聚力，同时也不利于新兴体操项目的迅速推广。基于此，经国际蹦床联盟、国际技巧联合会与国际体操联合会友好协商后取得共识，即原属于国际蹦床联盟的三大项目和国际技巧联合会的7个项目，从1999年1月1日起归属国际体操联合会管理，同时国际蹦联和国际技联自行解散，从而实现了世界体操运动在组织机构上的大统一，并在世纪之交的奥运会上首次引进了蹦床项目的比赛。

至此，现代奥运会赛场上的体操比赛就分为竞技体操、艺术体操和蹦床3个分项共18个小项（见图4）。2012年伦敦奥运会体操赛场上有324名体操运动员献艺，其中竞技体操运动员有196人（男女各98人）、艺术体操运动员有96人（个人项目26人，集体项目70人）、蹦床运动员有32人（男女各16人）。

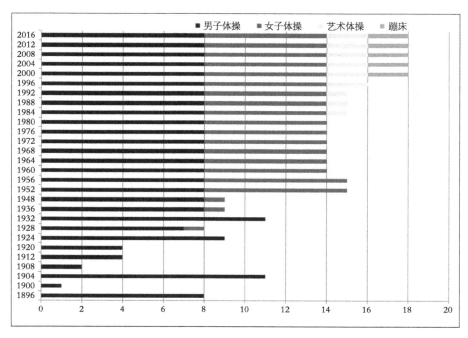

图4　奥运会体操比赛项目设置变化

二、奥运会竞技体操概览

（一）竞技体操比赛项目的设置与变化

竞技体操自1896年奥运会创立以来，一直是奥运会比赛的保留项目。到2016年，奥运会在理论上已举办过31届，但因第一次和第二次世界大战之故，实际上只举行了28届。从比赛项目设置上的变化来看，直到1936年开始，男子竞技体操的比赛项目才被固定为男子竞技体操团体、男子竞技体操个人全能、男子自由体操、鞍马、吊环、跳马、双杠和单杠（见表10）。

表 10   1896—2016 年奥运会男子竞技体操比赛项目设置与变化

项目	1896	1990	1904	1908	1912	1920	1924	1928	1932	1936—2016	届数
团体	—	—	√	√	√	√	√	√	√	√	26
个人全能	—	√	√	√	√	√	√	√	√	√	27
自由体操	—	—	—	—	—	—	—	—	√	√	20
单杠	√	—	√	—	—	—	√	√	√	√	24
双杠	√	—	√	—	—	—	√	√	√	√	24
鞍马	√	—	√	—	—	—	√	√	√	√	24
吊环	√	—	√	—	—	—	√	√	√	√	24
跳马	√	—	√	—	—	—	√	√	√	√	24
Rope Climbing	√	—	√	—	—	—	√	—	√	—	4
Club Swinging	—	—	√	—	—	—	—	—	—	—	1

续表

项目	1896	1990	1904	1908	1912	1920	1924	1928	1932	1936—2016	届数
Horizontal Bar, Team	√	—	—	—	—	—	—	—	—	—	1
Parallel Bars, Team	√	—	—	—	—	—	—	—	—	—	1
Free System, Team	—	—	—	—	√	√	—	—	—	—	2
Swedish System, Team	—	—	—	—	√	√	—	—	—	—	2
Combined	—	—	√	—	—	—	—	—	—	—	1
Triathlon	—	—	√	—	—	—	—	—	—	—	1
Indian Clubs	—	—	—	—	—	—	—	—	√	—	1
Side Horse Vault	—	—	—	—	—	—	√	—	—	—	1
Tumbling	—	—	—	—	—	—	—	—	√	—	1
项目	8	1	11	2	4	4	9	7	11	8	

　　从奥运会女子竞技体操比赛项目的设置和变化来看，早在1928年，女子竞技体操就出现在奥运会的比赛场上了，然而到了1932年，女子竞技体操比赛被取消了；1936—1956年的奥运会上，女子竞技体操项目又重新回到了比赛现场；从1960年开始，奥运会女子竞技体操的比赛项目才被固定为女子竞技体操团体、女子竞技体操个人全能，以及跳马、高低杠、平衡木、女子自由体操（见表11）。

表 11   1928—2016 年奥运会女子竞技体操比赛项目设置与变化

项目	1928	1932	1936	1948	1952	1956	1960	1964—2016	届数
团体	√	—	√	√	√	√	√	√	20
个人全能	—	—	—	—	√	√	√	√	17
平衡木	—	—	—	—	√	√	√	√	17
自由体操	—	—	—	—	√	√	√	√	17
高低杠	—	—	—	—	√	√	√	√	17
跳马	—	—	—	—	√	√	√	√	17
Portable Apparatus，Team	—	—	—	—	√	√	—	—	2
项目	1	0	1	1	7	7	6	6	

（二）竞技体操项目参赛国家（地区）的变化与分析

在现代奥运会已经走过的120年的历史中，因两次世界大战之故有三届未能如期举行，所以说真正举行过的现代奥运会实际上只有28届，共有92个国家（地区）的运动员参加过奥运会体操比赛（见表12）。

表 12　1896—2016 年参加奥运会竞技体操比赛的国家（地区）一览

国家（地区）	96	0	4	8	12	20	24	28	32	36	48	52	56	60	64	68	72	76	80	84	88	92	96	0	4	8	12	16	届数
阿尔及利亚															1	1												2	3
阿根廷											7	2		1	1							3	2	1	1		2	2	10
亚美尼亚																							1				1	3	3
澳大利亚													9	4	12	2	3	3	3	4	3	7	8	8	7	7	6	1	16
奥地利										8	16	16	1	12													2	1	7
阿塞拜疆																											1	2	2
孟加拉国																		2											1
巴巴多斯																							1						1
白俄罗斯																							14	12	3	7		2	5
比利时		2		2		48					8	3		5	1	2		2				1	1	1	1		2	6	16
波西米亚		1		2																									3
玻利维亚																									1				1

续表

国家（地区）	96	0	4	8	12	20	24	28	32	36	48	52	56	60	64	68	72	76	80	84	88	92	96	0	4	8	12	16	届数
巴西																			2	2	2	2		2	7	7	8	10	9
保加利亚	1									7		16	6	12	8	11	12	12	12		12	12	8	6	2	2	2		17
加拿大				2									2	3	4	10	9	9		12	12	9	6	8	12	8	6	6	16
智利																											2	2	2
中国																				12	12	12	14	12	12	12	10	10	9
中国台北															8	4					1			1				1	5
哥伦比亚																									1	2	2	2	4
克罗地亚																							1			2	2	2	4
古巴											7	3	1	2	6	12	6	3	6					2	3			3	12
塞浦路斯																												1	1
捷克																							2	2	1	2	2	1	6
捷克斯洛伐克						16	8	8		16	16	16	12	12	12	12	12	12	12		6	5							15

续表

国家（地区）	96	0	4	8	12	20	24	28	32	36	48	52	56	60	64	68	72	76	80	84	88	92	96	0	4	8	12	16	届数
丹麦	1			24	49	45					8	7				3	1	1											9
多美尼加																											1		1
东德																12	12	12	12		12								5
厄瓜多尔																3													1
埃及						2					8	8	6	6	1											2	3	1	9
芬兰				31	6		8	8	5	8	8	16	5	12	8	6								1		1	1	1	16
法国	1	108		60	6	29	16	20		8	16	16	5	12	6	9	12	9	6	8	9	9	14	12	12	12	10	10	26
格鲁吉亚																							1	1	1	1			4
德国										8			6	12	12							12	9	6	8	12	10	10	16
英国	1	5		65	23	27	8	20		8	16	14	3	12	4	4	9	12	6	12	4	8	4	7	6	8	10	10	26
希腊	52																					1	8	4	4	2	3	3	8
危地马拉																					1	1					1	1	4
中国香港																											2		1

续表

国家（地区）	96	0	4	8	12	20	24	28	32	36	48	52	56	60	64	68	72	76	80	84	88	92	96	0	4	8	12	16	届数
匈牙利	2	2		6	17			20	4	16	16	16	8	12	12	12	12	12	12		12	12	10	3	2	2	3	2	24
冰岛																							1	1	1			1	4
印度												2	3		6													1	4
伊朗															2														1
爱尔兰																											1	2	2
以色列														3				1		4	1	1				1	3	1	8
意大利	1			32	27	18	8	20	7	16	16	16	6	12	6	9	12	9		4	9	8	9	8	8	12	10	6	25
牙买加																												1	1
日本									6	8		5	12	12	12	12	12	12		12	12	9	13	8	8	12	10	10	18
哈萨克斯坦																							3	2	1		2		4
拉脱维亚																							1	1	2		1		4
黎巴嫩																			2										1

续表

国家（地区）	96	0	4	8	12	20	24	28	32	36	48	52	56	60	64	68	72	76	80	84	88	92	96	0	4	8	12	16	届数
列支敦士登																	1												1
立陶宛																							1	1		1	2	1	5
卢森堡					19		8	8		8	8	6	2	8	2											1			10
马来西亚						2																		1	1				3
墨西哥									4		5			1		12	7	3	1	1	1	2	1		2	1	2	2	15
摩纳哥		1																										1	2
蒙古															3	4			2										3
摩洛哥														6															1
纳米比亚																								1					1
荷兰		2		23				20			8	8		6	3		12	6				1	1					10	12
新西兰																	2									2	2	2	4
朝鲜																	6	6	12			9	3	3	8			2	8

续表

国家（地区）	96	0	4	8	12	20	24	28	32	36	48	52	56	60	64	68	72	76	80	84	88	92	96	0	4	8	12	16	届数
挪威				30	46	26						11		1	2	6	7			1		1	1	1				1	13
巴拿马																												1	1
秘鲁																												1	1
菲律宾										8					4													1	3
波兰										8		16	6	12	12	12	12	6	9			1	1	2		2		1	14
葡萄牙												9		4	1	2			1		2	1					2	1	9
波多黎各																						1	2	1	1	1	2		6
罗马尼亚										8			6	6	12	12	12	12	12	8	12	12	13	12	12	12	10	3	17
俄罗斯																							14	12	12	12	10	10	7
萨尔瓦多												6																	1
圣马力诺																			1	1									2
新加坡																											1		1

续表

国家（地区）	96	0	4	8	12	20	24	28	32	36	48	52	56	60	64	68	72	76	80	84	88	92	96	0	4	8	12	16	届数
斯洛伐克																							1	1	1	1	2	1	6
斯洛文尼亚																						1		2		2	1	1	5
南非												3	2	1											1			1	5
韩国														2	9	1				8	9	8	8	7	7	7	6	6	12
苏联												16	12	12	12	12	12	12	12		12	12							10
西班牙														12		1	4	6	6	8	9	8	8	12	12	8	6	3	14
瑞典				38	24	24		8			8	15	8	12	9	6		6	1	2	1	1			1		1	1	18
瑞士	1		1				8	8	1	8	8	8	8	6	6	6	12			12	2	6	4	1	3	3	2	6	22
突尼斯																									1		1		2
特立尼达和多巴哥																										1			1
土耳其																									1		1	2	3
乌克兰																							14	12	12	8	6	6	6

续表

国家(地区)	96	0	4	8	12	20	24	28	32	36	48	52	56	60	64	68	72	76	80	84	88	92	96	0	4	8	12	16	届数
美国			111			4	8	8	20	16	16	16	12	12	12	12	12	12		12	12	12	14	12	12	12	10	10	23
乌兹别克斯坦																							2	1	1	1	1	2	6
委内瑞拉																								1		2	1	1	4
越南																										1	3	2	3
西德																12	12	6		12	8								5
也门																					1								1
南斯拉夫							8	8		16	16	16		9	6	7	12				1								10
协会数	9	8	3	14	12	11	9	11	7	16	19	30	21	33	33	30	28	23	20	19	28	28	36	43	42	41	54	60	71
运动员人数	71	135	119	327	249	250	72	148	47	175	211	319	128	254	215	218	237	178	130	136	179	185	215	195	195	196	196	196	

　　从参加奥运会体操比赛的届次统计来看，没有一个国家（地区）自始至终参加满28届奥运会体操比赛。参加届次最多的国家只有2个，即法国和英国，均参加了其中的26届；参加过1届奥运会体操比赛的国家（地区）最多，总共有19个（见图5）。分析原因，无外乎有主观和客观两个方面：主观因素是愿不愿意主动参加奥运会体操比赛，客观上则表现在能不能拿到参加奥运会体操比赛的入场券上。

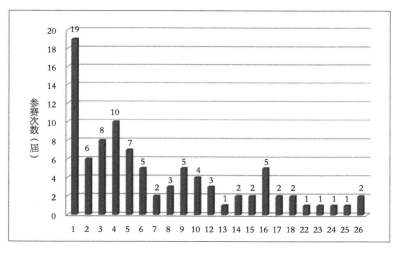

图5　1896—2016年各国（地区）参加奥运会竞技体操比赛届次统计

　　纵向分析得知，在已举行的28届奥运会体操比赛中，参加的国家（地区）数量呈现出相对稳定上升的态势（见图6）。其中参加1904年第三届奥运会体操比赛的国家（地区）最少，只有美国、瑞士和德国3个国家（地区）；至于参加1980年和1984年两届奥运会体操比赛的国家（地区）数量明显减少的原因则是人为的，即这项运动遭到了抵制；从第二十六届奥运会以来的体操比赛来看，参加国家（地区）的数量均保持在36个以上，说明奥运会体操赛场已越来越成为更多国家（地区）优秀体操运动员展示精湛技艺的舞台。

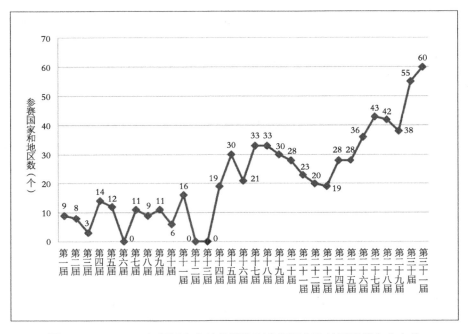

图6　1896—2016年奥运会竞技体操比赛参赛国家和地区数量变化态势

（三）竞技体操项目参赛国家（地区）奖牌分布与分析

从奥运会竞技体操女子项目的金牌榜来看，共有14个国家和地区的运动员荣登奥运会竞技体操女子项目金牌榜。其中苏联运动员以金牌总数33枚位居奥运会竞技体操女子项目金牌榜之首，罗马尼亚运动员以金牌总数24枚位居金牌榜的第二名，美国运动员以金牌总数14枚名列金牌榜的第三位（见图7）。

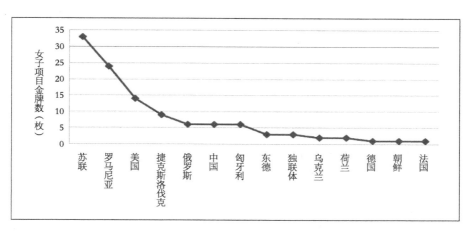

图7 1928 — 2016年奥运会竞技体操女子项目金牌榜

进一步分析得知，1928 — 2016年共有148名女子体操运动员在奥运会竞技体操比赛中获得过冠军。其中苏联运动员拉蒂尼娜以金牌总数10枚名列奥运会竞技体操女子个人项目金牌榜的首位；捷克斯洛伐克运动员恰斯拉夫斯卡以金牌总数7枚排名在金牌榜的第二位；苏联运动员涅利·金、阿斯塔霍娃，罗马尼亚运动员科马内奇均以金牌总数5枚并列排名在金牌榜的第三位（见表13）。

表13 1928—2016年奥运会竞技体操女子个人项目金牌榜前三名一览

排序	运动员姓名		国家/地区		金牌数	获奖时间
1	拉蒂尼娜	LATYNINA Larissa	苏联	URS	10	1956、1956、1956、1956、1956、1960、1960、1960、1964、1964
2	恰斯拉夫斯卡	CASLAVSKA Vera	捷克斯洛伐克	TCH	7	1964、1964、1964、1968、1968、1968、1968

续表

排序	运动员姓名		国家/地区		金牌数	获奖时间
3	涅利·金	KIM Nellie	苏联	URS	5	1976、1976、1976、1980、1980
3	科马内奇	COMANECI Nadia	罗马尼亚	ROU	5	1976、1976、1976、1980、1980
3	阿斯塔霍娃	ASTAKHOVA Polina	苏联	URS	5	1956、1960、1960、1964、1964

从奥运会竞技体操女子团体项目金牌的分布来看，共有8个国家和地区的女子体操队获得过奥运会竞技体操女子团体项目的金牌。其中苏联女子体操队获得过9次团体项目的金牌，美国和罗马尼亚女子体操队均获得过3次团体项目的金牌。深入分析还发现，在近三届奥运会竞技体操女子项目的比赛中，中国女子体操队获得了2008年奥运会女子团体项目的金牌，美国女子体操队获得了2012年和2016年两届奥运会女子团体项目的金牌（见表14）。

表 14   1928—2016 年奥运会竞技体操女子团体项目金牌榜一览

排序	国家/地区		金牌数	获奖时间
1	苏联	URS	9	1952、1956、1960、1964、1968、1972、1976、1980、1988
2	美国	USA	3	1996、2012、2016
2	罗马尼亚	ROU	3	1984、2000、2004
4	捷克斯洛伐克	TCH	1	1948

续表

排序	国家/地区		金牌数	获奖时间
4	荷兰	NED	1	1928
4	德国	GER	1	1936
4	独联体	EUN	1	1992
4	中国	CHN	1	2008

1952 — 2016年，共有7个国家和地区的15名运动员分享了17枚奥运会竞技体操女子全能项目的金牌。其中苏联运动员名列奥运会竞技体操女子全能项目金牌榜的首位，总共有5名运动员分别获得过6次奥运会竞技体操女子全能项目的冠军；5名美国运动员分别获得过5次奥运会竞技体操女子全能项目的冠军；2名罗马尼亚运动员获得过奥运会竞技体操女子全能项目的冠军；苏联运动员拉蒂尼娜和捷克斯洛伐克运动员恰斯拉夫斯卡均以2次奥运会竞技体操女子全能项目的冠军并列排名在金牌榜的榜首（见表15）。

表15　1952—2016年奥运会竞技体操女子全能项目金牌榜一览

排序	运动员姓名		国家/地区		金牌数	获奖时间
1	拉蒂尼娜	LATYNINA Larissa	苏联	URS	2	1956、1960
1	恰斯拉夫斯卡	CASLAVSKA Vera	捷克斯洛伐克	TCH	2	1964、1968
3	拜尔斯	BILES Simone	美国	USA	1	2016

续表

排序	运动员姓名		国家/地区		金牌数	获奖时间
3	道格拉斯	DOUGLAS Gabrielle	美国	USA	1	2012
3	柳金	LIUKIN Anastasia	美国	USA	1	2008
3	帕特森	PATTERSON Carly	美国	USA	1	2004
3	戈罗科夫斯卡娅	GOROKOVSKAYA Maria	苏联	URS	1	1952
3	雷顿	RETTON Mary Lou	美国	USA	1	1984
3	舒舒诺娃	SHUSHUNOVA Elena	苏联	URS	1	1988
3	图里舍娃	TURICHEVA Ludmila	苏联	URS	1	1972
3	科马内奇	COMANECI Nadia	罗马尼亚	ROU	1	1976
3	达维多娃	DAVIDOVA Yelena	苏联	URS	1	1980
3	古楚	GUTSU Tatiana	独联体	EUN	1	1992
3	阿玛纳	AMANAR Simona	罗马尼亚	ROU	1	2000
3	波德科帕耶娃	PODKOPAYEVA Lilia	乌克兰	UKR	1	1996

从1952—2016年奥运会竞技体操女子跳马项目的金牌榜来看，共有17名运动员进入了奥运会竞技体操女子跳马项目的金牌榜。其中捷克斯洛伐克运动员恰斯拉夫斯卡以2枚金牌荣登奥运会竞技体操女子跳马项目

金牌榜的第一名，其余获得过奥运会竞技体操女子跳马项目冠军的16名
运动员并列排名在金牌榜的第二位（见表16）。

表16　1952—2016年奥运会竞技体操女子跳马项目金牌榜一览

排序	运动员姓名		国家/地区		金牌数	获奖时间
1	恰斯拉夫斯卡	CASLAVSKA Vera	捷克斯洛伐克	TCH	2	1964、1968
2	洪恩贞	HONG Un Jong	朝鲜	PRK	1	2008
2	拜尔斯	BILES Simone	美国	USA	1	2016
2	伊兹巴萨	IZBASA Sandra Raluca	罗马尼亚	ROU	1	2012
2	罗素	ROSU Monica	罗马尼亚	ROU	1	2004
2	博金斯卡娅	BOGUINSKAYA Svetlana	苏联	URS	1	1988
2	米洛索维奇	MILOSOVICI Lavinia	罗马尼亚	ROU	1	1992
2	卡琳丘克	KALINTSHUK Ekaterina	苏联	URS	1	1952
2	萨博	SZABO Ekaterina	罗马尼亚	ROU	1	1984
2	沙波什尼科娃	SHAPOSHNIKOVA Natalia	苏联	URS	1	1980
2	涅利·金	KIM Nellie	苏联	URS	1	1976
2	拉蒂尼娜	LATYNINA Larissa	苏联	URS	1	1956
2	扬茨	JANZ Karin	东德	GDR	1	1972

续表

排序	运动员姓名		国家/地区		金牌数	获奖时间
2	尼科拉耶娃	NICOLAEVA Margarita	苏联	URS	1	1960
2	扎莫洛德奇科娃	ZAMOLODCHIKOVA Elena	俄罗斯	RUS	1	2000
2	奥诺迪	ONODI Henrietta	匈牙利	HUN	1	1992
2	阿玛纳尔	AMANAR Simona	罗马尼亚	ROU	1	1996

从1952—2016年奥运会竞技体操女子高低杠项目的金牌榜来看，共有15名运动员进入了奥运会竞技体操女子高低杠项目金牌榜。其中俄罗斯运动员穆斯塔芬娜和霍尔金娜、苏联运动员阿斯塔霍娃均以金牌总数2枚并列排名在奥运会竞技体操女子高低杠项目金牌榜的第一位，其余12名运动员均获得过1枚奥运会竞技体操女子高低杠项目的金牌（见表17）。

表17   1952—2016年奥运会竞技体操女子高低杠项目金牌榜一览

排序	运动员姓名		国家/地区		金牌数	获奖时间
1	穆斯塔芬娜	MUSTAFINA Aliya	俄罗斯	RUS	2	2012、2016
1	阿斯塔霍娃	ASTAKHOVA Polina	苏联	URS	2	1960、1964
1	霍尔金娜	KHORKINA Svetlana	俄罗斯	RUS	2	1996、2000
4	何可欣	HE Kexin	中国	CHN	1	2008

排序	运动员姓名		国家/地区		金牌数	获奖时间
4	陆莉	LU Li	中国	CHN	1	1992
4	勒潘内	LEPENNEC Emilie	法国	FRA	1	2004
4	马燕红	MA Yanhong	中国	CHN	1	1984
4	麦克纳马拉	McNAMARA Julianne	美国	USA	1	1984
4	科朗迪	KORONDI Margrit	匈牙利	HUN	1	1952
4	希莉瓦斯	SILIVAS Daniela	罗马尼亚	ROU	1	1988
4	克烈蒂	KELETI Agnes	匈牙利	HUN	1	1956
4	恰斯拉夫斯卡	CASLAVSKA Vera	捷克斯洛伐克	TCH	1	1968
4	科马内奇	COMANECI Nadia	罗马尼亚	ROU	1	1976
4	格瑙克	GNAUCK Maximoste	东德	GDR	1	1980
4	扬茨	JANZ Karin	东德	GDR	1	1972

　　从1952—2016年奥运会竞技体操女子平衡木项目的金牌榜来看，共有17名运动员进入了奥运会竞技体操女子平衡木项目金牌榜。其中罗马尼亚运动员科马内奇以金牌总数2枚排名在奥运会竞技体操女子平衡木项目金牌榜的第一位，其余16名运动员均以金牌总数1枚并列排名在奥运

会竞技体操女子平衡木项目的金牌榜之中（见表18）。

表 18　1952—2016 年奥运会竞技体操女子平衡木项目金牌榜一览

排序	运动员姓名		国家/地区		金牌数	获奖时间
1	科马内奇	COMANECI Nadia	罗马尼亚	ROU	2	1976、1980
2	约翰逊	JOHNSON Shawn	美国	USA	1	2008
2	邓琳琳	DENG Linlin	中国	CHN	1	2012
2	韦弗斯	WEVERS Sanne	荷兰	NED	1	2016
2	波诺尔	PONOR Catalina	罗马尼亚	ROU	1	2004
2	保卡	PAUCA Simona	罗马尼亚	ROU	1	1984
2	鲍恰罗娃	BOTCHAROVA Nina	苏联	URS	1	1952
2	希莉瓦斯	SILIVAS Daniela	罗马尼亚	ROU	1	1988
2	萨博	SZABO Ekaterina	罗马尼亚	ROU	1	1984
2	科尔布特	KORBUT Olga	苏联	URS	1	1972
2	凯莱蒂	KELETI Agnes	匈牙利	HUN	1	1956
2	恰斯拉夫斯卡	CASLAVSKA Vera	捷克斯洛伐克	TCH	1	1964
2	库钦斯卡娅	KUTCHINSKAYA Natalia	苏联	URS	1	1968
2	博萨科娃	BOSAKOVA Eva	捷克斯洛伐克	TCH	1	1960

排序	运动员姓名		国家/地区		金牌数	获奖时间
2	刘璇	LIU Xuan	中国	CHN	1	2000
2	李森科	LYSENKO Tatiana	独联体	EUN	1	1992
2	米勒	MILLER Shannon	美国	USA	1	1996

　　从1952—2016年奥运会竞技体操女子自由体操项目的金牌榜来看，共有16名运动员进入了奥运会竞技体操女子自由体操项目金牌榜。其中苏联运动员拉蒂尼娜以金牌总数3枚排名在奥运会竞技体操女子自由体操项目金牌榜的首位；另一名苏联运动员涅利·金和匈牙利运动员凯莱蒂均以金牌总数2枚并列排名在金牌榜的第二位；其余13名运动员均获得了1枚奥运会竞技体操女子自由体操项目的金牌，并列排名在金牌榜之中（见表19）。

表19　1952—2016年奥运会竞技体操女子自由体操项目金牌榜一览

排序	运动员姓名		国家/地区		金牌数	获奖时间
1	拉蒂尼娜	LATYNINA Larissa	苏联	URS	3	1956、1960、1964
2	涅利·金	KIM Nellie	苏联	URS	2	1976、1980
2	凯莱蒂	KELETI Agnes	匈牙利	HUN	2	1952、1956
4	拜尔斯	BILES Simone	美国	USA	1	2016
4	莱斯曼	RAISMAN Alexandra	美国	USA	1	2012

续表

排序	运动员姓名		国家/地区		金牌数	获奖时间
4	伊兹巴沙	IZBASA Sandra Raluca	罗马尼亚	ROU	1	2008
4	波诺尔	PONOR Catalina	罗马尼亚	ROU	1	2004
4	米洛索维奇	MILOSOVICI Lavinia	罗马尼亚	ROU	1	1992
4	希莉瓦斯	SILIVAS Daniela	罗马尼亚	ROU	1	1988
4	萨博	SZABO Ekaterina	罗马尼亚	ROU	1	1984
4	科尔布特	KORBUT Olga	苏联	URS	1	1972
4	恰斯拉夫斯卡	CASLAVSKA Vera	捷克斯洛伐克	TCH	1	1968
4	科马内奇	COMANECI Nadia	罗马尼亚	ROU	1	1980
4	佩特里克	PETRIK Larissa	苏联	URS	1	1968
4	扎莫洛德奇科娃	ZAMOLODCHIKOVA Elena	俄罗斯	RUS	1	2000
4	波德科帕耶娃	PODKOPAYEVA Lilia	乌克兰	UKR	1	1996

从1928—2016年奥运会竞技体操女子项目的奖牌榜来看，共有22个国家和地区的运动员进入了奥运会竞技体操女子项目奖牌榜。其中苏联运动员以奖牌总数88枚（金牌33枚、银牌28枚、铜牌27枚）登上了奥运会竞技体操女子项目奖牌榜的第一位，罗马尼亚运动员以奖牌总数62枚（金

牌24枚、银牌16枚、铜牌22枚）名列奖牌榜的第二位，美国运动员以奖牌总数47枚（金牌14枚、银牌20枚、铜牌13枚）位居奖牌榜的第三名，中国运动员以奖牌总数21枚（金牌6枚、银牌6枚、铜牌9枚）并列排名在奖牌榜的第六位（见图8）。

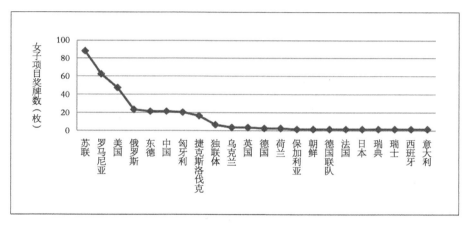

图8　1928—2016年奥运会竞技体操女子项目奖牌榜

从1928—2016年奥运会竞技体操女子个人项目的比赛结果来看，共有358名运动员名列奥运会竞技体操女子个人项目奖牌榜。其中苏联运动员拉蒂尼娜以奖牌总数18枚（金牌10枚、银牌5枚、铜牌3枚）排名在奥运会竞技体操女子个人项目奖牌榜的首位；捷克斯洛伐克运动员恰斯拉夫斯卡以奖牌总数11枚（金牌7枚、银牌4枚）名列奖牌榜的第二位；罗马尼亚运动员科马内奇，苏联运动员阿斯塔霍娃、图里舍娃，匈牙利运动员凯莱蒂4人均以奖牌总数9枚并列位于奖牌榜的第三名（见表20）。

表20   1928—2016年奥运会竞技体操女子个人项目奖牌榜前三名一览

排序	运动员姓名		国家/地区		金牌数	银牌数	铜牌数	奖牌总数
1	拉蒂尼娜	LATYNINA Larissa	苏联	URS	10	5	3	18
2	恰斯拉夫斯卡	CASLAVSKA Vera	捷克斯洛伐克	TCH	7	4	0	11
3	科马内奇	COMANECI Nadia	罗马尼亚	ROU	5	3	1	9
3	阿斯塔霍娃	ASTAKHOVA Polina	苏联	URS	5	2	2	9
3	图里舍娃	TURICHEVA Ludmila	苏联	URS	4	3	2	9
3	凯莱蒂	KELETI Agnes	匈牙利	HUN	4	3	2	9

从1928—2016年奥运会竞技体操女子团体项目的比赛结果来看，共有14个国家和地区的女子体操队名列奥运会竞技体操女子团体项目奖牌榜。其中罗马尼亚女子体操队以奖牌总数12枚（金牌3枚、银牌4枚、铜牌5枚）排名在奥运会竞技体操女子团体项目奖牌榜的首位，苏联女子体操队以金牌总数9枚与美国女子体操队（金牌3枚、银牌3枚、铜牌3枚）并列排名在奖牌榜的第二位（见表21）。

表 21　1928—2016 年奥运会竞技体操女子团体项目奖牌榜

排序	国家/地区		金牌数	银牌数	铜牌数	奖牌总数
1	罗马尼亚	ROU	3	4	5	12
2	苏联	URS	9	0	0	9
2	美国	USA	3	3	3	9
4	捷克斯洛伐克	TCH	1	4	1	6
5	俄罗斯	RUS	0	4	1	5
5	匈牙利	HUN	0	3	2	5
5	东德	GDR	0	1	4	5
8	中国	CHN	1	0	2	3
9	荷兰	NED	1	0	0	1
9	德国	GER	1	0	0	1
9	独联体	EUN	1	0	0	1
9	意大利	ITA	0	1	0	1
9	日本	JPN	0	0	1	1
9	英国	GBR	0	0	1	1

从 1952—2016 年奥运会竞技体操女子个人全能项目的比赛结果来看，共有 42 名运动员名列奥运会竞技体操女子个人全能项目奖牌榜。其

中苏联运动员拉蒂尼娜以奖牌总数3枚（金牌2枚、银牌1枚）位居奥运会竞技体操女子个人全能项目奖牌榜之首，捷克斯洛伐克运动员恰斯拉夫斯卡等8人均以奖牌总数2枚并列排名在奖牌榜的第二位（见表22）。

表22　1952—2016年奥运会竞技体操女子个人全能项目奖牌榜前三名一览

排序	运动员姓名		国家/地区		金牌数	银牌数	铜牌数	奖牌总数
1	拉蒂尼娜	LATYNINA Larissa	苏联	URS	2	1	0	3
2	恰斯拉夫斯卡	CASLAVSKA Vera	捷克斯洛伐克	TCH	2	0	0	2
2	科马内奇	COMANECI Nadia	罗马尼亚	ROU	1	1	0	2
2	图里舍娃	TURICHEVA Ludmila	苏联	URS	1	0	1	2
2	阿玛纳	AMANAR Simona	罗马尼亚	ROU	1	0	1	2
2	穆拉托娃	MOURATOVA Sofia	苏联	URS	0	1	1	2
2	穆斯塔芬娜	MUSTAFINA Aliya	俄罗斯	RUS	0	0	2	2
2	米洛索维奇	MILOSOVICI Lavinia	罗马尼亚	ROU	0	0	2	2
2	阿斯塔霍娃	ASTAKHOVA Polina	苏联	URS	0	0	2	2

从1952 — 2016年奥运会竞技体操女子跳马项目的比赛结果来看，共有46名运动员名列奥运会竞技体操女子跳马项目奖牌榜。其中苏联运动员拉蒂尼娜以奖牌总数3枚（金牌1枚、银牌1枚、铜牌1枚）排名在奥运会竞技体操女子跳马项目奖牌榜的第一位，捷克斯洛伐克运动员恰斯拉夫斯卡等4人均以奖牌总数2枚并列排名在奖牌榜的第二位（见表23）。

表23　1952—2016年奥运会竞技体操女子跳马项目奖牌榜前三名一览

排序	运动员姓名		国家/地区		金牌数	银牌数	铜牌数	奖牌总数
1	拉蒂尼娜	LATYNINA Larissa	苏联	URS	1	1	1	3
2	恰斯拉夫斯卡	CASLAVSKA Vera	捷克斯洛伐克	TCH	2	0	0	2
2	祖乔德	ZUCHOLD Erika	东德	GDR	0	2	0	2
2	帕塞卡	PASEKA Maria	俄罗斯	RUS	0	1	1	2
2	图里舍娃	TURICHEVA Ludmila	苏联	URS	0	1	1	2

从1952 — 2016年奥运会竞技体操女子高低杠项目的比赛结果来看，共有45名运动员名列奥运会竞技体操女子高低杠项目奖牌榜。其中苏联运动员拉蒂尼娜以奖牌总数3枚（银牌2枚、铜牌1枚）排名在奥运会竞技体操女子高低杠项目奖牌榜的第一位，中国运动员何可欣等6人均以奖牌总数2枚并列排名在奖牌榜的第二位（见表24）。

表 24　1952—2016 年奥运会竞技体操女子高低杠项目奖牌榜前三名一览

排序	运动员姓名		国家/地区		金牌数	银牌数	铜牌数	奖牌总数
1	拉蒂尼娜	LATYNINA Larissa	苏联	URS	0	2	1	3
2	穆斯塔芬娜	MUSTAFINA Aliya	俄罗斯	RUS	2	0	0	2
2	阿斯塔霍娃	ASTAKHOVA Polina	苏联	URS	2	0	0	2
2	霍尔金娜	KHORKINA Svetlana	俄罗斯	RUS	2	0	0	2
2	何可欣	HE Kexin	中国	CHN	1	1	0	2
2	扬茨	JANZ Karin	东德	GDR	1	1	0	2
2	凯莱蒂	KELETI Agnes	匈牙利	HUN	1	0	1	2

从 1952 — 2016 年奥运会竞技体操女子平衡木项目的比赛结果来看，共有 45 名运动员名列奥运会竞技体操女子平衡木项目奖牌榜。其中罗马尼亚运动员科马内奇等 7 人均以奖牌总数 2 枚并列排名在奥运会竞技体操女子平衡木项目奖牌榜的第一位（见表 25）。

表 25　1952—2016 年奥运会竞技体操女子平衡木项目奖牌榜前三名一览

排序	运动员姓名		国家/地区		金牌数	银牌数	铜牌数	奖牌总数
1	科马内奇	COMANECI Nadia	罗马尼亚	ROU	2	0	0	2
1	科尔布特	KORBUT Olga	苏联	URS	1	1	0	2
1	恰斯拉夫斯卡	CASLAVSKA Vera	捷克斯洛伐克	TCH	1	1	0	2
1	博萨科娃	BOSAKOVA Eva	捷克斯洛伐克	TCH	1	1	0	2
1	拜尔斯	MILLER Shannon	美国	USA	1	1	0	2
1	曼尼娜	MANINA Tamara	苏联	URS	0	2	0	2
1	拉蒂尼娜	LATYNINA Larissa	苏联	URS	0	1	1	2

从 1952—2016 年奥运会竞技体操女子自由体操项目的比赛结果来看，共有 44 名运动员名列奥运会竞技体操女子自由体操项目奖牌榜。其中苏联运动员拉蒂尼娜以金牌总数 3 枚排名在奥运会竞技体操女子自由体操项目奖牌榜之首，苏联运动员涅利·金等 8 人均以奖牌总数 2 枚并列排名在奖牌榜的第二位（见表 26）。

表 26　1952—2016 年奥运会竞技体操女子自由体操项目奖牌榜前三名一览

排序	运动员姓名		国家/地区		金牌数	银牌数	铜牌数	奖牌总数
1	拉蒂尼娜	LATYNINA Larissa	苏联	URS	3	0	0	3
2	涅利·金	KIM Nellie	苏联	URS	2	0	0	2
2	凯莱蒂	KELETI Agnes	匈牙利	HUN	2	0	0	2
2	莱斯曼	RAISMAN Alexandra	美国	USA	1	1	0	2
2	波诺尔	PONOR Catalina	罗马尼亚	ROU	1	1	0	2
2	科马内奇	COMANECI Nadia	罗马尼亚	ROU	1	0	1	2
2	图里舍娃	TURICHEVA Ludmila	苏联	URS	0	2	0	2
2	阿斯塔霍娃	ASTAKHOVA Polina	苏联	URS	0	2	0	2
2	阿玛纳	AMANAR Simona	罗马尼亚	ROU	0	1	1	2

从 1896 — 2016 年奥运会竞技体操男子项目的金牌榜来看，共有 32 个国家和地区的运动员荣登奥运会竞技体操男子项目金牌榜，其中苏联运动员以金牌总数 42 枚位居奥运会竞技体操男子项目金牌榜之首，日本运动员以金牌总数 31 枚排名在金牌榜的第二位，中国运动员以金牌总数 20 枚排名在金

牌榜的第三位（见图9）。

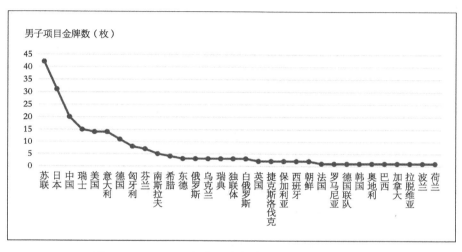

图9　1896—2016年奥运会竞技体操男子项目金牌榜

　　从1896—2016年奥运会竞技体操男子个人项目的比赛结果来看，共有188名运动员进入了奥运会竞技体操男子个人项目金牌榜。其中日本运动员加藤泽男以金牌总数8枚排名在奥运会竞技体操男子个人项目金牌榜的首位，苏联运动员沙赫林和安德里亚诺夫均以金牌总数7枚并列排名在金牌榜的第二位（见表27）。

表27　1896—2016年奥运会竞技体操男子个人项目金牌榜前三名一览

排序	运动员姓名		国家/地区		金牌数	获奖时间
1	加藤泽男	KATO Sawao	日本	JPN	8	1968、1968、1968、1972、1972、1972、1976、1976

续表

排序	运动员姓名		国家/地区		金牌数	获奖时间
2	沙赫林	CHAKLINE Boris	苏联	URS	7	1956、1956、1960、1960、1960、1960、1964
2	安德里亚诺夫	ANDRIANOV Nicolai	苏联	URS	7	1972、1976、1976、1976、1976、1980、1980

从1896—2016年奥运会竞技体操男子团体项目的比赛结果来看，共有11个国家和地区的男子体操队获得过奥运会竞技体操男子团体项目的金牌。其中日本男子体操队以金牌总数7枚名列奥运会竞技体操男子团体项目金牌榜的首位，苏联男子体操队和意大利男子体操队均以金牌总数4枚并列排名在金牌榜的第二位（见表28）。

表28　1896—2016年奥运会竞技体操男子团体项目金牌榜一览

排序	国家/地区		奖牌数	获奖时间
1	日本	JPN	7	1960、1964、1968、1972、1976、2004、2016
2	苏联	URS	4	1952、1956、1980、1988
2	意大利	ITA	4	1912、1920、1924、1932
4	中国	CHN	3	2000、2008、2012
5	美国	USA	2	1904、1984
5	德国	GER	2	1896、1936
7	瑞典	SWE	1	1908

续表

排序	国家/地区		奖牌数	获奖时间
7	瑞士	SUI	1	1928
7	俄罗斯	RUS	1	1996
7	芬兰	FIN	1	1948
7	独联体	EUN	1	1992

从1900—2016年奥运会竞技体操男子个人全能项目的比赛结果来看，共有23名运动员获得过奥运会竞技体操男子个人全能项目的金牌。其中日本运动员内村航平和加藤泽男、意大利运动员布拉利亚、苏联运动员朱卡林4人均获得过2次冠军，并列排名在奥运会竞技体操男子个人全能项目金牌榜的首位（见表29）。

表29 1900—2016年奥运会竞技体操男子个人全能项目金牌榜一览

排序	运动员姓名		国家/地区		金牌数	获奖时间
1	内村航平	UCHIMURA Kohei	日本	JPN	2	2012、2016
1	布拉利亚	BRAGLIA Alberto	意大利	ITA	2	1908、1912
1	朱卡林	TCHUKARIN Victor	苏联	URS	2	1952、1956
1	加藤泽男	KATO Sawao	日本	JPN	2	1968、1972
5	桑德拉	SANDRAS Gustave	法国	FRA	1	1900

排序	运动员姓名		国家/地区		金牌数	获奖时间
5	哈姆·保罗	HAMM Paul	美国	USA	1	2004
5	杨威	YANG Wei	中国	CHN	1	2008
5	扎姆波里	ZAMPORI Giorgio	意大利	ITA	1	1920
5	什图克利	STUCKELJ Leon	捷克斯洛伐克	TCH	1	1924
5	具志坚幸司	GUSHIKEN Koji	日本	JPN	1	1984
5	远藤幸雄	ENDO Yukio	日本	JPN	1	1964
5	基加京	DITYATIN Alexander	苏联	URS	1	1980
5	沙赫林	CHAKLINE Boris	苏联	URS	1	1960
5	安德里亚诺夫	ANDRIANOV Nicolai	苏联	URS	1	1976
5	阿·什瓦兹曼	SCHWARZMANN Alfred	德国	GER	1	1936
5	罗·内里	NERI Romeo	意大利	ITA	1	1932
5	米兹·乔治	MIEZ Georges	瑞士	SUI	1	1928
5	伦哈特·尤利乌斯	LENHART Julius	奥地利	AUT	1	1904
5	维·胡赫塔宁	HUHTANEN Veikko	芬兰	FIN	1	1948

续表

排序	运动员姓名		国家/地区		金牌数	获奖时间
5	阿尔捷莫夫	ARTEMOV Vladimir	苏联	URS	1	1988
5	李小双	LI Xiaoshuang	中国	CHN	1	1996
5	涅莫夫	NEMOV Alexei	俄罗斯	RUS	1	2000
5	谢尔博	SCHERBO Vitali	独联体	EUN	1	1992

从1932—2016年奥运会竞技体操男子自由体操项目的比赛结果来看，共有18名运动员进入了奥运会竞技体操男子自由体操项目金牌榜。其中中国运动员邹凯和苏联运动员安德里亚诺夫均获得过2次冠军，并列排名在奥运会竞技体操男子自由体操项目金牌榜的第一位；其余16名运动员均获得过1次奥运会竞技体操男子自由体操项目的金牌（见表30）。

表30　1932—2016年奥运会竞技体操男子自由体操项目金牌榜一览

排序	运动员姓名		国家/地区		金牌数	获奖时间
1	邹凯	ZOU Kai	中国	CHN	2	2008、2012
1	安德里亚诺夫	ANDRIANOV Nicolai	苏联	URS	2	1972、1976
3	马克斯·惠特洛克	WHITLOCK Max	英国	GBR	1	2016
3	哈里科夫	KHARIKOV Sergei	苏联	URS	1	1988
3	凯·休菲尔特	SHEWFELT Kyle	加拿大	CAN	1	2004
3	伊·维赫洛夫斯	VIHROVS Igors	拉脱维亚	LAT	1	2000

续表

排序	运动员姓名		国家/地区		金牌数	获奖时间
3	弗·梅尼契利	MENICHELLI Franco	意大利	ITA	1	1964
3	布鲁克纳克	BRUCKNER Roland	东德	GDR	1	1980
3	相原信行	AIHARA Nobuyuki	日本	JPN	1	1960
3	威·托列松	THORESSON Karl William	瑞典	SWE	1	1952
3	费伦茨	PATAKI Ferenc	匈牙利	HUN	1	1948
3	佩勒	PELLE Istvan	匈牙利	HUN	1	1932
3	瓦·穆拉托夫	MURATOV Valentin	苏联	URS	1	1956
3	乔·米兹	MIEZ Georges	瑞士	SUI	1	1936
3	李宁	LI Ning	中国	CHN	1	1984
3	加藤泽男	KATO Sawao	日本	JPN	1	1968
3	梅里桑迪	MELISSANIDIS Ioannis	希腊	GRE	1	1996
3	李小双	LI Xiaoshuang	中国	CHN	1	1992

从1896—2016年奥运会竞技体操男子鞍马项目的比赛结果来看，共有28名运动员进入了奥运会竞技体操男子鞍马项目金牌榜。其中苏联运动员沙赫林、南斯拉夫运动员切拉尔、匈牙利运动员马乔尔3人均获得了2枚奥运会竞技体操男子鞍马项目的金牌，并列排名在奥运会竞技体操男

子鞍马项目金牌榜之首；其余25名运动员均以1枚奥运会竞技体操男子鞍
马项目的金牌而名列金牌榜（见表31）。

表 31 1896—2016 年奥运会竞技体操男子鞍马项目金牌榜一览

排序	运动员姓名		国家/地区		金牌数	获奖时间
1	沙赫林	CHAKLINE Boris	苏联	URS	2	1956、1960
1	切拉尔	CERAR Miroslav	南斯拉夫	YUG	2	1964、1968
1	马乔尔	MAGYAR Zoltan	匈牙利	HUN	2	1976、1980
4	怀特洛克	WHITLOCK Max	英国	GBR	1	2016
4	威廉	WILHELM Josef	瑞士	SUI	1	1924
4	海达	HEIDA Anton	美国	USA	1	1904
4	亨吉	HAENGGI Hermann	瑞士	SUI	1	1928
4	阿尔托宁	AALTONEN Paavo	芬兰	FIN	1	1948
4	贝尔基	BERKI Krisztian	匈牙利	HUN	1	2012
4	滕海滨	TENG Haibin	中国	CHN	1	2004
4	朱卡林	TCHUKARIN Victor	苏联	URS	1	1952
4	肖钦	XIAO Qin	中国	CHN	1	2008
4	祖特	ZUTTER Louis	瑞士	SUI	1	1896
4	古拉斯科夫	GUERASKOV Lyubomir	保加利亚	BUL	1	1988

排序	运动员姓名		国家/地区		金牌数	获奖时间
4	克里门科	KLIMENKO Viktor	苏联	URS	1	1972
4	萨沃莱宁	SAVOLAINEN Heikki Dr.	芬兰	FIN	1	1948
4	埃克曼	EHKMANN Eugen	瑞典	SWE	1	1960
4	维德马尔	VIDMAR Peter	美国	USA	1	1984
4	佩勒	PELLE Istvan	匈牙利	HUN	1	1932
4	胡赫塔宁	HUHTANEN Veikko	芬兰	FIN	1	1948
4	弗赖	FREY Konrad	德国	GER	1	1936
4	比洛泽尔采夫	BILOZERTCHEV Dimitri	苏联	URS	1	1988
4	李宁	LI Ning	中国	CHN	1	1984
4	博凯	BORKAI Zsolt	匈牙利	HUN	1	1988
4	乌兹卡	URZICA Marius Daniel	罗马尼亚	ROU	1	2000
4	李东华	LI Donghua	瑞士	SUI	1	1996
4	裴吉洙	PAE Gil-Su	朝鲜	PRK	1	1992
4	谢尔博	SCHERBO Vitali	独联体	EUN	1	1992

从1896—2016年奥运会竞技体操男子吊环项目的比赛结果来看，共有24名运动员进入了奥运会竞技体操男子吊环项目金牌榜。其中日本运

动员中山彰规和苏联运动员阿扎良均以金牌总数2枚并列排名在奥运会竞技体操男子吊环项目金牌榜之首，其余22名运动员均以金牌总数1枚而名列金牌榜（见表32）。

表32　1896—2016年奥运会竞技体操男子吊环项目金牌榜一览

排序	运动员姓名		国家/地区		金牌数	获奖时间
1	中山彰规	NAKAYAMA Akinori	日本	JPN	2	1968、1972
1	阿扎良	AZARIAN Albert	苏联	URS	2	1956、1960
3	纳巴雷特	NABARRETTE ZANETTI Arthur	巴西	BRA	1	2012
3	古拉克	GULACK George	美国	USA	1	1932
3	哥拉斯	GLASS Hermann	美国	USA	1	1904
3	米特罗普洛斯	MITROPOULOS Ioannis	希腊	GRE	1	1896
3	佩特罗尤尼斯	PETROUNIAS Eleftherios	希腊	GRE	1	2016
3	马蒂诺	MARTINO Francesco	意大利	ITA	1	1924
3	陈一冰	CHEN Yibing	中国	CHN	1	2008
3	哈迪克	HUDEC Alois	捷克斯洛伐克	TCH	1	1936
3	贝伦特	BEHRENDT Holger	东德	GDR	1	1988
3	什图克利	STUCKELJ Leon	南斯拉夫	YUG	1	1928

排序	运动员姓名		国家/地区		金牌数	获奖时间
3	具志坚幸司	GUSHIKEN Koji	日本	JPN	1	1984
3	季佳京	DITYATIN Alexander	苏联	URS	1	1980
3	安德里阿诺夫	ANDRIANOV Nicolai	苏联	URS	1	1976
3	早田卓茨	HAYATA Takuji	日本	JPN	1	1964
3	弗赖	FREI Karl	瑞士	SUI	1	1948
3	沙金扬	CHANGINJIAN Grant	苏联	URS	1	1952
3	比洛泽尔采夫	BILOZERTCHEV Dimitri	苏联	URS	1	1988
3	李宁	LI Ning	中国	CHN	1	1984
3	凯基	CHECHI Yuri	意大利	ITA	1	1996
3	索拉尼	CSOLLANY Szilveszter	匈牙利	HUN	1	2000
3	坦帕科斯	TAMPAKOS Dimosthenis	希腊	GRE	1	2004
3	谢尔博	SCHERBO Vitali	独联体	EUN	1	1992

从1896—2016年奥运会竞技体操男子跳马项目的比赛结果来看，共有24名运动员登上了奥运会竞技体操男子跳马项目金牌榜。其中中国运动员楼云、苏联运动员安德里阿诺夫、西班牙运动员德费尔3人均以金牌总数2枚并列排名在奥运会竞技体操男子跳马项目金牌榜之首，其余21名

运动员均以金牌总数1枚而名列金牌榜（见表33）。

表33　1896—2016年奥运会竞技体操男子跳马项目金牌榜一览表

排序	运动员姓名		国家/地区		金牌数	获奖时间
1	楼云	LOU Yun	中国	CHN	2	1984、1988
1	安德里阿诺夫	ANDRIANOV Nicolai	苏联	URS	2	1976、1980
1	德费尔	DEFERR Gervasio	西班牙	ESP	2	2000、2004
4	李思光	RI Se Gwang	朝鲜	PRK	1	2016
4	梁鹤善	YANG Hak Seon	韩国	KOR	1	2012
4	克里兹	KRIZ Frank	美国	USA	1	1924
4	海达	HEIDA Anton	美国	USA	1	1904
4	阿尔托宁	AALTONEN Paavo	芬兰	FIN	1	1948
4	朱卡林	TCHUKARIN Victor	苏联	URS	1	1952
4	古列梅蒂	GUGLIELMETTI Savino	意大利	ITA	1	1932
4	山下治广	YAMASHITA–MATSUDA Haruhio	日本	JPN	1	1964
4	麦克	MACK Eugen	瑞士	SUI	1	1928
4	沙赫林	CHAKLINE Boris	苏联	URS	1	1960
4	克斯特	KOESTE Klaus	东德	GDR	1	1972

续表

排序	运动员姓名		国家/地区		金牌数	获奖时间
4	班茨	BANTZ Helmuth	德国联队	EUA	1	1956
4	什瓦茨曼	SCHWARZMANN Alfred	德国	GER	1	1936
4	舒曼	SCHUHMANN Karl	德国	GER	1	1896
4	穆拉托夫	MURATOV Valentin	苏联	URS	1	1956
4	艾塞尔	EYSER Georges	美国	USA	1	1904
4	沃罗宁	VORONINE Mikhail	苏联	URS	1	1968
4	小野乔	ONO Takashi	日本	JPN	1	1960
4	布拉尼克	BLANIK Leszek	波兰	POL	1	2008
4	涅莫夫	NEMOV Alexei	俄罗斯	RUS	1	1996
4	谢尔博	SCHERBO Vitali	独联体	EUN	1	1992

从1896—2016年奥运会竞技体操男子双杠项目的比赛结果来看，共有22名运动员进入了奥运会竞技体操男子双杠项目金牌榜。其中中国运动员李小鹏和日本运动员加藤泽男均获得了2枚奥运会竞技体操男子双杠项目的金牌，并列排名在奥运会竞技体操男子双杠项目金牌榜之首；其余20名运动员均以1枚奥运会竞技体操男子双杠项目的金牌而名列金牌榜（见表34）。

表34　1896—2016年奥运会竞技体操男子双杠项目金牌榜一览

排序	运动员姓名		国家/地区		金牌数	获奖时间
1	李小鹏	LI Xiaopeng	中国	CHN	2	2000、2008
1	加藤泽男	KATO Sawao	日本	JPN	2	1972、1976
3	维尼亚耶夫	VERNIAIEV Oleg	乌克兰	UKR	1	2016
3	居丁格尔	GUETTINGER August	瑞士	SUI	1	1924
3	冯喆	FENG Zhe	中国	CHN	1	2012
3	朱卡林	TCHUKARIN Victor	苏联	URS	1	1956
3	瓦查	VACHA Ladislav	捷克斯洛伐克	TCH	1	1928
3	康纳尔	CONNER Bart	美国	USA	1	1984
3	中山彰规	NAKAYAMA Akinori	日本	JPN	1	1968
3	远藤幸雄	ENDO Yukio	日本	JPN	1	1964
3	沙赫林	CHAKLINE Boris	苏联	URS	1	1960
3	罗伊斯	REUSCH Michael	瑞士	SUI	1	1948
3	特卡切夫	TKATCHEV Alexander	苏联	URS	1	1980
3	内里	NERI Romeo	意大利	ITA	1	1932
3	弗赖	FREY Konrad	德国	GER	1	1936

续表

排序	运动员姓名		国家/地区		金牌数	获奖时间
3	弗拉托夫	FLATOV Alfred	德国	GER	1	1896
3	艾塞尔	EYSER Georges	美国	USA	1	1904
3	尤格斯特	EUGSTER Hans	瑞士	SUI	1	1952
3	阿尔捷莫夫	ARTEMOV Vladimir	苏联	URS	1	1988
3	冈查洛夫	GONCHAROV Valeriy	乌克兰	UKR	1	2004
3	沙里波夫	SHARIPOV Rustam	乌克兰	UKR	1	1996
3	谢尔博	SCHERBO Vitali	独联体	EUN	1	1992

从1896 — 2016年奥运会竞技体操男子单杠项目的比赛结果来看，共有25名运动员进入了奥运会竞技体操男子单杠项目金牌榜。其中日本运动员塚原光男和小野乔均获得了2枚奥运会竞技体操男子单杠项目的金牌，并列排名在奥运会竞技体操男子单杠项目金牌榜之首；其余23名运动员均以1枚奥运会竞技体操男子单杠项目的金牌而名列金牌榜（见表35）。

表35　1896—2016年奥运会竞技体操男子单杠项目金牌榜一览表

排序	运动员姓名		国家/地区		金牌数	获奖时间
1	塚原光男	TSUKAHARA Mitsuo	日本	JPN	2	1972、1976
1	小野乔	ONO Takashi	日本	JPN	2	1956、1960
3	比克斯勒	BIXLER Dallas	美国	USA	1	1932

续表

排序	运动员姓名		国家/地区		金牌数	获奖时间
3	海宁	HENNIG Edward	美国	USA	1	1904
3	海达	HEIDA Anton	美国	USA	1	1904
3	邹凯	ZOU Kai	中国	CHN	1	2008
3	汉布肯	HAMBUECHEN Fabian	德国	GER	1	2016
3	松德兰德	ZONDERLAND Epke	荷兰	NED	1	2012
3	萨尔瓦拉	SAARVALA Aleksanteri	芬兰	FIN	1	1936
3	森末慎二	MORISUE Shinji	日本	JPN	1	1984
3	什图克利	STUCKELJ Leon	南斯拉夫	YUG	1	1924
3	中山彰规	NAKAYAMA Akinori	日本	JPN	1	1968
3	京塔德	GUNTHARD Jack	瑞士	SUI	1	1952
3	沙赫林	CHAKLINE Boris	苏联	URS	1	1964
3	魏因加特纳	WEINGAERTNER Herman	德国	GER	1	1896
3	米兹	MIEZ Georges	瑞士	SUI	1	1928
3	德尔切夫	DELTCHEV Stojan	保加利亚	BUL	1	1980
3	阿尔捷莫夫	ARTEMOV Vladimir	苏联	URS	1	1988

续表

排序	运动员姓名		国家/地区		金牌数	获奖时间
3	沃罗宁	VORONINE Mikhail	苏联	URS	1	1968
3	斯塔尔德	STALDER Josef	瑞士	SUI	1	1948
3	迪马斯	DIMAS Trent	美国	USA	1	1992
3	卡西纳	CASSINA Igor	意大利	ITA	1	2004
3	涅莫夫	NEMOV Alexei	俄罗斯	RUS	1	2000
3	柳金	LIUKIN Valeri	苏联	URS	1	1988
3	韦克尔	WECKER Andreas	德国	GER	1	1996

　　从1896 — 2016年奥运会竞技体操男子项目的奖牌榜来看，共有37个国家和地区的运动员进入了奥运会竞技体操男子项目奖牌榜。其中苏联运动员以奖牌总数100枚（金牌42枚、银牌39枚、铜牌19枚）登上了奥运会竞技体操男子项目奖牌榜的第一位，日本运动员以奖牌总数97枚（金牌31枚、银牌33枚、铜牌33枚）名列奖牌榜的第二位，瑞士运动员以奖牌总数47枚（金牌15枚、银牌19枚、铜牌13枚）位居第三名，中国运动员以奖牌总数40枚（金牌20枚、银牌12枚、铜牌8枚）排名第五位（见图10）。

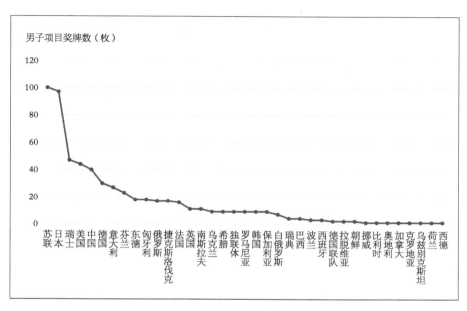

图10 1896 — 2016年奥运会竞技体操男子项目奖牌榜

从1896 — 2016年奥运会竞技体操男子个人项目的比赛结果来看，共有443名运动员进入了奥运会竞技体操男子个人项目奖牌榜。其中苏联运动员安德里亚诺夫以奖牌总数15枚（金牌7枚、银牌5枚、铜牌3枚）位居奥运会竞技体操男子个人项目奖牌榜的第一名，另一名苏联运动员沙赫林以奖牌总数13枚（金牌7枚、银牌4枚、铜牌2枚）与日本运动员小野乔（金牌5枚、银牌4枚、铜牌4枚）并列排名在奖牌榜的第二位（见表36）。

表36 1896—2016年奥运会竞技体操男子个人项目奖牌榜前三名一览

排序	运动员姓名	国家/地区	金牌数	银牌数	铜牌数	奖牌总数
1	安德里亚诺夫	苏联	7	5	3	15

续表

排序	运动员姓名	国家/地区	金牌数	银牌数	铜牌数	奖牌总数
2	沙赫林	苏联	7	4	2	13
2	小野乔	日本	5	4	4	13

从1896—2016年奥运会竞技体操男子团体项目的比赛结果来看，共有23个国家和地区的男子体操队名列奥运会竞技体操男子团体项目奖牌榜。其中日本男子体操队以奖牌总数13枚（金牌7枚、银牌3枚、铜牌3枚）排名在奥运会竞技体操男子团体项目奖牌榜的第一位，苏联男子体操队以奖牌总数9枚（金牌4枚、银牌5枚）紧跟在日本男子体操队之后，中国男子体操队以奖牌总数7枚（金牌3枚、银牌3枚、铜牌1枚）与美国男子体操队（金牌2枚、银牌3枚、铜牌2枚）并列排名在奖牌榜的第三位（见表37）。

表37　1896—2016年奥运会竞技体操男子团体项目奖牌榜一览

排序	国家/地区		金牌数	银牌数	铜牌数	奖牌总数
1	日本	JPN	7	3	3	13
2	苏联	URS	4	5	0	9
3	中国	CHN	3	3	1	7
3	美国	USA	2	3	2	7
5	芬兰	FIN	1	0	5	6
6	意大利	ITA	4	0	1	5

续表

排序	国家/地区		金牌数	银牌数	铜牌数	奖牌总数
6	瑞士	SUI	1	3	1	5
6	东德	GDR	0	2	3	5
9	俄罗斯	RUS	1	1	1	3
9	匈牙利	HUN	0	1	2	3
11	德国	GER	2	0	0	2
11	乌克兰	UKR	0	1	1	2
11	希腊	GRE	0	1	1	2
11	法国	FRA	0	1	1	2
11	英国	GBR	0	0	2	2
16	瑞典	SWE	1	0	0	1
16	独联体	EUN	1	0	0	1
16	捷克斯洛伐克	TCH	0	1	0	1
16	挪威	NOR	0	1	0	1
16	比利时	BEL	0	1	0	1
16	南斯拉夫	YUG	0	0	1	1
16	罗马尼亚	ROU	0	0	1	1
16	德国联队	EUA	0	0	1	1

从1900 — 2016年奥运会竞技体操男子个人全能项目的比赛结果来看，共有66名运动员获得过奥运会竞技体操男子个人全能项目的奖牌。其中日本运动员内村航平和加藤泽男均以奖牌总数3枚（金牌2枚、银牌1枚）并列排名在奥运会竞技体操男子个人全能项目奖牌榜的首位；意大利运动员布拉利亚等12人均获得了2枚奥运会竞技体操男子个人全能项目的奖牌，并列排名在奖牌榜的第三位（见表38）。

表38　1900—2016年奥运会竞技体操男子个人全能项目奖牌榜前三名一览

排序	运动员姓名		国家/地区		金牌数	银牌数	铜牌数	奖牌总数
1	内村航平	UCHIMURA Kohei	日本	JPN	2	1	0	3
1	加藤泽男	KATO Sawao	日本	JPN	2	1	0	3
3	布拉利亚	BRAGLIA Alberto	意大利	ITA	2	0	0	2
3	朱卡林	TCHUKARIN Victor	苏联	URS	2	0	0	2
3	杨威	YANG Wei	中国	CHN	1	1	0	2
3	沙赫林	CHAKLINE Boris	苏联	URS	1	1	0	2
3	安德里阿诺夫	ANDRIANOV Nicolai	苏联	URS	1	1	0	2
3	涅莫夫	NEMOV Alexei	苏联	RUS	1	1	0	2
3	什图克利	STUCKELJ Leon	南斯拉夫	YUG	1	0	1	2
3	谢尔博	SCHERBO Vitali	白俄罗斯	BLR	1	0	1	2

续表

排序	运动员姓名		国家/地区		金牌数	银牌数	铜牌数	奖牌总数
3	小野乔	ONO Takashi	日本	JPN	0	2	0	2
3	塞古拉	SEGURA Louis	法国	FRA	0	1	1	2
3	中山彰规	NAKAYAMA Akinori	日本	JPN	0	0	2	2
3	季托夫	TITOV Yuri	苏联	URS	0	0	2	2

从1896—2016年奥运会竞技体操男子自由体操项目的比赛结果来看，共有51名运动员获得过奥运会竞技体操男子自由体操项目的奖牌。其中苏联运动员安德里阿诺夫以奖牌总数3枚（金牌2枚、银牌1枚）排名在奥运会竞技体操男子自由体操项目奖牌榜的首位；中国运动员邹凯等11人均获得了2枚奥运会竞技体操男子自由体操项目的奖牌，并列排名在奖牌榜的第二位（见表39）。

表39　1896—2016年奥运会竞技体操男子自由体操项目奖牌榜前三名一览

排序	运动员姓名		国家/地区		金牌数	银牌数	铜牌数	奖牌总数
1	安德里阿诺夫	ANDRIANOV Nicolai	苏联	URS	2	1	0	3
2	邹凯	ZOU Kai	中国	CHN	2	0	0	2
2	相原信行	AIHARA Nobuyuki	日本	JPN	1	1	0	2
2	托列松	THORESSON Karl William	瑞典	SWE	1	1	0	2

排序	运动员姓名		国家/地区		金牌数	银牌数	铜牌数	奖牌总数
2	米兹	MIEZ Georges	瑞士	SUI	1	1	0	2
2	李小双	LI Xiaoshuang	中国	CHN	1	1	0	2
2	梅尼契利	MENICHELLI Franco	意大利	ITA	1	0	1	2
2	中山彰规	NAKAYAMA Akinori	日本	JPN	0	2	0	2
2	池谷幸雄	IKETANI Yukio	日本	JPN	0	1	1	2
2	楼云	LOU Yun	中国	CHN	0	1	1	2
2	涅莫夫	NEMOV Alexei	俄罗斯	RUS	0	1	1	2
2	伊夫切夫	IOVTCHEV Iordan	保加利亚	BUL	0	0	2	2

从1896—2016年奥运会竞技体操男子鞍马项目的比赛结果来看，共有59名运动员获得过奥运会竞技体操男子鞍马项目的奖牌。其中罗马尼亚运动员乌兹卡以奖牌总数3枚（金牌1枚、银牌2枚）与英国运动员史密斯（银牌2枚、铜牌1枚）并列排名在奥运会竞技体操男子鞍马项目奖牌榜的首位；苏联运动员沙赫林等10人均获得了2枚奥运会竞技体操男子鞍马项目的奖牌，并列排名在奖牌榜的第三位（见表40）。

表 40 1896—2016 年奥运会竞技体操男子鞍马项目奖牌榜前三名一览

排序	运动员姓名		国家/地区		金牌数	银牌数	铜牌数	奖牌总数
1	乌兹卡	URZICA Marius Daniel	罗马尼亚	ROU	1	2	0	3
1	史密斯	SMITH Louis	英国	GBR	0	2	1	3
3	沙赫林	CHAKLINE Boris	苏联	URS	2	0	0	2
3	切拉尔	CERAR Miroslav	南斯拉夫	YUG	2	0	0	2
3	马乔尔	MAGYAR Zoltan	匈牙利	HUN	2	0	0	2
3	怀特洛克	WHITLOCK Max	英国	GBR	1	0	1	2
3	朱卡林	TCHUKARIN Victor	苏联	URS	1	0	1	2
3	萨沃莱宁	SAVOLAINEN Heikki Dr	芬兰	FIN	1	0	1	2
3	监物永三	KENMOTSU Eizo	日本	JPN	0	1	1	2
3	鹤见修治	TSURUMI Shuji	日本	JPN	0	1	1	2
3	尼古拉	NIKOLAY Michael	东德	GDR	0	0	2	2
3	涅莫夫	NEMOV Alexei	苏联	RUS	0	0	2	2

　　从 1896 — 2016 年奥运会竞技体操男子吊环项目的比赛结果来看，共有 63 名运动员获得过奥运会竞技体操男子吊环项目的奖牌。其中日本运

动员中山彰规等13人均获得了2枚奥运会竞技体操男子吊环项目的奖牌，并列排名在奖牌榜的首位（见表41）。

表41　1986—2016年奥运会竞技体操男子吊环项目奖牌榜首位一览

排序	运动员姓名		国家/地区		金牌数	银牌数	铜牌数	奖牌总数
1	中山彰规	NAKAYAMA Akinori	日本	JPN	2	0	0	2
1	阿扎良	AZARIAN Albert	苏联	URS	2	0	0	2
1	纳巴雷特	NABARRETTE ZANETTI Arthur	巴西	BRA	1	1	0	2
1	陈一冰	CHEN Yibing	中国	CHN	1	1	0	2
1	什图克利	STUCKELJ Leon	南斯拉夫	YUG	1	1	0	2
1	季佳京	DITYATIN Alexander	苏联	URS	1	1	0	2
1	索拉尼	CSOLLANY Szilveszter	匈牙利	HUN	1	1	0	2
1	坦帕科斯	TAMPAKOS Dimosthenis	希腊	GRE	1	1	0	2
1	凯基	CHECHI Yuri	意大利	ITA	1	0	1	2
1	沃罗宁	VORONINE Mikhail	苏联	URS	0	2	0	2
1	瓦查	VACHA Ladislav	捷克斯洛伐克	TCH	0	1	1	2
1	沙赫林	CHAKLINE Boris	苏联	URS	0	1	1	2
1	伊夫切夫	IOVTCHEV Iordan	保加利亚	BUL	0	1	1	2

　　从1896 — 2016年奥运会竞技体操男子跳马项目的比赛结果来看，共有68名运动员获得过奥运会竞技体操男子跳马项目的奖牌。其中苏联运动员安德里阿诺夫以奖牌总数3枚（金牌2枚、铜牌1枚）排名在奥运会竞技体操男子跳马项目奖牌榜的首位；中国运动员楼云等7人均获得了2枚奥运会竞技体操男子跳马项目的奖牌，并列排名在奖牌榜的第二位（见表42）。

表42　1896—2016年奥运会竞技体操男子跳马项目奖牌榜前三名一览

排序	运动员姓名		国家/地区		金牌数	银牌数	铜牌数	奖牌总数
1	安德里阿诺夫	ANDRIANOV Nicolai	苏联	URS	2	0	1	3
2	楼云	LOU Yun	中国	CHN	2	0	0	2
2	德费尔	DEFERR Gervasio	西班牙	ESP	2	0	0	2
2	麦克	MACK Eugen	瑞士	SUI	1	1	0	2
2	小野乔	ONO Takashi	日本	JPN	1	0	1	2
2	布拉尼克	BLANIK Leszek	波兰	POL	1	0	1	2
2	谢尔博	SCHERBO Vitali	白俄罗斯	BLR	1	0	1	2
2	阿布里亚津	ABLIAZIN Denis	俄罗斯	RUS	0	2	0	2

从1896—2016年奥运会竞技体操男子双杠项目的比赛结果来看，共有68名运动员获得过奥运会竞技体操男子双杠项目的奖牌。其中中国运动员李小鹏以奖牌总数3枚（金牌2枚、铜牌1枚）排名在奥运会竞技体操男子双杠项目奖牌榜的首位；日本运动员加藤泽男等6人均获得了2枚奥运会竞技体操男子双杠项目的奖牌，并列排名在奖牌榜的第二位（见表43）。

表 43　1896—2016 年奥运会竞技体操男子双杠项目奖牌榜前三名一览

排序	运动员姓名		国家/地区		金牌数	银牌数	铜牌数	奖牌总数
1	李小鹏	LI Xiaopeng	中国	CHN	2	0	1	3
2	加藤泽男	KATO Sawao	日本	JPN	2	0	0	2
2	朱卡林	TCHUKARIN Victor	苏联	URS	1	1	0	2
2	罗伊施	REUSCH Michael	瑞士	SUI	1	1	0	2
2	谢尔博	SCHERBO Vitali	白俄罗斯	BLR	1	0	1	2
2	斯塔尔德	STALDER Josef	瑞士	SUI	0	0	2	2
2	小野乔	ONO Takashi	日本	JPN	0	0	2	2

从1896—2016年奥运会竞技体操男子单杠项目的比赛结果来看，共有63名运动员获得过奥运会竞技体操男子单杠项目的奖牌。其中德国运动员汉布肯以奖牌总数3枚（金牌1枚、银牌1枚、铜牌1枚）排名在奥运

会竞技体操男子单杠项目奖牌榜的首位；日本运动员塚原光男等11人均获得了2枚奥运会竞技体操男子单杠项目的奖牌，并列排名在奖牌榜的第二位（见表44）。

表44　1896—2016年奥运会竞技体操男子单杠项目奖牌榜前三名一览

排序	运动员姓名		国家/地区		金牌数	银牌数	铜牌数	奖牌总数
1	汉布肯	HAMBUECHEN Fabian	德国	GER	1	1	1	3
2	塚原光男	TSUKAHARA Mitsuo	日本	JPN	2	0	0	2
2	小野乔	ONO Takashi	日本	JPN	2	0	0	2
2	施塔尔德	STALDER Josef	瑞士	SUI	1	1	0	2
2	韦克尔	WECKER Andreas	德国	GER	1	1	0	2
2	邹凯	ZOU Kai	中国	CHN	1	0	1	2
2	沙赫林	CHAKLINE Boris	苏联	URS	1	0	1	2
2	涅莫夫	NEMOV Alexei	俄罗斯	RUS	1	0	1	2
2	季托夫	TITOV Yuri	苏联	URS	0	2	0	2
2	竹本正男	TAKEMOTO Masao	日本	JPN	0	1	1	2
2	监物永三	KENMOTSU Eizo	日本	JPN	0	1	1	2
2	施瓦茨曼	SCHWARZMANN Alfred	东德	GDR	0	1	1	2

三、奥运会艺术体操比赛概览

（一）艺术体操比赛项目的设置与变化

从表45可以看出，艺术体操项目进入奥运会后，在1984—1992年的3届奥运会中只设置了个人全能比赛项目；从1996年奥运会开始，集体项目成为正式比赛项目。这样，在已经举办过的奥运会体操比赛中，艺术体操个人全能项目比赛已举行过9届，而艺术体操集体项目比赛已举行过6届。

表45　1984—2016年奥运会艺术体操比赛项目设置与变化

比赛项目	1984	1988	1992	1996	2000	2004	2008	2012	2016	届次
个人全能（Women's Individual All-round）	√	√	√	√	√	√	√	√	√	9
集体项目（Women's Group）	—	—	—	√	√	√	√	√	√	6

（二）艺术体操项目参赛国家（地区）数量变化与分析

自1984年艺术体操成为奥运会正式比赛项目以来，共有48个国家（地区）出现在赛场上。其中在1984年和2000年两届奥运会艺术体操比赛中参赛国家（地区）为20个，2012年和2016年奥运会艺术体操项目的参赛国家（地区）增加到24个。因此可以看出，在32年所举行的9届奥运会艺术体操项目比赛中，参赛国家（地区）的数量呈现出一种相对稳定的波浪式发展态势（见图11）。

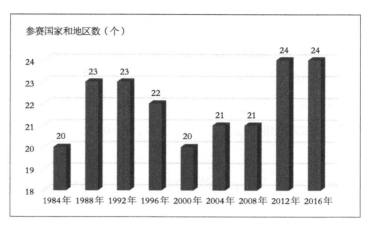

图11　1984—2016年奥运会艺术体操项目参赛国家和地区数量变化态势

（三）艺术体操项目参赛运动员数量与年龄变化分析

从1984—2016年奥运会艺术体操参赛运动员数量变化来看（见图12），在已经举行的9届奥运会艺术体操项目比赛中共有659名运动员参加，其中参加个人项目的运动员有273人，参加集体项目的运动员有386人。

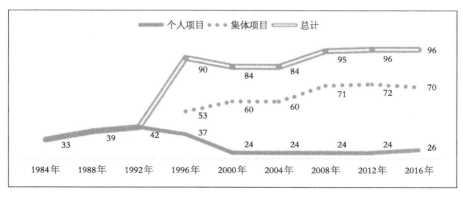

图12　1984—2016年奥运会艺术体操项目参赛运动员数量变化态势（引自刘宇珍，2020）

从图12可以看出，1984 — 1992年参加奥运会艺术体操比赛的运动员最多只有40多名。原因很简单，前三届艺术体操比赛只设置了个人全能项目；从1996年起由于增设了集体项目，所以参加奥运会艺术体操比赛的运动员数量出现了大幅度的增长。由此也可以说明，竞技体育项目自身单项的拓展是其发展的路径之一，更是扩大自身项目影响力和美誉度的重要举措。

从参加奥运会艺术体操比赛的582名运动员的年龄分布来看，最小参赛年龄为14岁，最大参赛年龄为30岁（见图13），年龄跨度为16岁。通过分析年龄分布曲线图得知，奥运会艺术体操比赛运动员的参赛年龄主要集中在16 — 22岁。

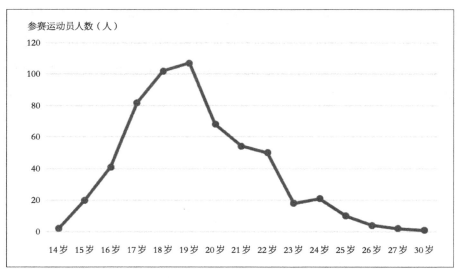

图13　1984 — 2016年奥运会艺术体操项目参赛运动员年龄分布（引自刘宇珍，2020）

从1984 — 2016年奥运会艺术体操比赛获奖运动员的年龄分布来看，

最小年龄为15岁，最大年龄为26岁，峰值主要出现在17—19岁（见图14）。另外，如果将32年间参加奥运会艺术体操比赛的运动员年龄分布与获奖运动员年龄分布进行比较，可以看出参赛运动员的年龄分布不仅相对集中，而且呈现出一种"倒V"的态势；而获奖运动员的年龄分布不仅离散度大一些，而且呈现出一种起伏的态势。

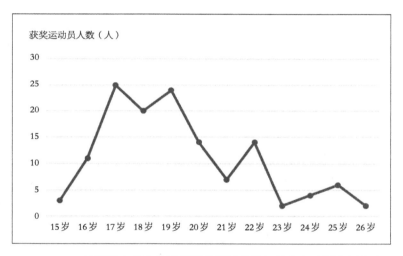

图14　1984—2016年奥运会艺术体操项目获奖运动员年龄分布（引自刘宇珍，2020）

通过对1984—2016年参加奥运会艺术体操比赛运动员的最大年龄、最小年龄、平均年龄进行深入分析，可以看出这样一个发展态势：奥运会艺术体操项目被设置32年以来，参赛运动员的最大年龄、最小年龄和平均年龄均出现了增大的态势，即最大年龄由22岁提高到30岁，最小年龄由14岁提高到17岁，平均年龄由17.21岁提高到20.71岁（见图15）。

图15 1984—2016年奥运会艺术体操项目参赛运动员年龄变化态势（引自刘宇珍，2020）

　　进一步分析已经举行过的9届奥运会艺术体操比赛的获奖运动员年龄得知，最大年龄由19岁提高到26岁，最小年龄由15岁提高到18岁，平均年龄由17.62岁提高到21.94岁（见图16）。如果将1984—2016年奥运会艺术体操参赛运动员年龄与获奖运动员年龄变化的态势进行比较，可以看出，最大年龄、最小年龄和平均年龄均表现出增长的态势。这说明国际体操联合会不仅在着力保护艺术体操运动员身心健康方面发挥了引领作用，即适时出台了参加奥运会艺术体操比赛的最小年龄限制，同时也说明其为鼓励、引导优秀艺术体操运动员尽可能长时间地保持高水平竞技状态并积极参加比赛而制定的一系列措施已经显现出了可喜的成效。

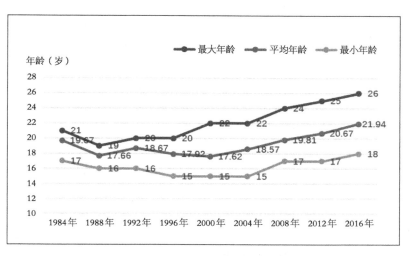

图16　1984—2016年奥运会艺术体操项目获奖运动员年龄变化态势（引自刘宇珍，2020）

（四）艺术体操项目参赛国家（地区）奖牌分布与分析

从1984—2016年奥运会艺术体操项目的金牌榜来看，共有6个国家（地区）的运动员榜上有名（见图17）。俄罗斯运动员以金牌总数10枚遥遥领先于其他国家（地区）位于奥运会艺术体操项目金牌榜之首，西班牙、乌克兰、独联体、苏联和加拿大运动员均以1枚金牌并列排名在金牌榜的第二位。

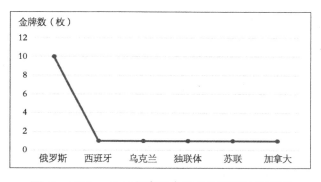

图17　1984—2016年奥运会艺术体操项目金牌榜

深入分析得知，在已经举行过的6届奥运会艺术体操集体项目比赛中，俄罗斯运动员获得了5届集体项目的金牌，另一枚金牌由西班牙运动员在1996年奥运会上夺得（见表46）。

表46　1984—2016年奥运会艺术体操集体项目金牌榜一览

排序	国家/地区		金牌总数	获奖时间
1	俄罗斯	RUS	5	2000、2004、2008、2012、2016
2	西班牙	ESP	1	1996

从1984—2016年奥运会艺术体操个人项目的金牌榜来看，共有40名运动员榜上有名。其中俄罗斯运动员布利兹纽克、卡纳耶娃、波塞维纳和拉夫罗娃4人均以金牌总数2枚排名在奥运会艺术体操个人项目金牌榜的第一位（见表47）。由此可见，俄罗斯目前在艺术体操领域拥有绝对的优势。

表47　1984—2016年奥运会艺术体操个人项目金牌榜首位一览

排序	运动员姓名		国家/地区		金牌总数	获奖时间
1	布利兹纽克	BLIZNYUK Anastasia	俄罗斯	RUS	2	2012、2016
1	卡纳耶娃	KANAEVA Eugenia	俄罗斯	RUS	2	2008、2012
1	波塞维娜	POSEVINA Elena	俄罗斯	RUS	2	2004、2008
1	拉夫罗娃	LAVROVA Natalia	俄罗斯	RUS	2	2000、2004

从1984—2016年奥运会艺术体操项目的比赛结果来看，共有13个国家（地区）的运动员进入了奥运会艺术体操项目奖牌榜。其中俄罗斯运动

员以奖牌总数16枚（金牌10枚、银牌4枚、铜牌2枚）排名在奥运会艺术体操项目奖牌榜的第一位，白俄罗斯运动员以奖牌总数6枚（银牌4枚、铜牌2枚）排名在奖牌榜的第二位，乌克兰运动员以奖牌总数5枚（金牌1枚、铜牌4枚）进入了奖牌榜的三甲（见图18）。

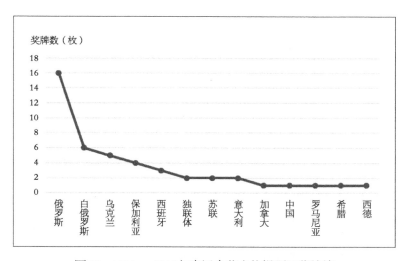

图18　1984 — 2016年奥运会艺术体操项目奖牌榜

进一步分析得知，在1984 — 2016年已经举行过的6届奥运会艺术体操集体项目比赛中，共有7个国家（地区）的运动员进入了奥运会艺术体操集体项目奖牌榜。其中俄罗斯运动员以奖牌总数6枚（金牌5枚、铜牌1枚）排名在奥运会艺术体操集体项目奖牌榜的第一位，白俄罗斯运动员以奖牌总数3枚（银牌2枚、铜牌1枚）与保加利亚运动员（银牌1枚、铜牌2枚）并列排名在奖牌榜的第二位（见表48）。

表 48   1984—2016 年奥运会艺术体操集体项目奖牌榜一览

排序	国家/地区		金牌数	银牌数	铜牌数	奖牌总数
1	俄罗斯	RUS	5	0	1	6
2	白俄罗斯	BLR	0	2	1	3
2	保加利亚	BUL	0	1	2	3
4	西班牙	ESP	1	1	0	2
4	意大利	ITA	0	1	1	2
6	中国	CHN	0	1	0	1
6	希腊	GRE	0	0	1	1

从 1984—2016 年奥运会艺术体操个人项目的奖牌榜来看，共有 120 名运动员榜上有名。其中有 12 名运动员以奖牌总数 2 枚并列排名在奥运会艺术体操个人项目奖牌榜的首位（见表 49）。

表 49   1984—2016 年奥运会艺术体操个人项目奖牌榜首位一览

排序	运动员姓名		国家/地区		金牌数	银牌数	铜牌数	奖牌总数
1	布利兹纽克	BLIZNYUK Anastasia	俄罗斯	RUS	2	0	0	2
1	卡纳耶娃	KANAEVA Eugenia	俄罗斯	RUS	2	0	0	2
1	波塞维娜	POSEVINA Elena	俄罗斯	RUS	2	0	0	2
1	拉夫罗娃	LAVROVA Natalia	俄罗斯	RUS	2	0	0	2

续表

排序	运动员姓名		国家/地区		金牌数	银牌数	铜牌数	奖牌总数
1	卡巴耶娃	KABAEVA Alina	俄罗斯	RUS	1	0	1	2
1	蒂莫申科	TIMOCHENKO Alexandra	乌克兰	UKR	1	0	1	2
1	图米洛维奇	TUMILOVICH Alina	白俄罗斯	BLR	0	1	1	2
1	桑科维奇	SANKOVICH Kseniya	白俄罗斯	BLR	0	1	1	2
1	伊万科娃	IVANKOVA Nastassia	白俄罗斯	BLR	0	1	1	2
1	布兰奇	BLANCHI Elisa	意大利	ITA	0	1	1	2
1	桑托妮	SANTONI Elisa	意大利	ITA	0	1	1	2
1	比索诺娃	BESSONOVA Anna	乌克兰	UKR	0	0	2	2

四、奥运会蹦床比赛概览

1988年，国际蹦床联盟（FIT）获得国际奥委会的承认，时有成员协会44个，其主要赛事为世界蹦床锦标赛，逢偶数年举行。1997年9月是蹦床运动发展史上的"春天"——国际奥委会第106次代表大会决定，正式将蹦床的女子网上单人和男子网上单人两个项目列为2000年悉尼奥运会的比赛项目。1998年10月6日，国际蹦床联盟代表大会在澳大利亚悉尼举行，来自37个协会的代表出席了该届大会，并做出了两项重大决定：一是通过了国际蹦床联盟并入国际体操联合会的决议，二是通过了国际蹦床联盟于1998年12月31日解体。前国际蹦床联盟主席——美国人罗恩·弗洛里克（Ron Froehlich）担任国际体操联合会执行委员会成员，德国人霍斯特·孔泽（Horst Kunze）仍担任蹦床技术委员会主席。2000年9月22日下午8时40分，俄罗斯的卡拉瓦耶娃（Irina Karavaeva）和莫斯卡伦科（Alexander Moskalenko）分别成为奥运会历史上第一位女子、男子蹦床项目冠军。在2000年悉尼奥运会上，蹦床项目的发明者、86岁的乔治·尼森（George Nissen）先生自豪地站在看台上观看了这一切。

（一）蹦床比赛项目的设置与变化

现代奥运会蹦床比赛的历史相对于竞技体操和艺术体操项目是最短的，即在2000年悉尼奥运会上蹦床男女网上单人两个项目正式成为比赛项目，至今只有5届奥运会比赛史（见表50）。

表50   2000—2016年奥运会蹦床比赛项目设置与变化

比赛项目	2000	2004	2008	2012	2016	届次
女子网上单人 （Women's Individual）	√	√	√	√	√	5
男子网上单人 （Men's Individual）	√	√	√	√	√	5

（二）蹦床项目参赛国家（地区）奖牌分布与分析

从2000—2016年奥运会蹦床项目的金牌榜来看，中国、加拿大、俄罗斯、乌克兰、德国和白俄罗斯6个国家（地区）的蹦床运动员榜上有名，其中中国蹦床队以金牌总数3枚名列奥运会蹦床项目金牌榜之首（见

图19）。

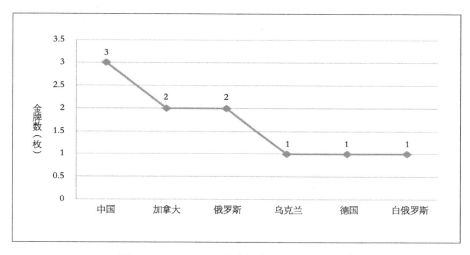

图19　2000—2016年奥运会蹦床项目金牌榜

　　从2000—2016年奥运会蹦床项目的奖牌榜来看，共有9个国家（地区）名列其中。其中中国蹦床队以奖牌总数11枚（金牌3枚、银牌2枚、铜牌6枚）排名在奥运会蹦床项目奖牌榜的首位，加拿大蹦床队以奖牌总数7枚（金牌2枚、银牌3枚、铜牌2枚）排名在奖牌榜的第二位，俄罗斯蹦床队以奖牌总数4枚（金牌2枚、银牌2枚）排名在奖牌榜的第三位（见图20、表51）。

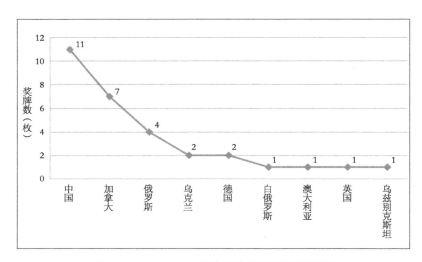

图20　2000 — 2016年奥运会蹦床项目奖牌榜

表51　2000—2016年奥运会蹦床项目奖牌分布统计

国家/地区		金牌数	银牌数	铜牌数	奖牌总数
中国	CHN	3	2	6	11
加拿大	CAN	2	3	2	7
俄罗斯	RUS	2	2	0	4
乌克兰	UKR	1	1	0	2
德国	GER	1	0	1	2
白俄罗斯	BLR	1	0	0	1
澳大利亚	AUS	0	1	0	1
英国	GBR	0	1	0	1

国家/地区		金牌数	银牌数	铜牌数	奖牌总数
乌兹别克斯坦	UZB	0	0	1	1
合计		10	10	10	30

从奥运会女子蹦床项目的金牌榜来看，在已经举行过的5届奥运会蹦床比赛中，只有4个国家的4名运动员进入了奥运会女子蹦床项目金牌榜。其中加拿大运动员麦克伦南获得了2012年和2016年奥运会女子蹦床项目的冠军，中国运动员何雯娜获得了2008年奥运会女子蹦床项目的冠军，德国运动员安娜·多格纳泽获得了2004年奥运会女子蹦床项目的冠军，俄罗斯运动员卡拉瓦耶娃获得了奥运会首届女子蹦床比赛的冠军（见表52）。

表 52　2000—2016年奥运会女子蹦床项目金牌榜一览

排序	运动员姓名		国家/地区		金牌数	获奖时间
1	麦克伦南	MACLENNAN Rosannagh	加拿大	CAN	2	2012、2016
2	何雯娜	HE Wenna	中国	CHN	1	2008
2	安娜·多格纳泽	DOGONADZE Anna	德国	GER	1	2004
2	卡拉瓦耶娃	KARAVAEVA Irina	俄罗斯	RUS	1	2000

从奥运会女子蹦床项目的奖牌榜来看，共有10名运动员站在了奥运会女子蹦床项目的领奖台上。其中加拿大运动员科克本以奖牌总数3枚（银牌2枚、铜牌1枚）名列奥运会女子蹦床项目奖牌榜之首，加拿大运动

员麦克伦南（金牌2枚）、中国运动员何雯娜（金牌1枚、铜牌1枚）和黄珊汕（银牌1枚、铜牌1枚）均以奖牌总数2枚并列排名在奖牌榜的第二位（见表53）。

表53　2000—2016年奥运会女子蹦床项目奖牌榜一览

排序	运动员姓名		国家/地区		金牌数	银牌数	铜牌数	奖牌总数
1	科克本	COCKBURN Karen	加拿大	CAN	0	2	1	3
2	麦克伦南	MACLENNAN Rosannagh	加拿大	CAN	2	0	0	2
2	何雯娜	HE Wenna	中国	CHN	1	0	1	2
2	黄珊汕	HUANG Shanshan	中国	CHN	0	1	1	2
5	安娜·多格纳泽	DOGONADZE Anna	德国	GER	1	0	0	1
5	卡拉瓦耶娃	KARAVAEVA Irina	俄罗斯	RUS	1	0	0	1
5	帕杰	PAGE Bryony	英国	GBR	0	1	0	1
5	齐胡列娃	TSYHULEVA Oxana	乌克兰	UKR	0	1	0	1
5	李丹	LI Dan	中国	CHN	0	0	1	1
5	基尔科	KHILKO Ekaterina	乌兹别克斯坦	UZB	0	0	1	1

从奥运会男子蹦床项目的金牌榜来看，共有中国、白俄罗斯、俄罗斯和乌克兰4个国家的5名运动员站在了奥运会男子蹦床项目的最高领奖

台上。其中有2名中国运动员获得了奥运会男子蹦床项目的冠军（见表54）。

表54　2000—2016年奥运会男子蹦床项目金牌榜一览

排序	运动员姓名		国家/地区		金牌数	获奖时间
1	汉查洛	HANCHAROU Uladzislau	白俄罗斯	BLR	1	2016
1	董栋	DONG Dong	中国	CHN	1	2012
1	陆春龙	LU Chunlong	中国	CHN	1	2008
1	莫斯卡伦科	MOSKALENKO Alexander	俄罗斯	RUS	1	2000
1	尼基汀	NIKITIN Yuri	乌克兰	UKR	1	2004

从奥运会男子蹦床项目的奖牌榜来看，共有11名运动员站在了奥运会男子蹦床项目的领奖台上。其中中国运动员董栋以奖牌总数3枚（金牌1枚、银牌1枚、铜牌1枚）名列奥运会男子蹦床项目奖牌榜之首，俄罗斯运动员莫斯卡伦科以奖牌总数2枚（金牌1枚、银牌1枚）与中国运动员陆春龙（金牌1枚、铜牌1枚）并列排名在奖牌榜的第二位（见表55）。

表55　2000—2016年奥运会男子蹦床项目奖牌榜一览

排序	运动员姓名		国家/地区		金牌数	银牌数	铜牌数	奖牌总数
1	董栋	DONG Dong	中国	CHN	1	1	1	3
2	莫斯卡伦科	MOSKALENKO Alexander	俄罗斯	RUS	1	1	0	2

续表

2	陆春龙	LU Chunlong	中国	CHN	1	0	1	2
4	汉查洛	HANCHAROU Uladzislau	白俄罗斯	BLR	1	0	0	1
4	尼基汀	NIKITIN Yuri	乌克兰	UKR	1	0	0	1
4	乌沙科夫	USHAKOV Dimitri	俄罗斯	RUS	0	1	0	1
4	布日恩特	BURNETT Jason	加拿大	CAN	0	1	0	1
4	华莱士	WALLACE Ji	澳大利亚	AUS	0	1	0	1
4	高磊	GAO Lei	中国	CHN	0	0	1	1
4	斯特利克	STEHLIK Henrik	德国	GER	0	0	1	1
4	特金	TURGEON Mathieu	加拿大	CAN	0	0	1	1

第 三 部 分

体操类项目世界锦标赛纵览

一、世界体操锦标赛（World Artistic Gymnastics Championships）概览

（一）世界体操锦标赛的举办时间与地点

从100多年来世界体操锦标赛的竞赛历史来看，1903 — 2013年共举行了6届世界体操锦标赛，每两年举行一届，且在奇数年举行，1915 — 1919年因第一次世界大战而没有举行。1922 — 1938年共举行了5届世界体操锦标赛，每4年举行一届，且在偶数年举行。非常值得注意的是，在1934年举行的第10届世界体操锦标赛上首次出现了女子体操运动员的身影，从而打破了世界体操锦标赛男子体操运动员一统天下的局面。同时，在1931年还特别举行了一次庆祝国际体操联合会成立50周年的非正式的世锦赛。1942 — 1946年，世界体操锦标赛又因第二次世界大战而停办。从1950年开始，世界体操锦标赛又重新恢复了赛事，到1979年，共举行了9届，且保持着每4年举行一届的传统。从1981年第21届世界体操锦

标赛开始，又调整为每两年举行一次，且改为在奇数年举行，到1991年，共举行了6届。1992—2005年，除了举行世界体操锦标赛，还探索了新的赛事形式，例如举行了4次世界体操锦标赛（单项）、2次世界体操锦标赛（个人）和1次世界体操锦标赛（团体）。从2006年第39届世界体操锦标赛到2019年第49届世界体操锦标赛，一直保持着每年举行一届（奥运会之年除外）的赛制模式（见表56）。

表56　1903—2019年世界体操锦标赛一览

举办时间	届次	举办城市	国家
1903年	第1届世界体操锦标赛	安特卫普	比利时
1905年	第2届世界体操锦标赛	波尔多	法国
1907年	第3届世界体操锦标赛	布拉格	奥匈帝国
1909年	第4届世界体操锦标赛	卢森堡	卢森堡
1911年	第5届世界体操锦标赛	都灵	意大利
1913年	第6届世界体操锦标赛	巴黎	法国
1915—1919年	因第一次世界大战没有举行		
1922年	第7届世界体操锦标赛	卢布尔雅纳	南斯拉夫
1926年	第8届世界体操锦标赛	里昂	法国
1930年	第9届世界体操锦标赛	卢森堡	卢森堡
1931年	国际体操联合会成立50周年纪念日（非正式世锦赛）	巴黎	法国
1934年	第10届世界体操锦标赛（包括女子）	布达佩斯	匈牙利
1938年	第11届世界体操锦标赛	布拉格	捷克斯洛伐克

举办时间	届次	举办城市	国家
1942 — 1946年	因第二次世界大战没有举行		
1950年	第12届世界体操锦标赛	巴塞尔	瑞士
1954年	第13届世界体操锦标赛	罗马	意大利
1958年	第14届世界体操锦标赛	莫斯科	苏联
1962年	第15届世界体操锦标赛	布拉格	捷克斯洛伐克
1966年	第16届世界体操锦标赛	多特蒙德	联邦德国
1970年	第17届世界体操锦标赛	卢布尔雅纳	南斯拉夫
1974年	第18届世界体操锦标赛	瓦尔纳	保加利亚
1978年	第19届世界体操锦标赛	斯特拉斯堡	法国
1979年	第20届世界体操锦标赛	沃斯堡	美国
1981年	第21届世界体操锦标赛	莫斯科	苏联
1983年	第22届世界体操锦标赛	布达佩斯	匈牙利
1985年	第23届世界体操锦标赛	蒙特利尔	加拿大
1987年	第24届世界体操锦标赛	鹿特丹	荷兰
1989年	第25届世界体操锦标赛	斯图加特	德国
1991年	第26届世界体操锦标赛	印第安纳波利斯	美国
1992年	第27届世界体操锦标赛（单项）	巴黎	法国
1993年	第28届世界体操锦标赛（个人）	伯明翰	英国
1994年	第29届世界体操锦标赛（单项）	布里斯班	澳大利亚
1994年	第30届世界体操锦标赛（团体）	多特蒙德	德国

举办时间	届次	举办城市	国家
1995年	第31届世界体操锦标赛	鲭江	日本
1996年	第32届世界体操锦标赛（单项）	圣胡安	波多黎各
1997年	第33届世界体操锦标赛	洛桑	瑞士
1999年	第34届世界体操锦标赛	天津	中国
2001年	第35届世界体操锦标赛	根特	比利时
2002年	第36届世界体操锦标赛（单项）	德布勒森	匈牙利
2003年	第37届世界体操锦标赛	阿纳海姆	美国
2005年	第38届世界体操锦标赛（个人）	墨尔本	澳大利亚
2006年	第39届世界体操锦标赛	奥胡斯	丹麦
2007年	第40届世界体操锦标赛	斯图加特	德国
2009年	第41届世界体操锦标赛	伦敦	英国
2010年	第42届世界体操锦标赛	鹿特丹	荷兰
2011年	第43届世界体操锦标赛	东京	日本
2013年	第44届世界体操锦标赛	安特卫普	比利时
2014年	第45届世界体操锦标赛	南宁	中国
2015年	第46届世界体操锦标赛	格拉斯哥	英国
2017年	第47届世界体操锦标赛	蒙特利尔	加拿大
2018年	第48届世界体操锦标赛	多哈	卡塔尔
2019年	第49届世界体操锦标赛	斯图加特	德国

（二）世界体操锦标赛比赛项目的设置与变化

1. 1903—2019 年世界体操锦标赛男子比赛项目的设置与变化

从世界体操锦标赛男子比赛项目的设置和变迁轨迹来看，1903—1913年举行的6届世界体操锦标赛显示，比赛项目总数保持在五六项。其中男子团体、个人全能、双杠和单杠一直是比赛项目；鞍马和吊环两个项目则有变化，即1905年举行的第2届世界体操锦标赛和1907年举行的第3届世界体操锦标赛均没有设置吊环项目的比赛，而在1909年举行的第4届世界体操锦标赛中没有设置鞍马项目的比赛。1922—1938年，世界体操锦标赛男子比赛项目保持在6—8项。其中1922年和1926年举行的两届世界体操锦标赛的项目设置为男子团体、个人全能、鞍马、吊环、双杠和单杠6个项目，1930年第9届世界体操锦标赛增设了男子自由体操项目的比赛，1934年第10届世界体操锦标赛增设了男子跳马项目的比赛。从1950年第12届世界体操锦标赛到1991年第26届世界体操锦标赛一直保持着男子团体、个人全能、自由体操、鞍马、吊环、跳马、双杠和单杠的比赛项目。从1992年第27届世界体操锦标赛（单项）到2005年第38届世界体操锦标赛（个人）期间，举行了4届世界体操单项锦标赛，即男子体操运动员只比6个单项，不设团体和个人全能，同时还举行了1届世界体操团体锦标赛，即男子体操运动员只比团体。从2006年到2019年，世界体操锦标赛男子比赛项目保持了相对固定的模式（见表57）。

表 57　1903—2019 年世界体操锦标赛男子比赛项目设置一览

年份	比赛项目							
	团体	个人全能	自由体操	鞍马	吊环	跳马	双杠	单杠
1903	√	√		√	√		√	√
1905	√	√		√			√	√
1907	√	√		√			√	√
1909	√	√			√		√	√
1911	√	√		√	√		√	√
1913	√	√		√	√		√	√
1915 — 1919年因第一次世界大战停赛								
1922	√	√		√	√		√	√
1926	√	√		√	√		√	√
1930	√	√	√	√	√		√	√
1934	√	√	√	√	√	√	√	√
1938	√	√	√	√	√	√	√	√
1942 — 1946年因第二次世界大战停赛								
1950	√	√	√	√	√	√	√	√
1954	√	√	√	√	√	√	√	√
1958	√	√	√	√	√	√	√	√
1962	√	√	√	√	√	√	√	√
1966	√	√	√	√	√	√	√	√

续表

年份	比赛项目							
	团体	个人全能	自由体操	鞍马	吊环	跳马	双杠	单杠
1970	√	√	√	√	√	√	√	√
1974	√	√	√	√	√	√	√	√
1978	√	√	√	√	√	√	√	√
1979	√	√	√	√	√	√	√	√
1981	√	√	√	√	√	√	√	√
1983	√	√	√	√	√	√	√	√
1985	√	√	√	√	√	√	√	√
1987	√	√	√	√	√	√	√	√
1989	√	√	√	√	√	√	√	√
1991	√	√	√	√	√	√	√	√
1992			√	√	√	√	√	√
1993		√	√	√	√	√	√	√
1994			√	√	√	√	√	√
1994	√							
1995	√	√	√	√	√	√	√	√
1996			√	√	√	√	√	√
1997	√	√	√	√	√	√	√	√
1999	√	√	√	√	√	√	√	√
2001	√	√	√	√	√	√	√	√

续表

年份	比赛项目							
	团体	个人全能	自由体操	鞍马	吊环	跳马	双杠	单杠
2002			√	√	√	√	√	√
2003	√	√	√	√	√	√	√	√
2005		√	√	√	√	√	√	√
2006	√	√	√	√	√	√	√	√
2007	√	√	√	√	√	√	√	√
2009		√	√	√	√	√	√	√
2010	√	√	√	√	√	√	√	√
2011	√	√	√	√	√	√	√	√
2013		√	√	√	√	√	√	√
2014	√	√	√	√	√	√	√	√
2015	√	√	√	√	√	√	√	√
2017		√	√	√	√	√	√	√
2018	√	√	√	√	√	√	√	√
2019	√	√	√	√	√	√	√	√

2. 1934—2019 年世界体操锦标赛女子比赛项目的设置与变化

从世界体操锦标赛女子比赛项目的设置和变迁轨迹来看，1934 年第 10 届世界体操锦标赛开了女子体操运动员参赛的先河，比赛项目设置为 2 项，即女子团体和个人全能。1938 年第 11 届世界体操锦标赛女子比赛项目增设到 6 项，即在上一届的女子团体和个人全能两个项目外，还新增设了女子跳马、双杠、平衡木和自由体操。后因第二次世界大战，世界体操锦标赛停办。1950 — 1991年，世界体操锦标赛女子比赛项目一直保持着6个，即女子团体、个人全能、跳马、高低杠、平衡木和自由体操。从1992年到2019年，世界体操锦标赛女子比赛模式基本上一直与男子比赛模式保持着一致性（见表58）。

表 58　1934—2019 年世界体操锦标赛女子比赛项目设置一览

年份	比赛项目					
	女子团体	个人全能	跳马	高低杠	平衡木	自由体操
1934	√	√				
1938	√	√	√	双杠	√	√
1942 — 1946年因第二次世界大战停赛						
1950	√	√	√	√	√	√
1954	√	√	√	√	√	√
1958	√	√	√	√	√	√
1962	√	√	√	√	√	√
1966	√	√	√	√	√	√
1970	√	√	√	√	√	√
1974	√	√	√	√	√	√
1978	√	√	√	√	√	√
1979	√	√	√	√	√	√
1981	√	√	√	√	√	√
1983	√	√	√	√	√	√

续表

年份	比赛项目					
	女子团体	个人全能	跳马	高低杠	平衡木	自由体操
1985	√	√	√	√	√	√
1987	√	√	√	√	√	√
1989	√	√	√	√	√	√
1991	√	√	√	√	√	√
1992			√	√	√	√
1993		√	√	√	√	√
1994		√	√	√	√	√
1994	√					
1995	√	√	√	√	√	√
1996			√	√	√	√
1997	√	√	√	√	√	√
1999	√	√	√	√	√	√
2001	√	√	√	√	√	√
2002			√	√	√	√
2003	√	√	√	√	√	√
2005		√	√	√	√	√
2006	√	√	√	√	√	√
2007	√	√	√	√	√	√
2009		√	√	√	√	√

续表

年份	比赛项目					
	女子团体	个人全能	跳马	高低杠	平衡木	自由体操
2010	√	√	√	√	√	√
2011	√	√	√	√	√	√
2013		√	√	√	√	√
2014	√	√	√	√	√	√
2015	√	√	√	√	√	√
2017		√	√	√	√	√
2018	√	√	√	√	√	√
2019	√	√	√	√	√	√

（三）世界体操锦标赛参赛国家（地区）数量变化态势与分析

世界体操锦标赛创建100多年以来，从参赛国家和地区协会的数量来看，基本上显示出了持续稳定的上升态势，即从1903年创立之初的第1届世界体操锦标赛的4个参赛国家，到2019年第49届锦标赛参赛国家或地区达到了历史新高92个（见图21）。通过进一步分析，可以将这段时间划分为4个阶段：第一阶段（1903—1930年），共举办了9届世锦赛，参赛国家和地区数量一直保持在个位数；第二阶段（1931—1994年），共举办了21届世锦赛，参赛国家和地区数量不仅持续保持在两位数，而且有两届世锦赛的参赛国家和地区数量超过了50个；第三阶段（1995—2005年），共举办了8届世锦赛，参赛国家和地区数量一直保持在50个以上；第四阶段（2006—2019年），共举办了11届世锦赛，参赛国家和地区数量基本保持在70个以上，其中有4届世锦赛的参赛国家和地区数量达到了80个以上，直到2019年世界体操锦标赛参赛国家和地区数量达到了历史上的最高峰92个。

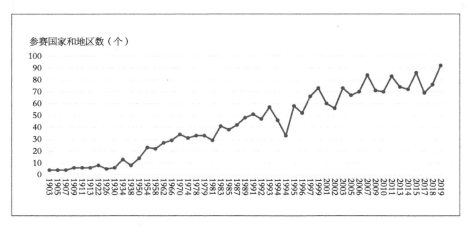

参赛国家和地区数（个）

图21   1903 — 2019年世界体操锦标赛参赛国家和地区数量变化态势

通过进行进一步分析，发现近30多年以来参加世界体操锦标赛男子项目比赛的协会数量和女子项目比赛的协会数量均呈现出稳定上升之态势。其中参加男子项目比赛的协会数量从36个增加到85个，参加女子项目比赛的协会数量从36个增加到79个（见图22）。由此也有力地佐证了近十多年以来，国际体操联合会通过实施一系列改革和发展举措，在推动竞技体操项目的普及和发展方面取得了可喜的成效。

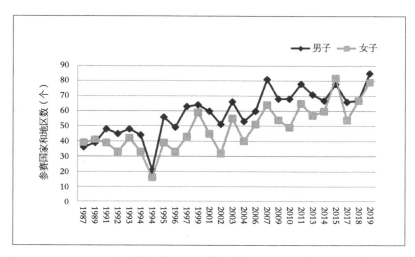

图22　1987 — 2019年世界体操锦标赛男女项目参赛国家和地区数量变化态势

（四）世界体操锦标赛参赛运动员数量与年龄变化分析

从1987 — 2019年的世界体操锦标赛来看，近30多年以来参赛运动员数量整体上表现出增长趋势，即从1987年的300多名男女运动员增加到500多名。从分段剖析来看，1987 — 1997年的参赛运动员总数只有1991年、1995年和1997年突破了400人，从1999年开始，世界体操锦标赛的参赛运动员总数则基本上在500人上下波动（见图23）。

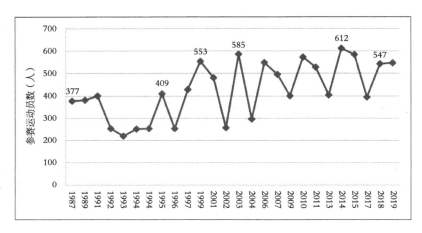

图23　1987 — 2019年世界体操锦标赛男女参赛运动员数量变化态势

　　进一步分析近30多年以来世界体操锦标赛男女运动员的参赛数量变化态势，可以发现两大特点：一是男女体操运动员参赛人数变化的起伏态势具有一定的相似性，二是男子体操运动员的参赛人数基本上始终多于女子体操运动员（见图24）。

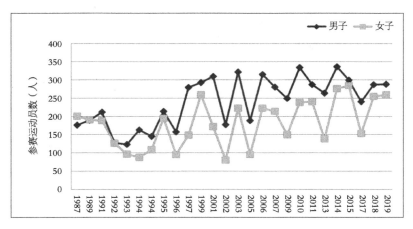

图24　1987 — 2019年世界体操锦标赛男女参赛运动员数量对比

1987 — 2013年参加世界体操锦标赛男女运动员的平均年龄的变化态势反映出以下特征：一是近30多年以来，参加世界体操锦标赛的男女运动员的平均年龄均呈现出稳定增长的态势，即参加世界体操锦标赛的女子运动员的平均年龄由1987年的16.75岁增长到2013年的18.91岁，提高了2.16岁；参加世界体操锦标赛的男子运动员的平均年龄由1987年22.46岁增长到2013年的23.29岁，提高了0.83岁（见图25）。二是女子体操运动员的平均参赛年龄增长幅度大于男子体操运动员的平均参赛年龄。

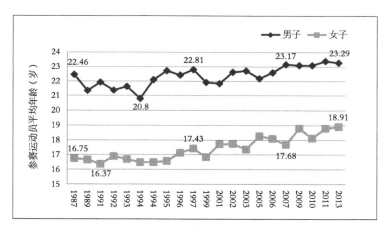

图25　1987 — 2013年世界体操锦标赛男女参赛运动员平均年龄变化态势

笔者对收集到的1934 — 2019年参加世界体操锦标赛女子项目比赛并获得冠军的200人次运动员的获奖年龄进行了统计分析得出，获得世界体操锦标赛女子项目冠军的运动员年龄在14 — 33岁，其中15 — 22岁所占比例很大（见图26）。

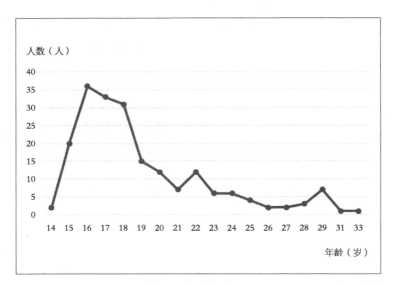

图26　1934—2019年获得世界体操锦标赛女子项目冠军的运动员年龄分布态势

　　通过对不同年代获得世界体操锦标赛女子项目冠军的运动员的年龄进行分析发现，女子项目世界冠军的年龄经历了一个由"前移"到"后移"，并逐渐趋于相对稳定的变化态势。即在20世纪50年代以前，获得世界体操锦标赛女子项目冠军的运动员的年龄主要集中在20岁以上；到了20世纪六七十年代，获得世界体操锦标赛女子项目冠军的运动员的年龄开始出现"前移"现象，即获得世界体操锦标赛女子项目冠军的运动员的年龄开始逐渐变小了，并在80年代呈现出更为集中的态势；从20世纪90年代开始，世界体操锦标赛女子项目冠军的年龄开始出现"后移"现象，并在21世纪初逐渐得到巩固，即获得世界体操锦标赛女子项目冠军的年龄呈现出比较分散的态势（见图27）。

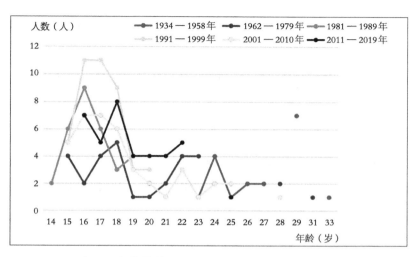

图27 1934 — 2019年不同年代获得世界体操锦标赛女子项目冠军的运动员年龄分布态势

　　笔者对收集到的1903 — 2019年参加世界体操锦标赛男子项目比赛并获得冠军的324人次运动员的获奖年龄进行了统计分析得出，获得世界体操锦标赛男子项目冠军的运动员年龄在16 — 35岁，其中19 — 28岁所占比例很大（见图28）。

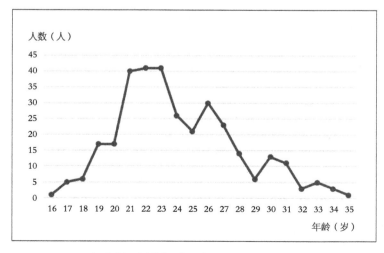

图28 1903 — 2019年获得世界体操锦标赛男子项目冠军的运动员年龄分布态势

通过对不同年代获得世界体操锦标赛男子项目冠军的运动员的年龄进行分析发现，在20世纪70年代之前举行的世界体操锦标赛上，男子项目世界冠军的年龄相对集中、稳定，即获得男子项目冠军的运动员的年龄主要集中在21—27岁；而在20世纪八九十年代举行的世界体操锦标赛中，获得男子项目冠军的运动员的年龄出现了非常明显的"前移"现象，即男子体操世界冠军的年龄主要集中在19—24岁；进入21世纪之后，获得世界体操锦标赛男子项目冠军的运动员的年龄呈现出比较分散的态势，即男子体操世界冠军的年龄主要集中在21—26岁（见图29）。

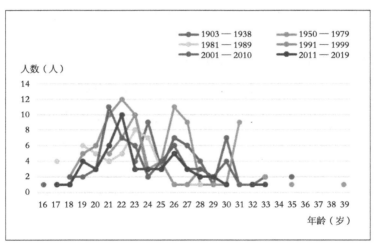

图29　1903—2019年不同年代获得世界体操锦标赛男子项目冠军的运动员年龄分布态势

（五）世界体操锦标赛参赛国家（地区）奖牌分布与分析

1. 1903—2019年世界体操锦标赛男子项目金牌分布与分析

从1903—2019年的世界体操锦标赛来看，共有35个国家和地区的运动员进入了世界体操锦标赛男子项目金牌榜（见图30）。进一步分析得知，在1950年之前举行的世界体操锦标赛男子项目比赛中，共有8个国家和地区的运动员获得过金牌。其中捷克斯洛伐克运动员以金牌总数25枚名列世界体操锦标赛男子项目金牌榜的第一位，法国运动员以金牌总数23枚名列金牌榜的第二位，南斯拉夫运动员以金牌总数12枚位居金牌榜的第三名（见表59）。

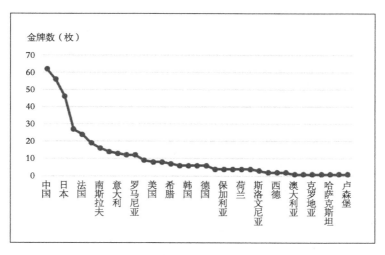

图30　1903 — 2019年世界体操锦标赛男子项目金牌分布态势

表 59　1903—1938 年世界体操锦标赛男子项目金牌榜一览

序号	国家	团体	全能	自由体操	鞍马	吊环	跳马	双杠	单杠	合计
1	捷克斯洛伐克	7	4	1	3	6		1	3	25
2	法国	3	4		2	4		5	5	23
3	南斯拉夫		3	1	1	3		2	2	12
4	瑞士	1	1	1	2		2	2	1	10

续表

序号	国家	团体	全能	自由体操	鞍马	吊环	跳马	双杠	单杠	合计
5	意大利				2	3		3		8
6	卢森堡							1		1
7	匈牙利								1	1
8	德国								1	1
	合计	11	12	3	10	16	2	14	13	81

1950 — 2019年，共有193名运动员分享了世界体操锦标赛男子个人项目的464枚金牌。其中白俄罗斯运动员谢尔博以金牌总数12枚排名在世界体操锦标赛男子个人项目金牌榜的首位，日本运动员内村航平以金牌总数10枚名列金牌榜的第二位，苏联运动员科罗廖夫以金牌总数9枚进入世界体操锦标赛男子个人项目金牌榜的三甲（见表60）。

表60　1950—2019年世界体操锦标赛男子个人项目金牌榜前三名一览

排序	运动员姓名		国家/地区		金牌数	获奖时间
1	谢尔博	SCHERBO Vitali	白俄罗斯	BLR	12	1991、1992、1992、1993、1993、1993、1994、1994、1994、1995、1995、1996
2	内村航平	UCHIMURA Kohei	日本	JPN	10	2009、2010、2011、2011、2013、2013、2014、2015、2015、2015
3	科罗廖夫	KOROLEV Yuri	苏联	URS	9	1981、1981、1981、1985、1985、1985、1985、1987、1987

1903 — 2019年，共有7个国家和地区的男子体操队分享了世界体操锦标赛男子团体项目的40枚金牌。其中中国男子体操队以金牌总数12枚名列世界体操锦标赛男子团体项目金牌榜的首位，苏联男子体操队以金牌总数8枚名列金牌榜的第二位，捷克斯洛伐克男子体操队以金牌总数7枚名列金牌榜的第三位（见表61）。

表61　1903—2019年世界体操锦标赛男子团体项目金牌榜一览

排序	国家/地区		金牌榜	获奖时间
1	中国	CHN	12	1983、1994、1995、1997、1999、2003、2006、2007、2010、2011、2014、2018
2	苏联	URS	8	1954、1958、1979、1981、1985、1987、1989、1991
3	捷克斯洛伐克	TCH	7	1907、1911、1913、1922、1926、1930、1938
4	日本	JPN	6	1962、1966、1970、1974、1978、2015
5	法国	FRA	3	1903、1905、1909
6	瑞士	SUI	2	1934、1950
7	俄罗斯	RUS	1	2019
7	白俄罗斯	BLR	1	2001

1903 — 2019年，共有36名运动员分享了世界体操锦标赛男子个人全能项目的47枚金牌。其中日本运动员内村航平以金牌总数6枚排名在世界体操锦标赛男子个人全能项目金牌榜的第一位；中国运动员杨威、苏联运动员科罗廖夫和比洛泽尔采夫、白俄罗斯运动员伊万科夫均以金牌总数2枚并列排名在金牌榜的第二位（见表62）。

表62　1903—2019 年世界体操锦标赛男子个人全能项目金牌榜前三名一览

排序	运动员姓名		国家/地区		金牌数	获奖时间
1	内村航平	UCHIMURA Kohei	日本	JPN	6	2009、2010、2011、2013、2014、2015
2	杨威	YANG Wei	中国	CHN	2	2006、2007
2	科罗廖夫	KOROLEV Yuri	苏联	URS	2	1981、1985
2	比洛泽尔采夫	BILOZERTCHEV Dimitri	苏联	URS	2	1983、1987
2	伊万科夫	IVANKOV Ivan	白俄罗斯	BLR	2	1994、1997

从 1930 — 2019 年世界体操锦标赛男子自由体操比赛的历史可以看出，共有 31 名运动员分享了 47 枚金牌。其中罗马尼亚运动员德拉古莱斯库以金牌总数 4 枚名列世界体操锦标赛男子自由体操项目金牌榜的首位，日本运动员白井健三、独联体运动员科罗布钦斯基和白俄罗斯运动员谢尔博均以金牌总数 3 枚并列排名在金牌榜的第二位（见表 63）。

表63　1930—2019 年世界体操锦标赛男子自由体操项目金牌榜前三名一览

排序	运动员姓名		国家/地区		金牌数	获奖时间
1	德拉古莱斯库	DRAGULESCU Marian	罗马尼亚	ROU	4	2001、2002、2006、2009
2	白井健三	SHIRAI Kenzo	日本	JPN	3	2013、2015、2017
2	科罗布钦斯基	KOROBCHINSKI Igor	独联体	EUN	3	1989、1991、1992
2	谢尔博	SCHERBO Vitali	白俄罗斯	BLR	3	1994、1995、1996

从 1903—2019 年世界体操锦标赛鞍马项目的比赛结果来看，共有 34 名运动员分享了 52 枚金牌。其中有 7 名运动员均获得了 3 枚鞍马项目比赛的金牌，并列位于世界体操锦标赛鞍马项目金牌榜之首，即英国运动员怀特洛克、匈牙利运动员贝尔基、中国运动员肖钦、南斯拉夫运动员切拉尔、匈牙利运动员马乔尔、罗马尼亚运动员乌兹卡和朝鲜运动员裴吉洙（见表 64）。

表 64 1903—2019 年世界体操锦标赛鞍马项目金牌榜一览

排序	运动员姓名		国家/地区		金牌数	获奖时间
1	怀特洛克	WHITLOCK Max	英国	GBR	3	2015、2017、2019
1	贝尔基	BERKI Krisztian	匈牙利	HUN	3	2010、2011、2014
1	肖钦	XIAO Qin	中国	CHN	3	2005、2006、2007
1	切拉尔	CERAR Miroslav	南斯拉夫	YUG	3	1962、1966、1970
1	马乔尔	MAGYAR Zoltan	匈牙利	HUN	3	1974、1978、1979
1	乌兹卡	URZICA Marius Daniel	罗马尼亚	ROU	3	1994、2001、2002
1	裴吉洙	PAE Gil-Su	朝鲜	PRK	3	1992、1993、1996

从世界体操锦标赛吊环项目的比赛结果来看，1903—2019 年共产生了 27 位世界体操锦标赛吊环项目的冠军，并分享了 57 枚金牌。其中意大利运动员凯基获得了 5 枚金牌，名列世界体操锦标赛吊环项目金牌榜的首位；中国运动员陈一冰获得了 4 枚金牌，名列金牌榜的第二位；希腊运动

员彼得罗乌尼亚斯获得了3枚金牌，名列金牌榜的第三位（见表65）。

表 65　1903—2019 年世界体操锦标赛吊环项目金牌榜前三名一览

排序	运动员姓名		国家/地区		金牌数	获奖时间
1	凯基	CHECHI Yuri	意大利	ITA	5	1993、1994、1995、1996、1997
2	陈一冰	CHEN Yibing	中国	CHN	4	2006、2007、2010、2011
3	彼得罗乌尼亚斯	PETROUNIAS Eleftherios	希腊	GRE	3	2015、2017、2018

　　从世界体操锦标赛男子跳马项目的比赛结果来看，1934—2019年共产生了30位世界体操锦标赛男子跳马项目的冠军，并分享了41枚金牌。其中罗马尼亚运动员德拉古莱斯库以金牌总数4枚名列世界体操锦标赛男子跳马项目金牌榜的首位，中国运动员李小鹏以金牌总数3枚名列金牌榜的第二位，韩国运动员梁鹤善和柳玉烈、朝鲜运动员李思光、俄罗斯运动员涅莫夫、白俄罗斯运动员谢尔博等6人均以金牌总数2枚并列排名在金牌榜的第三位（见表66）。

表 66　1934—2019 年世界体操锦标赛男子跳马项目金牌榜前三名一览

排序	运动员姓名		国家/地区		金牌数	获奖时间
1	德拉古莱斯库	DRAGULESCU Marian	罗马尼亚	ROU	4	2001、2005、2006、2009
2	李小鹏	LI Xiaopeng	中国	CHN	3	1999、2002、2003

排序	运动员姓名		国家/地区		金牌数	获奖时间
2	李思光*	SE KWANG Ri	朝鲜	PRK	3	2014、2015、2018
3	梁鹤善	YANG Hak Seon	韩国	KOR	2	2011、2013
3	涅莫夫	NEMOV Alexei	俄罗斯	RUS	2	1995、1996
3	柳玉烈	YOO Ok-Ryul	韩国	KOR	2	1991、1992
3	谢尔博	SCHERBO Vitali	白俄罗斯	BLR	2	1993、1994
3	马克	MACK Eugene	瑞士	SUI	2	1934、1938

注：*在国际体操联合会公布的世界体操锦标赛男子跳马项目的金牌榜中，朝鲜（PRK）运动员李思光的名字可能因为在拼写上不一致（SE KWANG Ri，2014/2015；RI Se Gwang，2018）而被分别作为不同的运动员进行了统计。鉴于此，本书在统计过程中进行了更正。

从世界体操锦标赛双杠项目的比赛结果来看，1903—2019年共产生了46位世界体操锦标赛双杠项目的冠军，并分享了58枚金牌。同时，双杠也成为世界体操锦标赛男子项目中诞生世界冠军最多的项目。从双杠项目的金牌榜可以看出，中国运动员李敬、苏联运动员阿尔捷莫夫和法国运动员马尔蒂内均以金牌总数3枚并列位居世界体操锦标赛双杠项目金牌榜的第一名（见表67）。

表67 1903—2019年世界体操锦标赛双杠项目金牌榜首位一览

排序	运动员姓名		国家/地区		金牌数	获奖时间
1	阿尔捷莫夫	ARTEMOV Vladimir	苏联	URS	3	1983、1987、1989
1	李敬	LI Jing	中国	CHN	3	1989、1991、1992

续表

排序	运动员姓名		国家/地区		金牌数	获奖时间
1	马尔蒂内	MARTINEZ Josef	法国	FRA	3	1903、1905、1909

　　从世界体操锦标赛单杠项目的比赛结果来看，1903—2019年共产生了41位世界体操锦标赛单杠项目的冠军，并分享了51枚金牌。其中荷兰运动员宗德兰德以金牌总数3枚位居世界体操锦标赛单杠项目金牌榜的第一名，中国运动员邹凯和李春阳、苏联运动员比洛泽尔采夫、希腊运动员马拉斯、西班牙运动员卡巴罗、法国运动员马尔蒂内、捷克斯洛伐克运动员卡达、南斯拉夫运动员斯塔克8人均以金牌总数2枚并列排名在金牌榜的第二位（见表68）。

表 68　1903—2019 年世界体操锦标赛单杠项目金牌榜前三名一览

排序	运动员姓名		国家/地区		金牌数	获奖时间
1	宗德兰德	ZONDERLAND Epke	荷兰	NED	3	2013、2014、2018
2	邹凯	ZOU Kai	中国	CHN	2	2009、2011
2	李春阳	LI Chunyang	中国	CHN	2	1989、1991
2	比洛泽尔采夫	BILOZERTCHEV Dimitri	苏联	URS	2	1983、1987
2	马拉斯	MARAS Vlasios	希腊	GRE	2	2001、2002
2	卡巴罗	CARBALLO Jesus	西班牙	ESP	2	1996、1999
2	马尔蒂内	MARTINEZ Josef	法国	FRA	2	1903、1909
2	卡达	CADA JOSEF	捷克斯洛伐克	TCH	2	1911、1913

排序	运动员姓名		国家/地区		金牌数	获奖时间
2	斯塔克	STUCKELJ Leon	南斯拉夫	YUG	2	1922、1926

2. 1903—2019 年世界体操锦标赛男子项目奖牌分布与分析

根据对1903 — 2019年世界体操锦标赛男子项目奖牌榜的不完全统计（对于1903 — 1938年举行的世界体操锦标赛仅统计了男子团体、全能、自由体操、鞍马、吊环、跳马、双杠、单杠项目的金牌），共有47个国家和地区的运动员登上了世界体操锦标赛男子项目的领奖台（见图31）。

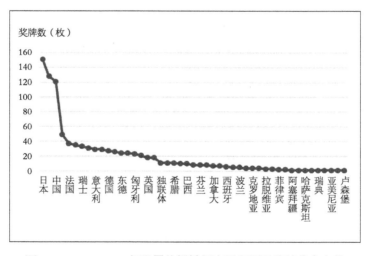

图31　1903 — 2019年世界体操锦标赛男子项目奖牌分布态势

从1950 — 2019年世界体操锦标赛男子个人项目的奖牌榜来看，共有462名运动员分享了1336枚奖牌。其中白俄罗斯运动员谢尔博以奖牌总数23枚（金牌12枚、银牌7枚、铜牌4枚）名列世界体操锦标赛男子个人项目奖牌榜的第一位，日本运动员内村航平以奖牌总数21枚（金牌10枚、银牌6枚、铜牌5枚）名列奖牌榜的第二位，另一名日本运动员监物永三以奖牌总数15枚（金牌7枚、银牌5枚、铜牌3枚）名列奖牌榜的第三位（见表69）。

表69　1950—2019年世界体操锦标赛男子个人项目奖牌榜前三名一览

排序	运动员姓名		国家/地区		金牌数	银牌数	铜牌数	奖牌总数
1	谢尔博	SCHERBO Vitali	白俄罗斯	BLR	12	7	4	23
2	内村航平	UCHIMURA Kohei	日本	JPN	10	6	5	21
3	监物永三	KENMOTSU Eizo	日本	JPN	7	5	3	15

从1950—2019年世界体操锦标赛男子团体项目的奖牌榜来看，共有日本、中国、苏联、东德、俄罗斯、美国、白俄罗斯、德国、瑞士、乌克兰、捷克斯洛伐克、英国、芬兰、罗马尼亚和法国15个国家和地区的男子体操队榜上有名。其中排名在奖牌榜前三位的国家和地区是日本（奖牌总数20枚，金牌6枚、银牌9枚、铜牌5枚）、中国（奖牌总数19枚，金牌12枚、银牌4枚、铜牌3枚）和苏联（奖牌总数14枚，金牌8枚、银牌6枚）（见表70）。

表70　1950—2019年世界体操锦标赛男子团体项目奖牌榜

排序	国家/地区		金牌数	银牌数	铜牌数	奖牌总数
1	日本	JPN	6	9	5	20
2	中国	CHN	12	4	3	19

续表

排序	国家/地区		金牌数	银牌数	铜牌数	奖牌总数
3	苏联	URS	8	6	0	14
4	东德	GDR	0	1	6	7
5	俄罗斯	RUS	1	4	1	6
5	美国	USA	0	2	3	5
7	白俄罗斯	BLR	1	1	1	3
7	德国	GER	0	0	3	3
9	瑞士	SUI	1	0	1	2
9	乌克兰	UKR	0	0	2	2
9	捷克斯洛伐克	TCH	0	0	2	2
12	英国	GBR	0	1	0	1
12	芬兰	FIN	0	1	0	1
12	罗马尼亚	ROU	0	0	1	1
12	法国	FRA	0	0	1	1

从1950—2019年世界体操锦标赛男子个人全能项目的比赛结果来看，共有68名运动员荣登世界体操锦标赛男子个人全能项目奖牌榜，并分享了103枚奖牌。其中日本运动员内村航平以金牌总数6枚位居男子个人全能项目奖牌榜的第一名，白俄罗斯运动员谢尔博以奖牌总数4枚（金牌1枚、银牌2枚、铜牌1枚）名列奖牌榜的第二位，中国运动员杨威以奖牌总数3枚（金牌2枚、银牌1枚）与苏联运动员科罗廖夫、白俄罗斯运动员伊万科夫、日本运动员富田洋之和监物永三、德国运动员汉布肯并

列排名在奖牌榜的第三位（见表71）。

表 71   1950—2019 年世界体操锦标赛男子个人全能项目奖牌榜前三名一览

排序	运动员姓名		国家/地区		金牌数	银牌数	铜牌数	奖牌总数
1	内村航平	UCHIMURA Kohei	日本	JPN	6	0	0	6
2	谢尔博	SCHERBO Vitali	白俄罗斯	BLR	1	2	1	4
3	杨威	YANG Wei	中国	CHN	2	1	0	3
3	科罗廖夫	KOROLEV Yuri	苏联	URS	2	1	0	3
3	伊万科夫	IVANKOV Ivan	白俄罗斯	BLR	2	1	0	3
3	富田洋之	TOMITA Hiroyuki	日本	JPN	1	1	1	3
3	监物永三	KENMOTSU Eizo	日本	JPN	1	1	1	3
3	汉布肯	HAMBUECHEN Fabian	德国	GER	0	1	2	3

从近60多年以来世界体操锦标赛男子自由体操项目的比赛结果来看，共有70名运动员名列世界体操锦标赛男子自由体操项目奖牌榜，并分享了113枚奖牌。其中白俄罗斯运动员谢尔博以奖牌总数6枚（金牌3枚、银牌3枚）位居男子自由体操项目奖牌榜之首，日本运动员白井健三以奖牌总数5枚（金牌3枚、银牌2枚）与巴西运动员海波里托（金牌2枚、银牌1枚、铜牌2枚）并列排名在奖牌榜的第二位（见表72）。

表 72 1950—2019 年世界体操锦标赛男子自由体操项目奖牌榜前三名一览

排序	运动员姓名		国家/地区		金牌数	银牌数	铜牌数	奖牌总数
1	谢尔博	SCHERBO Vitali	白俄罗斯	BLR	3	3	0	6
2	白井健三	SHIRAI Kenzo	日本	JPN	3	2	0	5
2	海波里托	HYPOLITO Diego	巴西	BRA	2	1	2	5

从 1950—2019 年世界体操锦标赛男子鞍马项目的奖牌榜来看，共有 66 名运动员分享了 115 枚奖牌。其中中国运动员肖钦以奖牌总数 5 枚（金牌 3 枚、银牌 2 枚）与匈牙利运动员贝尔基（金牌 3 枚、银牌 2 枚）、英国运动员怀特洛克（金牌 3 枚、银牌 2 枚）并列排名在世界体操锦标赛男子鞍马项目奖牌榜的首位（见表 73）。

表 73 1950—2019 年世界体操锦标赛男子鞍马项目奖牌榜首位一览

排序	运动员姓名		国家/地区		金牌数	银牌数	铜牌数	奖牌总数
1	怀特洛克	WHITLOCK Max	英国	GBR	3	2	0	5
1	贝尔基	BERKI Krisztian	匈牙利	HUN	3	2	0	5
1	肖钦	XIAO Qin	中国	CHN	3	2	0	5

从 1950—2019 年世界体操锦标赛吊环项目的奖牌榜来看，近 60 多年以来共有 60 名运动员榜上有名，并分享了 116 枚奖牌。其中保加利亚运动员伊夫切夫以奖牌总数 8 枚（金牌 2 枚、银牌 4 枚、铜牌 2 枚）排名在世界

体操锦标赛吊环项目奖牌榜的第一位，意大利运动员凯基以奖牌总数7枚（金牌5枚、铜牌2枚）排名在奖牌榜的第二位，匈牙利运动员索拉尼以奖牌总数6枚（金牌1枚、银牌5枚）排名在奖牌榜的第三位（见表74）。

表74　1950—2019年世界体操锦标赛吊环项目奖牌榜前三名一览

排序	运动员姓名		国家/地区		金牌数	银牌数	铜牌数	奖牌总数
1	伊夫切夫	IOVTCHEV Iordan	保加利亚	BUL	2	4	2	8
2	凯基	CHECHI Yuri	意大利	ITA	5	0	2	7
3	索拉尼	CSOLLANY Szilveszter	匈牙利	HUN	1	5	0	6

从1950—2019年世界体操锦标赛男子跳马项目的奖牌榜来看，近60多年以来共有79名运动员分享了114枚奖牌。其中罗马尼亚运动员德拉古莱斯库以奖牌总数6枚（金牌4枚、银牌2枚）排名在世界体操锦标赛男子跳马项目奖牌榜的第一位，白俄罗斯运动员谢尔博以奖牌总数4枚（金牌2枚、银牌1枚、铜牌1枚）名列奖牌榜的第二位，中国运动员李小鹏以3枚金牌与朝鲜运动员李思光、韩国运动员柳玉烈、波兰运动员布拉尼克、苏联运动员安德里亚诺夫、乌克兰运动员拉迪维洛夫、俄罗斯运动员戈洛特苏茨科夫并列排名在奖牌榜的第三位（见表75）。

表75　1950—2019年世界体操锦标赛男子跳马项目奖牌榜前三名一览

排序	运动员姓名		国家/地区		金牌数	银牌数	铜牌数	奖牌总数
1	德拉古莱斯库	DRAGULESCU Marian	罗马尼亚	ROU	4	2	0	6

续表

排序	运动员姓名		国家/地区		金牌数	银牌数	铜牌数	奖牌总数
2	谢尔博	SCHERBO Vitali	白俄罗斯	BLR	2	1	1	4
3	李小鹏	LI Xiaopeng	中国	CHN	3	0	0	3
3	李思光	SE KWANG Ri	朝鲜	PRK	2	0	1	3
3	柳玉烈	YOO Ok-Ryul	韩国	KOR	2	0	1	3
3	布拉尼克	BLANIK Leszek	波兰	POL	1	2	0	3
3	安德里亚诺夫	ANDRIANOV Nicolai	苏联	URS	0	3	0	3
3	拉迪维洛夫	RADIVILOV Igor	乌克兰	UKR	0	2	1	3
3	戈洛特苏茨科夫	GOLOTSUTSKOV Anton	俄罗斯	RUS	0	2	1	3

从1950—2019年世界体操锦标赛男子双杠项目的奖牌榜来看，近60多年以来共有82名运动员分享了115枚奖牌。同时，双杠也成为世界体操锦标赛男子项目奖牌榜中获奖人数最多的项目。从世界体操锦标赛男子双杠项目的奖牌榜来看，中国运动员李小鹏以奖牌总数4枚（金牌2枚、银牌2枚）与乌克兰运动员维尼亚耶夫（金牌1枚、银牌3枚）并列排名在奖牌榜的第一位，另一名中国运动员李敬、苏联运动员阿尔捷莫夫、俄罗斯运动员涅莫夫、日本运动员监物永三、斯洛文尼亚运动员佩特科夫塞克、白俄罗斯运动员谢尔博并列排名在奖牌榜的第三位（见表76）。

表 76　1950—2019 年世界体操锦标赛男子双杠项目奖牌榜前三名一览

排序	运动员姓名		国家/地区		金牌数	银牌数	铜牌数	奖牌总数
1	李小鹏	LI Xiaopeng	中国	CHN	2	2	0	4
1	维尼亚耶夫	VERNIAIEV Oleg	乌克兰	UKR	1	3	0	4
3	阿尔捷莫夫	ARTEMOV Vladimir	苏联	URS	3	0	0	3
3	李敬	LI Jing	中国	CHN	3	0	0	3
3	监物永三	KENMOTSU Eizo	日本	JPN	2	1	0	3
3	佩特科夫塞克	PETKOVSEK Mitja	斯洛文尼亚	SLO	2	1	0	3
3	谢尔博	SCHERBO Vitali	白俄罗斯	BLR	2	1	0	3
3	涅莫夫	NEMOV Alexei	俄罗斯	RUS	0	2	1	3

从1950 — 2019年世界体操锦标赛男子单杠项目的奖牌榜来看，近60多年以来共有80名运动员分享了118枚奖牌。同时，单杠也成为世界体操锦标赛男子项目中奖牌总数最多的项目。其中荷兰运动员宗德兰德以奖牌总数6枚（金牌3枚、银牌3枚）排名在世界体操锦标赛男子单杠项目奖牌榜的第一位，日本运动员内村航平以奖牌总数5枚（金牌1枚、银牌2枚、铜牌2枚）排名在奖牌榜的第二位，斯洛文尼亚运动员佩甘以奖牌总数4枚（金牌1枚、银牌3枚）排名在奖牌榜的第三位（见表77）。

表 77　1950—2019 年世界体操锦标赛男子单杠项目奖牌榜前三名一览

排序	运动员姓名		国家/地区		金牌数	银牌数	铜牌数	奖牌总数
1	宗德兰德	ZONDERLAND Epke	荷兰	NED	3	3	0	6
2	内村航平	UCHIMURA Kohei	日本	JPN	1	2	2	5
3	佩甘	PEGAN Aljaz	斯洛文尼亚	SLO	1	3	0	4

3.1934—2019 年世界体操锦标赛女子项目金牌分布与分析

1934 — 2019年的世界体操锦标赛共有23个国家和地区的女子运动员进入了世界体操锦标赛的金牌榜（见图32）。从1934年和1938年的世界体操锦标赛女子项目的比赛结果得知，捷克斯洛伐克女子体操队不仅包揽了两届世界体操锦标赛女子团体项目的冠军，而且运动员达卡诺娃还包揽了两届世界体操锦标赛女子全能项目的冠军。

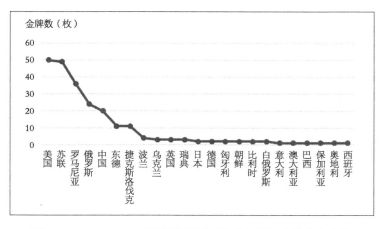

图32　1934 — 2019年世界体操锦标赛女子项目金牌分布态势

从世界体操锦标赛女子个人项目的比赛结果来看，1934 — 2019年的世界体操锦标赛共产生了200位冠军，并分享了384枚金牌。其中美国运动员拜尔斯以金牌总数19枚排名在世界体操锦标赛女子个人项目金牌榜的第一位，俄罗斯运动员霍尔金娜和罗马尼亚运动员高吉安均以金牌总数9枚排名在金牌榜的第二位（见表78）。

表78　1934—2019 年世界体操锦标赛女子个人项目金牌榜前三名一览

排序	运动员姓名		国家/地区		金牌数	获奖时间
1	拜尔斯	BILES Simone	美国	USA	19	2013、2013、2014、2014、2014、2014、2015、2015、2015、2015、2018、2018、2018、2018、2019、2019、2019、2019、2019
2	霍尔金娜	KHORKINA Svetlana	俄罗斯	RUS	9	1995、1996、1997、1997、1999、2001、2001、2001、2003
2	高吉安	GOGEAN Gina	罗马尼亚	ROU	9	1994、1994、1995、1995、1996、1996、1997、1997、1997

在1934 — 2019年的世界体操锦标赛中，共有7个国家和地区获得过女子团体项目的冠军。其中苏联女子体操队以金牌总数11枚位居世界体操锦标赛女子团体项目金牌榜的第一名，罗马尼亚女子体操队和美国女子体操队均以金牌总数7枚并列排名在金牌榜的第二位（见表79）。

表 79　1934—2019 年世界体操锦标赛女子团体项目金牌榜一览

排序	国家/地区		金牌数	获奖时间
1	苏联	URS	11	1954、1958、1962、1970、1974、1978、1981、1983、1985、1989、1991
2	罗马尼亚	ROU	7	1979、1987、1994、1995、1997、1999、2001
2	美国	USA	7	2003、2007、2011、2014、2015、2018、2019
4	捷克斯洛伐克	TCH	3	1934、1938、1966
5	瑞典	SWE	1	1950
5	俄罗斯	RUS	1	2010
5	中国	CHN	1	2006

　　在1934 — 2019年的世界体操锦标赛中，共有27名运动员登上了女子个人全能项目领奖台的最高点，并分享了37枚金牌。其中美国运动员拜尔斯以金牌总数5枚排名在世界体操锦标赛女子个人全能项目金牌榜的第一位，俄罗斯运动员霍尔金娜以金牌总数3枚位居金牌榜的第二名，苏联运动员图里舍娃和拉蒂尼娜、美国运动员米勒、捷克斯洛伐克运动员达卡诺娃均以金牌总数2枚并列排名在金牌榜的第三位（见表80）。进一步分析还发现，在80多年的世界体操锦标赛的发展历程中，共有美国、俄罗斯、苏联、意大利、罗马尼亚、波兰、捷克斯洛伐克、乌克兰等国家和地区的运动员获得过女子个人全能项目的冠军，其中苏联和美国运动员分别获得过12次和13次世界体操锦标赛女子个人全能项目的金牌。不同的是苏联运动员在20世纪的女子个人全能项目上曾经创造过辉煌；美国运动

员则在21世纪，尤其是近十多年创造了世界体操锦标赛女子个人全能项目的辉煌。

表80　1934—2019年世界体操锦标赛女子个人全能项目金牌榜前三名一览

排序	运动员姓名		国家/地区		金牌数	获奖时间
1	拜尔斯	BILES Simone	美国	USA	5	2013、2014、2015、2018、2019
2	霍尔金娜	KHORKINA Svetlana	俄罗斯	RUS	3	1997、2001、2003
3	图里舍娃	TURICHEVA Ludmila	苏联	URS	2	1970、1974
3	拉蒂尼娜	LATYNINA Larissa	苏联	URS	2	1958、1962
3	米勒	MILLER Shannon	美国	USA	2	1993、1994
3	达卡诺娃	Dakanova Vlasta	捷克斯洛伐克	TCH	2	1934、1938

从1950—2019年世界体操锦标赛女子跳马项目的金牌榜来看，共有29名运动员榜上有名，并分享了39枚金牌。其中中国运动员程菲以金牌总数3枚排名在世界体操锦标赛女子跳马项目金牌榜之首，来自俄罗斯、美国、苏联、捷克斯洛伐克和罗马尼亚的8名运动员均以金牌总数2枚并列排名在金牌榜的第二位（见表81）。

表 81　1950—2019 年世界体操锦标赛女子跳马项目金牌榜前三名一览

排序	运动员姓名		国家/地区		金牌数	获奖时间
1	程菲	CHENG Fei	中国	CHN	3	2005、2006、2007
2	拜尔斯	BILES Simone	美国	USA	2	2018、2019
2	帕塞卡	PASEKA Maria	俄罗斯	RUS	2	2015、2017
2	马罗尼	MARONEY MC Kayla	美国	USA	2	2011、2013
2	舒舒诺娃	SHUSHUNOVA Elena	苏联	URS	2	1985、1987
2	恰斯拉夫斯卡	CASLAVSKA Vera	捷克斯洛伐克	TCH	2	1962、1966
2	扎莫洛德奇科娃	ZAMOLODCHIKOVA Elena	俄罗斯	RUS	2	1999、2002
2	阿玛纳尔	AMANAR Simona	罗马尼亚	ROU	2	1995、1997
2	高吉安	GOGEAN Gina	罗马尼亚	ROU	2	1994、1996

　　从世界体操锦标赛60多年以来女子高低杠项目的比赛结果来看，共有35名运动员站上了世界体操锦标赛女子高低杠项目的最高领奖台，并分享了46枚金牌。同时，高低杠也是世界体操锦标赛女子项目中金牌获得人数最多的项目。从世界体操锦标赛女子高低杠项目的金牌榜来看，俄罗斯运动员霍尔金娜以金牌总数5枚位居第一名，东德运动员格瑙克以金牌总数3枚名列第二位，中国运动员范忆琳、比利时运动员德瓦尔、俄罗斯运动员科莫娃、英国运动员特维德尔、罗马尼亚运动员希莉瓦斯并列排名在金牌榜的第三位（见表82）。

表 82　1950—2019 年世界体操锦标赛女子高低杠项目金牌榜前三名一览

排序	运动员姓名		国家/地区		金牌数	获奖时间
1	霍尔金娜	KHORKINA Svetlana	俄罗斯	RUS	5	1995、1996、1997、1999、2001
2	格瑙克	GNAUCK Maximoste	东德	GDR	3	1979、1981、1983
3	德瓦尔	DERWAEL Nina	比利时	BEL	2	2018、2019
3	范忆琳	FAN Yilin	中国	CHN	2	2015、2017
3	科莫娃	KOMOVA Victoria	俄罗斯	RUS	2	2011、2015
3	特维德尔	TWEDDLE Elizabeth	英国	GBR	2	2006、2010
3	希莉瓦斯	SILIVAS Daniela	罗马尼亚	ROU	2	1987、1989

　　从 1950 — 2019 年世界体操锦标赛女子平衡木项目的金牌榜来看,共有 33 名运动员进入了世界体操锦标赛女子平衡木项目金牌榜,并分享了 37 枚金牌。其中美国运动员拜尔斯以金牌总数 3 枚位居世界体操锦标赛女子平衡木项目金牌榜的第一名,另一名美国运动员柳金和罗马尼亚运动员希莉瓦斯均以金牌总数 2 枚并列排名在金牌榜的第二位(见表 83)。进一步分析得知,在世界体操锦标赛女子项目的金牌榜上,平衡木是中国女子体操运动员进入金牌榜人数最多的项目,刘婷婷、眭禄、董玲玲、范晔、凌洁、莫慧兰 6 人榜上有名。

表 83　1950—2019 年世界体操锦标赛女子平衡木项目金牌榜前三名一览

排序	运动员姓名		国家/地区		金牌数	获奖时间
1	拜尔斯	BILES Simone	美国	USA	3	2014、2015、2019
2	柳金	LIUKIN Anastasia	美国	USA	2	2005、2007
2	希莉瓦斯	SILIVAS Daniela	罗马尼亚	ROU	2	1985、1989

　　从1950 — 2019年世界体操锦标赛女子自由体操项目的比赛结果来看，60多年以来共有33名运动员分享了42枚金牌。其中美国运动员拜尔斯以金牌总数5枚排名在世界体操锦标赛女子自由体操项目金牌榜的第一位，罗马尼亚运动员高吉安以金牌总数3枚名列金牌榜的第二位，另外2名罗马尼亚运动员拉杜坎、希莉瓦斯和苏联运动员图里舍娃3人均以金牌总数2枚进入了金牌榜的三甲（见表84）。

表 84　1950—2019 年世界体操锦标赛女子自由体操项目金牌榜前三名一览

排序	运动员姓名		国家/地区		金牌数	获奖时间
1	拜尔斯	BILES Simone	美国	USA	5	2013、2014、2015、2018、2019
2	高吉安	GOGEAN Gina	罗马尼亚	ROU	3	1995、1996、1997
3	拉杜坎	RADUCAN Andreea Madalina	罗马尼亚	ROU	2	1999、2001
3	希莉瓦斯	SILIVAS Daniela	罗马尼亚	ROU	2	1987、1989
3	图里舍娃	TURICHEVA Ludmila	苏联	URS	2	1970、1974

4. 1934—2019 年世界体操锦标赛女子项目奖牌分布与分析

从 1934 — 2019 年的世界体操锦标赛来看，共有 32 个国家和地区的运动员登上了世界体操锦标赛女子项目的领奖台（见图 33）。从收集到的资料来看，在 1934 年和 1938 年的世界体操锦标赛上，捷克斯洛伐克女子体操队包揽了两届世界体操锦标赛女子团体项目的冠军，匈牙利女子体操队和波兰女子体操队分别获得了 1934 年世界体操锦标赛女子团体项目的亚军和季军，1938 年世界体操锦标赛女子团体项目的亚军和季军分别由南斯拉夫女子体操队和波兰女子体操队斩获。

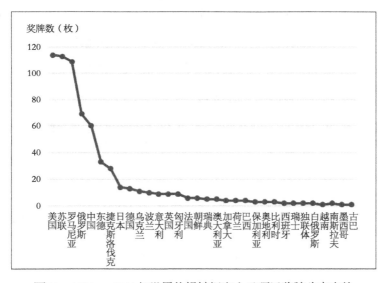

图 33   1934 — 2019 年世界体操锦标赛女子项目奖牌分布态势

从 1950 — 2019 年世界体操锦标赛女子个人项目的奖牌榜来看，共有 486 名运动员分享了 1103 枚奖牌。其中，美国运动员拜尔斯以奖牌总数 25 枚（金牌 19 枚、银牌 3 枚、铜牌 3 枚）高居于世界体操锦标赛女子个人项目奖牌榜的首位，俄罗斯运动员霍尔金娜以奖牌总数20枚（金牌9枚、银牌8枚、铜牌3枚）排名在奖牌榜的第二位，罗马尼亚运动员高吉安以奖牌总数15枚（金牌9枚、银牌2枚、铜牌4枚）名列奖牌榜的第三位（见表85）。

表 85　1950—2019 年世界体操锦标赛女子个人项目奖牌榜前三名一览

排序	运动员姓名		国家/地区		金牌数	银牌数	铜牌数	奖牌总数
1	拜尔斯	BILES Simone	美国	USA	19	3	3	25
2	霍尔金娜	KHORKINA Svetlana	俄罗斯	RUS	9	8	3	20
3	高吉安	GOGEAN Gina	罗马尼亚	ROU	9	2	4	15

从1934—2019年世界体操锦标赛女子团体项目的奖牌榜来看，近80多年以来共有16个国家和地区的女子体操队登上了世界体操锦标赛女子团体项目的领奖台，并分享了93枚奖牌。其中罗马尼亚女子体操队以奖牌总数15枚（金牌7枚、银牌5枚、铜牌3枚）排名在世界体操锦标赛女子团体项目奖牌榜的第一位，苏联女子体操队以奖牌总数14枚（金牌11枚、银牌3枚）位居奖牌榜的第二名，美国女子体操队以奖牌总数13枚（金牌7枚、银牌4枚、铜牌2枚）排名在奖牌榜的第三位，中国女子体操队以奖牌总数12枚（金牌1枚、银牌5枚、铜牌6枚）排名在奖牌榜的第四位（见表86）。

表 86　1934—2019 年世界体操锦标赛女子团体项目奖牌榜

排序	国家/地区		金牌数	银牌数	铜牌数	奖牌总数
1	罗马尼亚	ROU	7	5	3	15

续表

排序	国家/地区		金牌数	银牌数	铜牌数	奖牌总数
2	苏联	URS	11	3	0	14
3	美国	USA	7	4	2	13
4	中国	CHN	1	5	6	12
5	俄罗斯	RUS	1	6	3	10
6	东德	GDR	0	2	6	8
7	捷克斯洛伐克	TCH	3	2	2	7
8	匈牙利	HUN	0	2	1	3
9	日本	JPN	0	0	2	2
9	意大利	ITA	0	0	2	2
9	波兰	POL	0	0	2	2
12	瑞典	SWE	1	0	0	1
12	南斯拉夫	YUG	0	1	0	1
12	法国	FRA	0	1	0	1
12	英国	GBR	0	0	1	1
12	澳大利亚	AUS	0	0	1	1

从1934—2019年世界体操锦标赛女子个人全能项目的奖牌榜来看，近80多年以来共有81名运动员登上了世界体操锦标赛女子个人全能项目的领奖台，并分享了105枚奖牌。其中美国运动员拜尔斯共获得了5次世界体操锦标赛女子个人全能项目的金牌而位居个人全能项目奖牌榜的第一名，俄罗斯运动员霍尔金娜以奖牌总数4枚（金牌3枚、银牌1枚）排名在奖牌榜的第二位，排名在奖牌榜第三位的运动员共有17名（见表87）。

表87　1934—2019 年世界体操锦标赛女子个人全能项目奖牌榜前三名一览

排序	运动员姓名		国家/地区		金牌数	银牌数	铜牌数	奖牌总数
1	拜尔斯	BILES Simone	美国	USA	5	0	0	5
1	霍尔金娜	KHORKINA Svetlana	俄罗斯	RUS	3	1	0	4
3	图里舍娃	TURICHEVA Ludmila	苏联	URS	2	0	0	2
3	拉蒂尼娜	LATYNINA Larissa	苏联	URS	2	0	0	2
3	米勒	MILLER Shannon	美国	USA	2	0	0	2
3	达卡诺娃	Dakanova Vlasta	捷克斯洛伐克	TCH	2	0	0	2
3	博金斯卡娅	BOGUINSKAIA Svetlana	苏联	URS	1	1	0	2
3	舒舒诺娃	SHUSHUNOVA Elena	苏联	URS	1	1	0	2
3	涅利·金	KIM Nellie	苏联	URS	1	1	0	2
3	恰斯拉夫斯卡	CASLAVSKA Vera	捷克斯洛伐克	TCH	1	1	0	2
3	赫德摩根	HURD Morgan	美国	USA	1	0	1	2
3	穆斯塔芬娜	MUSTAFINA Aliya	俄罗斯	RUS	1	0	1	2
3	费拉里	FERRARI Vanessa	意大利	ITA	1	0	1	2
3	拉科奇	RAKOCZY Helena	波兰	POL	1	0	1	2
3	博萨科娃	BOSAKOVA-VECHTOVA Eva	捷克斯洛伐克	TCH	0	2	0	2

续表

排序	运动员姓名		国家/地区		金牌数	银牌数	铜牌数	奖牌总数
3	布罗斯	BROSS Rebecca	美国	USA	0	1	1	2
3	罗斯	ROSS Kyla	美国	USA	0	1	1	2
3	伊奥达切	IORDACHE Larisa Andreea	罗马尼亚	ROU	0	1	1	2
3	米洛索维奇	MILOSOVICI Lavinia	罗马尼亚	ROU	0	1	1	2

　　从1950—2019年世界体操锦标赛女子跳马项目的奖牌榜来看，近60多年以来共有68名运动员登上了世界体操锦标赛女子跳马项目的领奖台，并分享了114枚奖牌。其中德国运动员丘索维金娜以奖牌总数9枚（金牌1枚、银牌4枚、铜牌4枚）高居于世界体操锦标赛女子跳马项目奖牌榜的第一名，美国运动员拜尔斯以奖牌总数5枚（金牌2枚、银牌2枚、铜牌1枚）排名在奖牌榜的第二位，罗马尼亚运动员阿玛纳尔以奖牌总数4枚（金牌2枚、银牌2枚）与另外一名罗马尼亚运动员高吉安（金牌2枚、铜牌2枚）、美国运动员萨克拉莫尼（金牌1枚、银牌1枚、铜牌2枚）并列排名在奖牌榜的第三位（见表88）。

表88　1950—2019年世界体操锦标赛女子跳马项目奖牌榜前三名一览

排序	运动员姓名		国家/地区		金牌数	银牌数	铜牌数	奖牌总数
1	丘索维金娜	CHUSOVITINA Oksana	德国	GER	1	4	4	9
2	拜尔斯	BILES Simone	美国	USA	2	2	1	5

续表

排序	运动员姓名		国家/地区		金牌数	银牌数	铜牌数	奖牌总数
3	阿玛纳尔	AMANAR Simona	罗马尼亚	ROU	2	2	0	4
3	高吉安	GOGEAN Gina	罗马尼亚	ROU	2	0	2	4
3	萨克拉莫尼	SACRAMONE Alicia	美国	USA	1	1	2	4

从1950—2019年世界体操锦标赛女子高低杠项目的奖牌榜来看，近60多年以来共有85名运动员获得过世界体操锦标赛女子高低杠项目的奖牌。其中俄罗斯运动员霍尔金娜获得了6枚奖牌（金牌5枚、银牌1枚），排名在世界体操锦标赛女子高低杠项目奖牌榜的第一位；英国运动员特维德尔获得了4枚奖牌（金牌2枚、铜牌2枚），名列奖牌榜的第二位；东德运动员格瑙克以3枚金牌与比利时运动员德瓦尔（金牌2枚、铜牌1枚）、美国运动员柳金（金牌1枚、银牌2枚）并列排名在奖牌榜的第三位（见表89）。

表89　1950—2019年世界体操锦标赛女子高低杠项目奖牌榜前三名一览

排序	运动员姓名		国家/地区		金牌数	银牌数	铜牌数	奖牌总数
1	霍尔金娜	KHORKINA Svetlana	俄罗斯	RUS	5	1	0	6
2	特维德尔	TWEDDLE Elizabeth	英国	GBR	2	0	2	4
3	格瑙克	GNAUCK Maximoste	东德	GDR	3	0	0	3

续表

排序	运动员姓名		国家/地区		金牌数	银牌数	铜牌数	奖牌总数
3	德瓦尔	DERWAEL Nina	比利时	BEL	2	0	1	3
3	柳金	LIUKIN Anastasia	美国	USA	1	2	0	3

从1950—2019年世界体操锦标赛女子平衡木项目的奖牌榜来看，近60多年以来共有92名运动员分享了116枚奖牌。同时，平衡木也成为世界体操锦标赛女子项目中获奖人数最多的项目。从世界体操锦标赛女子平衡木项目的奖牌榜来看，美国运动员拜尔斯以奖牌总数5枚（金牌3枚、铜牌2枚）位居奖牌榜的第一名，并列位居奖牌榜第二名的运动员总共有20名（见表90）。

表90 1950—2019 年世界体操锦标赛女子平衡木项目奖牌榜前三名一览

排序	运动员姓名		国家/地区		金牌数	银牌数	铜牌数	奖牌总数
1	拜尔斯	BILES Simone	美国	USA	3	0	2	5
2	柳金	LIUKIN Anastasia	美国	USA	2	0	0	2
2	希莉瓦斯	SILIVAS Daniela	罗马尼亚	ROU	2	0	0	2
2	刘婷婷	LIU Tingting	中国	CHN	1	1	0	2
2	邓琳琳	DENG Linlin	中国	CHN	1	1	0	2
2	拉杜坎	RADUCAN Andreea Madalina	罗马尼亚	ROU	1	1	0	2
2	拉蒂尼娜	LATYNINA Larissa	苏联	URS	1	1	0	2

排序	运动员姓名		国家/地区		金牌数	银牌数	铜牌数	奖牌总数
2	博萨科娃	BOSAKOVA-VECHTOVA Eva	捷克斯洛伐克	TCH	1	1	0	2
2	舍费尔	SCHAEFER Pauline	德国	GER	1	0	1	2
2	穆斯塔芬娜	MUSTAFINA Aliya	俄罗斯	RUS	1	0	1	2
2	米洛索维奇	MILOSOVICI Lavinia	罗马尼亚	ROU	1	0	1	2
2	池田敬子	TANAKA Keiko	日本	JPN	1	0	1	2
2	高吉安	GOGEAN Gina	罗马尼亚	ROU	1	0	1	2
2	波德科帕耶娃	PODKOPAYEVA Lilia	乌克兰	UKR	0	2	0	2
2	波诺尔	PONOR Catalina	罗马尼亚	ROU	0	1	1	2
2	埃佐娃	GREBENKOVA EZHOVA Liudmila	俄罗斯	RUS	0	1	1	2
2	舒舒诺娃	SHUSHUNOVA Elena	苏联	URS	0	1	1	2
2	萨博	SZABO Ekaterina	罗马尼亚	ROU	0	1	1	2
2	涅利·金	KIM Nellie	苏联	URS	0	1	1	2
2	达维斯	DAWES Dominique	美国	USA	0	1	1	2
2	佩特里克	PETRIK Larissa	苏联	URS	0	0	2	2

从1950—2019年世界体操锦标赛女子自由体操项目的奖牌榜来看，近60多年以来共有84名运动员分享了115枚奖牌。其中美国运动员拜尔斯以金牌总数5枚与罗马尼亚运动员高吉安（金牌3枚、银牌1枚、铜牌1枚）并列排名在世界体操锦标赛女子自由体操项目奖牌榜的第一位，俄罗斯运动员霍尔金纳以奖牌总数3枚（银牌1枚、铜牌2枚）位居奖牌榜的第三名（见表91）。

表91　1950—2019年世界体操锦标赛女子自由体操项目奖牌榜前三名一览

排序	运动员姓名		国家/地区		金牌数	银牌数	铜牌数	奖牌总数
1	拜尔斯	BILES Simone	美国	USA	5	0	0	5
1	高吉安	GOGEAN Gina	罗马尼亚	ROU	3	1	1	5
3	霍尔金纳	KHORKINA Svetlana	俄罗斯	RUS	0	1	2	3

二、世界艺术体操锦标赛（World Rhythmic Gymnastics Championships）概览

（一）世界艺术体操发展简况

在体操类运动项目中，艺术体操是一项女子特有的体育运动。追溯世界艺术体操锦标赛的发展历程，可以发现，"艺术体操"一词的英文术语曾出现过三种表述：在1963—1975年举办的7届世界艺术体操锦标赛中，艺术体操的英文术语为"Modern Gymnastics"；在1977—1997年举办的14届世界艺术体操锦标赛中，艺术体操的英文术语为"Rhythmic Sports

Gymnastics"；从1998年第22届世界艺术体操锦标赛开始至今，艺术体操的英文术语最终被确定为"Rhythmic Gymnastics"。

世界艺术体操锦标赛自1963年被创立以来，到2019年共举办了37届；同时，在1978 — 2001年曾举办过13届四大洲艺术体操比赛（Four Continents Championships），在1983 — 2008年还举办过8届艺术体操世界杯总决赛（World Cup Finals）。经过50多年的发展，其拥有了"地毯上的芭蕾"之美称。

（二）世界艺术体操锦标赛的举办时间与地点

从1963 — 2019年世界艺术体操锦标赛比赛时间的变化来看，可以将其划分为4个时期：1963 — 1991年，每两年（在奇数年）举办一届世界艺术体操锦标赛，共举行了15届；1992 — 2003年变更为每年举行一届，共举行了11届；2003 — 2009年又恢复为每两年（在奇数年）举办一届，共举行了4届；从2010年开始至今再次改为每年（奥运会年除外）举行一届。

从1963 — 2019年已举行过的37届世界艺术体操锦标赛的举办地点来看，共有22个国家和地区承办了世界艺术体操锦标赛。其中在西班牙举办的次数最多，总计5次；其次是在匈牙利、保加利亚、德国和法国均举办过3次；在希腊、日本和阿塞拜疆举办过2次；在其余的14个国家和地区均举办过1次（见表92）。

表 92 1963—2019 年世界艺术体操锦标赛举办时间及地点一览

赛事时间	国家/城市	赛事名称
1963	匈牙利/布达佩斯*	第1届世界艺术体操锦标赛
1965	捷克斯洛伐克/布拉格	第2届世界艺术体操锦标赛

赛事时间	国家/城市	赛事名称
1967	丹麦/哥本哈根	第3届世界艺术体操锦标赛
1969	保加利亚/瓦尔纳	第4届世界艺术体操锦标赛
1971	古巴/哈瓦那	第5届世界艺术体操锦标赛
1973	荷兰/鹿特丹	第6届世界艺术体操锦标赛
1975	西班牙/马德里	第7届世界艺术体操锦标赛
1977	瑞士/巴塞尔**	第8届世界艺术体操锦标赛
1979	英国/伦敦	第9届世界艺术体操锦标赛
1981	德国/慕尼黑	第10届世界艺术体操锦标赛
1983	法国/斯特拉斯堡	第11届世界艺术体操锦标赛
1985	西班牙/巴利亚多利德	第12届世界艺术体操锦标赛
1987	保加利亚/瓦尔纳	第13届世界艺术体操锦标赛
1989	南斯拉夫/萨拉热窝	第14届世界艺术体操锦标赛
1991	希腊/雅典	第15届世界艺术体操锦标赛
1992	比利时/布鲁塞尔	第16届世界艺术体操锦标赛
1993	西班牙/阿里坎特	第17届世界艺术体操锦标赛
1994	法国/巴黎	第18届世界艺术体操锦标赛
1995	奥地利/维也纳	第19届世界艺术体操锦标赛
1996	匈牙利/布达佩斯	第20届世界艺术体操锦标赛
1997	德国/柏林	第21届世界艺术体操锦标赛
1998	西班牙/塞维利亚***	第22届世界艺术体操锦标赛

续表

赛事时间	国家/城市	赛事名称
1999	日本/大阪	第23届世界艺术体操锦标赛
2001	西班牙/马德里	第24届世界艺术体操锦标赛
2002	美国/新奥尔良	第25届世界艺术体操锦标赛
2003	匈牙利/布达佩斯	第26届世界艺术体操锦标赛
2005	阿塞拜疆/巴库	第27届世界艺术体操锦标赛
2007	希腊/佩特雷	第28届世界艺术体操锦标赛
2009	日本/三重	第29届世界艺术体操锦标赛
2010	俄罗斯/莫斯科	第30届世界艺术体操锦标赛
2011	法国/蒙彼利埃	第31届世界艺术体操锦标赛
2013	乌克兰/基辅	第32届世界艺术体操锦标赛
2014	土耳其/伊兹密尔	第33届世界艺术体操锦标赛
2015	德国/斯图加特	第34届世界艺术体操锦标赛
2017	意大利/佩萨罗	第35届世界艺术体操锦标赛
2018	保加利亚/索菲亚	第36届世界艺术体操锦标赛
2019	阿塞拜疆/巴库	第37届世界艺术体操锦标赛

注：* 指第1届 — 第7届世界锦标赛艺术体操的英文术语为"Modern Gymnastics"；** 指第8届 — 第21届世界锦标赛艺术体操的英文术语为"Rhythmic Sports Gymnastics"；*** 指从第22届世界锦标赛开始，艺术体操的英文术语为"Rhythmic Gymnastics"。

（三）世界艺术体操锦标赛比赛项目的设置与变化

从比赛项目及初始设置时间来看，世界艺术体操锦标赛大致可以分为3个阶段：1963 — 1965年为第一阶段，共举行了2届锦标赛，比赛项目只设置了个人比赛；第二阶段为1967 — 1987年，共举行了11届锦标赛，比赛项目设置为个人比赛和集体比赛；第三阶段从1989年第14届锦标赛开始，增加了团体比赛（见表93、表94）。

表 93　1963—2019 年世界艺术体操锦标赛比赛项目初始设置时间一览

比赛项目	个人比赛	集体比赛	团体比赛
设立时间（年）	1963	1967	1989

表 94　1963—2019 年世界艺术体操锦标赛比赛项目设置一览

年份	比赛项目							
1963	徒手	器械	个人全能					
1965	徒手	器械	个人全能					
1967	徒手	个人全能	集体	绳	圈			
1969	徒手	个人全能	集体	绳	圈	球		
1971	个人全能	集体	绳	圈	球	带		
1973	个人全能	集体		圈	球	带	棒	
1975	个人全能	集体		圈	球	带	棒	

续表

年份	比赛项目										
1977	个人全能	集体	绳	圈	球	带					
1979	个人全能	集体	绳		球	带	棒				
1981	个人全能	集体	绳	圈		带	棒				
1983	个人全能	集体		圈	球	带	棒				
1985	个人全能	集体	绳		球	带	棒				
1987	个人全能	集体	绳	圈		带	棒	6球	3球3圈		
1989	个人全能		绳	圈	球	带			团体		
1991	个人全能		绳	圈	球		棒		团体		
1992	个人全能	集体全能	绳	圈	球		棒				
1993	个人全能		绳	圈	球	带	棒		团体		
1994	个人全能	集体全能		圈	球	带	棒			6绳	4圈+2棒
1995	个人全能	集体全能	绳		球	带	棒		团体	5圈	3球+2带
1996		集体全能	绳		球	带	棒			5圈	3球+2带

年份	比赛项目									
1997	个人全能		绳	圈		带	棒		团体		
1998		集体全能								5球	3带+2绳
1999	个人全能	集体全能	绳	圈	球	带			团体	10棒	3带+2圈
2001	个人全能		绳	圈	球		棒		团体		
2002		集体全能								5带	3球+2绳
2003	个人全能	集体全能		圈	球	带	棒			5带	3圈+2球
2005	个人全能	集体全能							团体	5带	3圈+2棒
2007	个人全能	集体全能	绳	圈		带	棒		团体	5带	3圈+2棒
2009	个人全能	集体全能	绳	圈	球	带			团体	5圈	3带+2绳
2010	个人全能	集体全能	绳	圈	球	带			团体	5圈	3带+2绳
2011	个人全能	集体全能		圈	球	带	棒		团体	5球	3带+2圈
2013	个人全能	集体全能		圈	球	带	棒			10棒	3球+2带
2014	个人全能	集体全能		圈	球	带	棒		团体	10棒	3球+2带

年份	比赛项目										
2015	个人全能	集体全能		圈	球	带	棒		团体	5 带	6棒+2圈
2017	个人全能	集体全能		圈	球	带	棒			5 圈	3绳+2球
2018	个人全能	集体全能		圈	球	带	棒		团体	5 圈	3球+2绳
2019	个人全能	集体全能		圈	球	带	棒		团体	5 球	3圈+2棒

（四）世界艺术体操锦标赛参赛国家（地区）数量变化态势

世界艺术体操锦标赛自1963年被创立以来，从参赛国家（地区）的数量变化态势来看，基本表现出一个波浪状持续上升的增长态势（见图34）。具体可以划分为四个阶段：第一阶段为1963—1979年，参赛国家（地区）的数量由第一届的10个增长到1979年的29个，特别是1973年参赛国家（地区）达到了32个；第二阶段为1981—1992年，这一阶段参赛国家（地区）由31个增加到38个；第三阶段为1993—2005年，参赛国家（地区）的数量在40个上下波动，其中1999年达到最多，为59个；第四阶段为2007—2019年，参赛国家（地区）的数量一直保持在50个以上。特别值得欣喜的是，参加第36届和第37届世界艺术体操锦标赛的国家（地区）均达到了61个，创下了自1963年以来世界艺术体操锦标赛50多年竞赛史的新高。

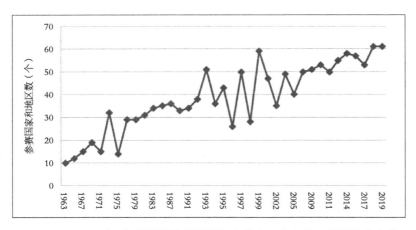

图34　1963 — 2019年世界艺术体操锦标赛参赛国家和地区数量变化态势

（五）世界艺术体操锦标赛参赛运动员数量与平均年龄变化态势

分析世界艺术体操锦标赛历届参赛运动员数量的变化得知，在1963 — 1965年举办的第1届和第2届世锦赛上只有个人项目比赛，参赛运动员的数量只有两位数。从1967年第3届世界艺术体操锦标赛开始设立了集体项目比赛，一直到1992年第16届世界艺术体操锦标赛都设置了个人项目比赛和集体项目比赛，参赛运动员的数量出现了稳步上升的态势，一直保持在三位数，1992年达到了峰值250人。1993 — 2002年参赛运动员的数量之所以呈现出较大的波浪式变化，其原因有二：一是1992年发生的东欧剧变；二是这10年间竞赛项目发生了变化，即有3次世锦赛只进行个人项目比赛（1993年、1997年、2001年），有2次世锦赛只进行集体项目比赛（1998年、2002年），其中1999年参赛运动员人数达到了世界艺术体操锦标赛历史上的最高值392人。从2003年第26届世界艺术体操锦标赛到2019年第37届世界艺术体操锦标赛进行的都是个人项目与集体项目的比赛，参赛运动员人数也相对稳定了，每一届的参赛运动员人数都持续保持在250人以上（见图35）。

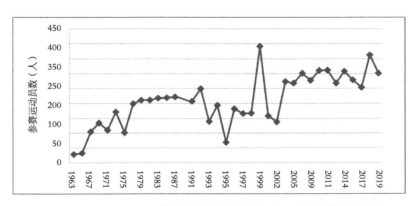

图35　1963—2019年世界艺术体操锦标赛参赛运动员人数变化态势

1993—2015年参加世界艺术体操锦标赛运动员的平均年龄整体上呈现出了一种相对稳定的波浪起伏的增长态势（见图36），尽管1999年和2001年两届世锦赛参赛运动员的平均年龄下降得比较明显，分别为16.71岁和16.80岁，但是从1993年到2015年，参加世锦赛运动员的平均年龄增长了2.19岁。

深究得知，其中的原因多而复杂，但是有一点是肯定并且是可喜的，即国际体操联合会多年来不断修改并推出一系列新政，其目的在于：一是竞赛活动应有利于保护艺术体操运动员健康成长；二是竞赛活动应有利于吸引、激发、调动优秀的艺术体操运动员，使之尽可能长时间保持良好的竞技能力，并在国际艺术体操赛场上表现出来。

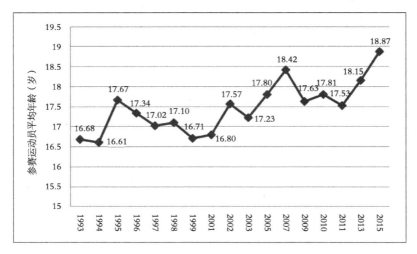

图36   1993—2015年世界艺术体操锦标赛参赛运动员平均年龄变化态势

（六）世界艺术体操锦标赛参赛国家（地区）奖牌分布与分析

1. 世界艺术体操锦标赛个人项目金牌榜分布与分析

从1963—2019年世界艺术体操个人项目的金牌榜来看，共有10个国家的运动员分享了195枚金牌。其中俄罗斯运动员以金牌总数72枚名列世界艺术体操锦标赛个人项目金牌榜之首，保加利亚运动员以金牌总数46枚名列个人项目金牌榜的第二位，苏联运动员以金牌总数37枚名列金牌榜的第三位（见图37）。

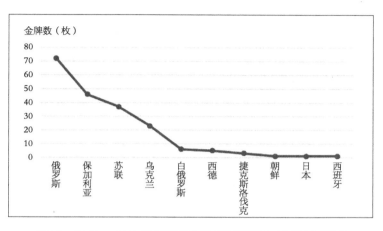

图37　1963 — 2019年世界艺术体操锦标赛个人项目金牌榜

　　从1963 — 2019年世界艺术体操锦标赛个人项目的比赛结果来看，共有326名运动员获得过金牌。其中俄罗斯运动员卡纳耶娃以金牌总数17枚排名在世界艺术体操锦标赛个人项目金牌榜的第一位，2名俄罗斯运动员艾弗里娜和库德里亚夫茨娃均以金牌总数13枚并列排名在金牌榜的第二位（见表95）。

表95　1963—2019年世界艺术体操锦标赛个人项目金牌榜前三名一览

排序	运动员姓名		国家/地区		金牌数	获奖时间
1	卡纳耶娃	KANAEVA Eugenia	俄罗斯	RUS	17	2007、2009、2009、2009、2009、2009、2009、2010、2010、2010、2010、2011、2011、2011、2011、2011、2011
2	艾弗里娜	AVERINA Dina	俄罗斯	RUS	13	2017、2017、2017、2018、2018、2018、2018、2018、2019、2019、2019、2019、2019

排序	运动员姓名		国家/地区		金牌数	获奖时间
2	库德里亚夫茨娃	KUDRYAVTSEVA Yana	俄罗斯	RUS	13	2013、2013、2013、2014、2014、2014、2014、2014、2015、2015、2015、2015、2015

从1963 — 2019年世界艺术体操锦标赛个人全能项目的比赛结果来看，共有24名运动员获得过金牌。其中俄罗斯运动员艾弗里娜、库德里亚夫茨娃、卡纳耶娃，保加利亚运动员吉戈娃、佩特洛娃5人均获得了3枚金牌，并列排名在世界艺术体操锦标赛个人全能项目金牌榜的首位（见表96）。

表96　1963—2019年世界艺术体操锦标赛个人全能项目金牌榜首位一览

排序	运动员姓名		国家/地区		金牌数	获奖时间
1	艾弗里娜	AVERINA Dina	俄罗斯	RUS	3	2017、2018、2019
1	库德里亚夫茨娃	KUDRYAVTSEVA Yana	俄罗斯	RUS	3	2013、2014、2015
1	卡纳耶娃	KANAEVA Eugenia	俄罗斯	RUS	3	2009、2010、2011
1	吉戈娃	GIGOVA Maria	保加利亚	BUL	3	1969、1971、1973
1	佩特洛娃	PETROVA Maria	保加利亚	BUL	3	1993、1994、1995

从1967 — 2019年世界艺术体操锦标赛个人绳项目的比赛结果来看，共有20名运动员获得过金牌。其中白俄罗斯运动员卢基扬年科以金牌总数3枚排名在世界艺术体操锦标赛个人绳项目金牌榜之首，苏联运动员蒂莫申科和舒古洛娃、保加利亚运动员帕诺娃、乌克兰运动员维列琴科4人

均以金牌总数2枚并列排名在金牌榜的第二位（见表97）。

表97　1967—2019年世界艺术体操锦标赛个人绳项目金牌榜前三名一览

排序	运动员姓名		国家/地区		金牌数	获奖时间
1	卢基扬年科	LUKIANENKO Larissa	白俄罗斯	BLR	3	1992、1995、1996
2	蒂莫申科	TIMOCHENKO Alexandra	苏联	URS	2	1989、1991
2	帕诺娃	PANOVA Bianca	保加利亚	BUL	2	1987、1989
2	舒古洛娃	SHUGUROVA Galina	苏联	URS	2	1969、1977
2	维列琴科	VITRICHENKO Elena	乌克兰	UKR	2	1997、1999

从1967—2019年世界艺术体操锦标赛个人圈项目的比赛结果来看，共有25名运动员获得过金牌。其中保加利亚运动员吉戈娃以金牌总数4枚排名在世界艺术体操锦标赛个人圈项目金牌榜之首，俄罗斯运动员卡纳耶娃以金牌总数3枚名列金牌榜的第二位，俄罗斯运动员艾弗里娜、苏联运动员蒂莫申科、保加利亚运动员帕诺娃和佩特洛娃、白俄罗斯运动员卢基扬年科5人均以金牌总数2枚并列排名在金牌榜的第三位（见表98）。

表98　1967—2019年世界艺术体操锦标赛个人圈项目金牌榜前三名一览

排序	运动员姓名		国家/地区		金牌数	获奖时间
1	吉戈娃	GIGOVA Maria	保加利亚	BUL	4	1967、1969、1971、1973
2	卡纳耶娃	KANAEVA Eugenia	俄罗斯	RUS	3	2009、2010、2011

续表

排序	运动员姓名		国家/地区		金牌数	获奖时间
3	艾弗里娜	AVERINA Dina	俄罗斯	RUS	2	2017、2018
3	蒂莫申科	TIMOCHENKO Alexandra	苏联	URS	2	1989、1991
3	帕诺娃	PANOVA Bianca	保加利亚	BUL	2	1987、1989
3	卢基扬年科	LUKIANENKO Larissa	白俄罗斯	BLR	2	1992、1994
3	佩特洛娃	PETROVA Maria	保加利亚	BUL	2	1993、1994

从1969—2019年世界艺术体操锦标赛个人球项目的比赛结果来看，共有22名运动员获得过金牌。其中俄罗斯运动员卡纳耶娃、苏联运动员舒古洛娃、乌克兰运动员塞雷布兰斯卡娅均获得了3枚金牌，并列位居世界艺术体操锦标赛个人球项目金牌榜之首（见表99）。

表 99　1969—2019 年世界艺术体操锦标赛个人球项目金牌榜首位一览

排序	运动员姓名		国家/地区		金牌数	获奖时间
1	卡纳耶娃	KANAEVA Eugenia	俄罗斯	RUS	3	2009、2010、2011
1	舒古洛娃	SHUGUROVA Galina	苏联	URS	3	1969、1973、1977
1	塞雷布兰斯卡娅	SEREBRIANSKAYA Ekaterina	乌克兰	UKR	3	1994、1995、1996

从1973—2019年世界艺术体操锦标赛个人棒项目的比赛结果来看，共有24名运动员获得过金牌。其中俄罗斯运动员艾弗里娜和库德里亚夫茨娃均以3枚金牌并列位居世界艺术体操锦标赛个人棒项目金牌榜之首，

俄罗斯运动员卡普拉诺娃和扎里波娃、保加利亚运动员乔吉耶娃和伊格纳托娃4个人均以金牌总数2枚名列金牌榜的第三位（见表100）。

表 100　1973—2019 年世界艺术体操锦标赛个人棒项目金牌榜前三名一览

排序	运动员姓名		国家/地区		金牌数	获奖时间
1	艾弗里娜	AVERINA Dina	俄罗斯	RUS	3	2017、2018、2019
1	库德里亚夫茨娃	KUDRYAVTSEVA Yana	俄罗斯	RUS	3	2013、2014、2015
3	卡普拉诺娃	KAPRANOVA Olga	俄罗斯	RUS	2	2005、2007
3	乔吉耶娃	GEORGUIEVA Diliana	保加利亚	BUL	2	1983、1985
3	伊格纳托娃	IGNATOVA Lilia	保加利亚	BUL	2	1983、1985
3	扎里波娃	ZARIPOVA Amina	俄罗斯	RUS	2	1995、1996

从1971 — 2019年世界艺术体操锦标赛个人带项目的比赛结果来看，共有24名运动员获得过金牌。其中乌克兰运动员维列琴科以金牌总数3枚名列世界艺术体操锦标赛个人带项目金牌榜的第一位；俄罗斯运动员库德里亚夫茨娃、卡纳耶娃、塞斯娜和卡巴耶娃，保加利亚运动员帕诺娃，苏联运动员贝洛格拉佐娃6人均以金牌总数2枚并列排名在金牌榜的第二位（见表101）。

表 101　1971—2019 年世界艺术体操锦标赛个人带项目金牌榜前三名一览

排序	运动员姓名		国家/地区		金牌数	获奖时间
1	维列琴科	VITRICHENKO Elena	乌克兰	UKR	3	1995、1996、1997
2	库德里亚夫茨娃	KUDRYAVTSEVA Yana	俄罗斯	RUS	2	2013、2015
2	卡纳耶娃	KANAEVA Eugenia	俄罗斯	RUS	2	2009、2011
2	塞斯娜	SESINA Vera	俄罗斯	RUS	2	2005、2007
2	卡巴耶娃	KABAEVA Alina	俄罗斯	RUS	2	1999、2003
2	帕诺娃	PANOVA Bianca	保加利亚	BUL	2	1985、1987
2	贝洛格拉佐娃	BELOGLAZOVA Galina	苏联	URS	2	1983、1985

2. 世界艺术体操锦标赛集体项目金牌分布与分析

从世界艺术体操锦标赛集体项目的金牌榜来看，在已经举办过的世界艺术体操锦标赛中，共有9个国家和地区的运动员分享了93枚金牌。其中俄罗斯运动员以金牌总数40枚名列世界艺术体操锦标赛集体项目金牌榜的第一位，保加利亚运动员以金牌总数20枚名列金牌榜的第二位，意大利运动员和苏联运动员均以金牌总数9枚名列金牌榜的第三位（见图38）。

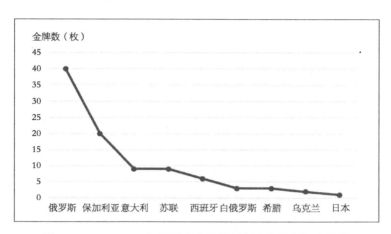

图38　1967 — 2019年世界艺术体操锦标赛集体项目金牌榜

　　从1967 — 2019年世界艺术体操锦标赛集体全能项目的比赛结果来看，共有6个国家和地区的运动员进入了世界艺术体操锦标赛集体全能项目的金牌榜。其中俄罗斯运动员以金牌总数11枚排名在世界艺术体操锦标赛集体全能项目金牌榜的第一位；保加利亚运动员以金牌总数10枚居于俄罗斯之后，排名在金牌榜的第二位；苏联运动员和意大利运动员均以金牌总数4枚并列排名在金牌榜的第三位（见表102）。

表 102　1967—2019 年世界艺术体操锦标赛集体全能项目金牌榜

排序	国家/地区		金牌数	获奖时间
1	俄罗斯	RUS	11	1992、1994、1999、2002、2003、2005、2007、2015、2017、2018、2019
2	保加利亚	BUL	10	1969、1971、1981、1983、1985、1987、1989、1995、1996、2014
3	苏联	URS	4	1967、1973、1977、1979
3	意大利	ITA	4	1975、2009、2010、2011

续表

排序	国家/地区		金牌数	获奖时间
5	白俄罗斯	BLR	2	1998、2013
6	西班牙	ESP	1	1991

从1987—2019年世界艺术体操锦标赛集体5X项目的比赛结果来看，共有9个国家和地区的运动员进入了世界艺术体操锦标赛集体5X项目金牌榜。其中俄罗斯运动员以金牌总数8枚名列世界艺术体操锦标赛集体5X项目金牌榜之首，保加利亚运动员以金牌总数5枚名列金牌榜的第二位，意大利运动员和西班牙运动员均以金牌总数2枚并列排名在金牌榜的第三位（见表103）。

表 103　1987—2019 年世界艺术体操锦标赛集体 5X 项目金牌榜

排序	国家/地区		金牌数	获奖时间
1	俄罗斯	RUS	8	1992、1994、1998、2003、2007、2009、2010、2011
2	保加利亚	BUL	5	1987、1989、1995、2005、2018
3	意大利	ITA	2	2015、2017
3	西班牙	ESP	2	2013、2014
5	苏联	URS	1	1991
5	乌克兰	UKR	1	2002
5	日本	JPN	1	2019
5	希腊	GRE	1	1999
5	白俄罗斯	BLR	1	1996

从1987—2019年世界艺术体操锦标赛集体3 X +2 X 项目的比赛结果来看，共有6个国家和地区的运动员进入了世界艺术体操锦标赛集体3 X +2 X 项目金牌榜。其中俄罗斯运动员以金牌总数9枚名列世界艺术体操锦标赛集体3 X +2 X 项目金牌榜之首，意大利、西班牙和保加利亚3个国家的运动员均以金牌总数3枚名列金牌榜的第二位（见表104）。

表104　1987—2019年世界艺术体操锦标赛集体 3 X +2 X 项目金牌榜

排序	国家/地区		金牌数	获奖时间
1	俄罗斯	RUS	9	1992、2003、2007、2010、2013、2014、2015、2017、2019
2	意大利	ITA	3	2005、2009、2018
2	西班牙	ESP	3	1995、1996、1998
2	保加利亚	BUL	3	1987、1994、2011
5	苏联	URS	2	1989、1991
5	希腊	GRE	2	1999、2002

3. 世界艺术体操锦标赛个人项目奖牌分布与分析

从世界艺术体操锦标赛个人项目的奖牌榜来看，在已经举办过的世界艺术体操锦标赛中，共有18个国家和地区的运动员分享了520枚奖牌。其中俄罗斯运动员以奖牌总数144枚（金牌72枚、银牌48枚、铜牌24枚）排名在世界艺术体操锦标赛个人项目奖牌榜的第一位，保加利亚运动员以奖牌总数120枚（金牌46枚、银牌38枚、铜牌36枚）排名在奖牌榜的第二位，苏联运动员以奖牌总数91枚（金牌37枚、银牌28枚、铜牌26枚）排名在奖牌榜的第三位（见图39）。

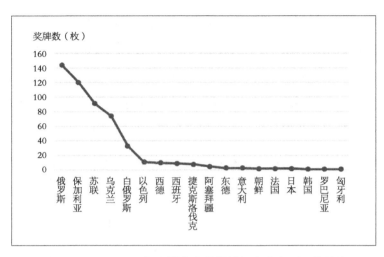

图39 1963 — 2019年世界艺术体操锦标赛个人项目奖牌榜

从1963 — 2019年世界艺术体操锦标赛个人项目的奖牌榜来看，共有655名运动员榜上有名。其中乌克兰运动员贝索诺娃以奖牌总数26枚（金牌5枚、银牌14枚、铜牌7枚）排名在世界艺术体操锦标赛个人项目奖牌榜的首位，另一名乌克兰运动员维列琴科以奖牌总数23枚（金牌9枚、银牌7枚、铜牌7枚）排名在奖牌榜的第二位，保加利亚运动员佩特洛娃以奖牌总数22枚（金牌9枚、银牌9枚、铜牌4枚）位居奖牌榜的第三名（见表105）。

表 105　1963—2019 年世界艺术体操锦标赛个人项目奖牌榜前三名一览

排序	运动员姓名		国家/地区		金牌数	银牌数	铜牌数	合计
1	贝索诺娃	BESSONOVA Anna	乌克兰	UKR	5	14	7	26
2	维列琴科	VITRICHENKO Elena	乌克兰	UKR	9	7	7	23
3	佩特洛娃	PETROVA Maria	保加利亚	BUL	9	9	4	22

从1963—2019年世界艺术体操锦标赛个人全能项目的奖牌榜来看，共有60名运动员榜上有名。其中乌克兰运动员贝索诺娃以奖牌总数5枚（金牌1枚、银牌2枚、铜牌2枚）排名在世界艺术体操锦标赛个人全能项目奖牌榜的首位，保加利亚运动员佩特洛娃以奖牌总数4枚（金牌3枚、银牌1枚）排名在奖牌榜的第二位，俄罗斯运动员艾弗里娜等11人均以奖牌总数3枚并列排名在奖牌榜的第三位（见表106）。

表 106 1963—2019 年世界艺术体操锦标赛个人全能项目奖牌榜前三名一览

排序	运动员姓名		国家/地区		金牌数	银牌数	铜牌数	奖牌总数
1	贝索诺娃	BESSONOVA Anna	乌克兰	UKR	1	2	2	5
2	佩特洛娃	PETROVA Maria	保加利亚	BUL	3	1	0	4
3	艾弗里娜	AVERINA Dina	俄罗斯	RUS	3	0	0	3
3	库德里亚夫茨娃	KUDRYAVTSEVA Yana	俄罗斯	RUS	3	0	0	3
3	卡纳耶娃	KANAEVA Eugenia	俄罗斯	RUS	3	0	0	3
3	吉戈娃	GIGOVA Maria	保加利亚	BUL	3	0	0	3
3	舒古洛娃	SHUGUROVA Galina	苏联	URS	1	2	0	3
3	帕诺娃	PANOVA Bianca	保加利亚	BUL	1	1	1	3
3	康达科娃	KONDAKOVA Daria	俄罗斯	RUS	0	3	0	3
3	伊格纳托娃	IGNATOVA Lilia	保加利亚	BUL	0	3	0	3
3	阿什拉姆	ASHRAM Linoy	以色列	ISR	0	1	2	3

续表

排序	运动员姓名		国家/地区		金牌数	银牌数	铜牌数	奖牌总数
3	卢基扬年科	LUKIANENKO Larissa	白俄罗斯	BLR	0	1	2	3
3	斯塔尼奥塔	STANIOUTA Melitina	白俄罗斯	BLR	0	0	3	3

从1967—2019年世界艺术体操锦标赛个人绳项目的奖牌榜来看，共有49名运动员榜上有名。其中白俄罗斯运动员卢基扬年科以金牌总数3枚与3名乌克兰运动员维列琴科（金牌2枚、银牌1枚）、塞雷布兰斯卡娅（金牌1枚、银牌2枚）和贝索诺娃（银牌1枚、铜牌2枚）并列排名在世界艺术体操锦标赛个人绳项目奖牌榜的首位（见表107）。

表 107　1967—2019 年世界艺术体操锦标赛个人绳项目奖牌榜首位一览

排序	运动员姓名		国家/地区		金牌数	银牌数	铜牌数	奖牌总数
1	卢基扬年科	LUKIANENKO Larissa	白俄罗斯	BLR	3	0	0	3
1	维列琴科	VITRICHENKO Elena	乌克兰	UKR	2	1	0	3
1	塞雷布兰斯卡娅	SEREBRIANSKAYA Ekaterina	乌克兰	UKR	1	2	0	3
1	贝索诺娃	BESSONOVA Anna	乌克兰	UKR	0	1	2	3

从1967—2019年世界艺术体操锦标赛个人圈项目的奖牌榜来看，共有56名运动员榜上有名。其中保加利亚运动员吉戈娃以金牌总数4枚排名在世界艺术体操锦标赛个人圈项目奖牌榜的第一位，俄罗斯运动员卡纳耶

娃等7人均以奖牌总数3枚并列排名在奖牌榜的第二位（见表108）。

表108　1967—2019年世界艺术体操锦标赛个人圈项目奖牌榜前三名一览

排序	运动员姓名		国家/地区		金牌数	银牌数	铜牌数	奖牌总数
1	吉戈娃	GIGOVA Maria	保加利亚	BUL	4	0	0	4
2	卡纳耶娃	KANAEVA Eugenia	俄罗斯	RUS	3	0	0	3
2	艾弗里娜	AVERINA Dina	俄罗斯	RUS	2	0	1	3
2	佩特洛娃	PETROVA Maria	保加利亚	BUL	2	0	1	3
2	马蒙	MAMUN Margarita	俄罗斯	RUS	1	1	1	3
2	贝索诺娃	BESSONOVA Anna	乌克兰	UKR	1	1	1	3
2	维列琴科	VITRICHENKO Elena	乌克兰	UKR	1	1	1	3
2	康达科娃	KONDAKOVA Daria	俄罗斯	RUS	0	3	0	3

从1969—2019年世界艺术体操锦标赛个人球项目的奖牌榜来看，共有54名运动员榜上有名。其中苏联运动员舒古洛娃以奖牌总数4枚（金牌3枚、银牌1枚）与2名乌克兰运动员塞雷布兰斯卡娅（金牌3枚、铜牌1枚）、贝索诺娃（银牌3枚、铜牌1枚），以及保加利亚运动员佩特洛娃（金牌1枚、银牌2枚、铜牌1枚）并列排名在世界艺术体操锦标赛个人球项目奖牌榜的首位（见表109）。

表 109　1969—2019 年世界艺术体操锦标赛个人球项目奖牌榜首位一览

排序	运动员姓名		国家/地区		金牌数	银牌数	铜牌数	奖牌总数
1	舒古洛娃	SHUGUROVA Galina	苏联	URS	3	1	0	4
1	塞雷布兰斯卡娅	SEREBRIANSKAYA Ekaterina	乌克兰	UKR	3	0	1	4
1	佩特洛娃	PETROVA Maria	保加利亚	BUL	1	2	1	4
1	贝索诺娃	BESSONOVA Anna	乌克兰	UKR	0	3	1	4

从 1973 — 2019 年世界艺术体操锦标赛个人棒项目的奖牌榜来看，共有 55 名运动员榜上有名。其中保加利亚运动员佩特洛娃以奖牌总数 5 枚（金牌 1 枚、银牌 2 枚、铜牌 2 枚）排名在世界艺术体操锦标赛个人棒项目奖牌榜的首位；乌克兰运动员维列琴科以奖牌总数 4 枚（金牌 1 枚、银牌 1 枚、铜牌 2 枚）排名在奖牌榜的第二位；俄罗斯运动员艾弗里娜以 3 枚金牌与库德里亚夫茨娃（金牌 3 枚）、扎里波娃（金牌 2 枚、铜牌 1 枚），保加利亚运动员伊格纳托娃（金牌 2 枚、银牌 1 枚），乌克兰运动员贝索诺娃（金牌 1 枚、银牌 2 枚）并列排名在奖牌榜的第三位（见表 110）。

表 110　1973—2019 年世界艺术体操锦标赛个人棒项目奖牌榜前三名一览

排序	运动员姓名		国家/地区		金牌数	银牌数	铜牌数	奖牌总数
1	佩特洛娃	PETROVA Maria	保加利亚	BUL	1	2	2	5
2	维列琴科	VITRICHENKO Elena	乌克兰	UKR	1	1	2	4

续表

排序	运动员姓名		国家/地区		金牌数	银牌数	铜牌数	奖牌总数
3	艾弗里娜	AVERINA Dina	俄罗斯	RUS	3	0	0	3
3	库德里亚夫茨娃	KUDRYAVTSEVA Yana	俄罗斯	RUS	3	0	0	3
3	伊格纳托娃	IGNATOVA Lilia	保加利亚	BUL	2	1	0	3
3	扎里波娃	ZARIPOVA Amina	俄罗斯	RUS	2	0	1	3
3	贝索诺娃	BESSONOVA Anna	乌克兰	UKR	1	2	0	3

从1971—2019年世界艺术体操锦标赛个人带项目的奖牌榜来看，共有54名运动员榜上有名。其中乌克兰运动员维列琴科以奖牌总数5枚（金牌3枚、银牌1枚、铜牌1枚）排名在世界艺术体操锦标赛个人带项目奖牌榜的首位，乌克兰运动员贝索诺娃以4枚银牌排名在奖牌榜的第二位，俄罗斯运动员库德里亚夫茨娃以奖牌总数3枚（金牌2枚、银牌1枚）与卡巴耶娃（金牌2枚、铜牌1枚）、苏联运动员舒古洛娃（金牌、银牌、铜牌各1枚）、以色列运动员阿什拉姆（银牌1枚、铜牌2枚）、乌克兰运动员里扎蒂诺娃（银牌1枚、铜牌2枚）并列排名在奖牌榜的第三位（见表111）。

表111　1971—2019年世界艺术体操锦标赛个人带项目奖牌榜前三名一览

排序	运动员姓名		国家/地区		金牌数	银牌数	铜牌数	奖牌总数
1	维列琴科	VITRICHENKO Elena	乌克兰	UKR	3	1	1	5

排序	运动员姓名		国家/地区		金牌数	银牌数	铜牌数	奖牌总数
2	贝索诺娃	BESSONOVA Anna	乌克兰	UKR	0	4	0	4
3	库德里亚夫茨娃	KUDRYAVTSEVA Yana	俄罗斯	RUS	2	1	0	3
3	卡巴耶娃	KABAEVA Alina	俄罗斯	RUS	2	0	1	3
3	舒古洛娃	SHUGUROVA Galina	苏联	URS	1	1	1	3
3	阿什拉姆	ASHRAM Linoy	以色列	ISR	0	1	2	3
3	里扎蒂诺娃	RIZATDINOVA Ganna	乌克兰	UKR	0	1	2	3

4. 世界艺术体操锦标赛集体项目奖牌榜分布与分析

从1967—2019年世界艺术体操锦标赛集体项目的奖牌榜来看，共有14个国家和地区的运动员分享了277枚奖牌。其中俄罗斯运动员以奖牌总数61枚（金牌40枚、银牌11枚、铜牌10枚）排名在世界艺术体操锦标赛集体项目奖牌榜之首，保加利亚运动员以奖牌总数50枚（金牌20枚、银牌16枚、铜牌14枚）排名在奖牌榜的第二位，白俄罗斯运动员以奖牌总数38枚（金牌3枚、银牌17枚、铜牌18枚）排名在奖牌榜的第三位（见图40）。

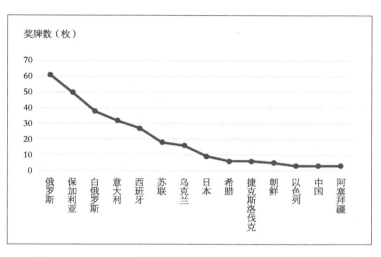

图40　1967—2019年世界艺术体操锦标赛集体项目奖牌榜

从1967—2019年世界艺术体操锦标赛集体全能项目的奖牌榜来看，共有11个国家和地区的运动员榜上有名。其中保加利亚运动员以奖牌总数21枚（金牌10枚、银牌4枚、铜牌7枚）排名在世界艺术体操锦标赛集体全能项目奖牌榜之首，俄罗斯运动员以奖牌总数17枚（金牌11枚、银牌2枚、铜牌4枚）排名在奖牌榜的第二位，白俄罗斯运动员以奖牌总数12枚（金牌2枚、银牌3枚、铜牌7枚）排名在奖牌榜的第三位（见表112）。

表 112　1967—2019 年世界艺术体操锦标赛集体全能项目奖牌榜

排序	国家/地区		金牌数	银牌数	铜牌数	奖牌总数
1	保加利亚	BUL	10	4	7	21
2	俄罗斯	RUS	11	2	4	17
3	白俄罗斯	BLR	2	3	7	12
4	苏联	URS	4	7	0	11

续表

排序	国家/地区		金牌数	银牌数	铜牌数	奖牌总数
5	意大利	ITA	4	5	1	10
5	西班牙	ESP	1	5	4	10
7	捷克斯洛伐克	TCH	0	3	3	6
8	朝鲜	PRK	0	1	3	4
9	日本	JPN	0	2	1	3
10	希腊	GRE	0	1	1	2
11	中国	CHN	0	0	1	1

从1987—2019年世界艺术体操锦标赛集体5X项目的奖牌榜来看，共有11个国家和地区的运动员榜上有名。其中俄罗斯运动员以奖牌总数15枚（金牌8枚、银牌4枚、铜牌3枚）排名在世界艺术体操锦标赛集体5X项目奖牌榜之首，保加利亚运动员以奖牌总数12枚（金牌5枚、银牌4枚、铜牌3枚）排名在奖牌榜的第二位，意大利运动员以奖牌总数11枚（金牌2枚、银牌7枚、铜牌2枚）排名在奖牌榜的第三位（见表113）。

表 113　1987—2019 年世界艺术体操锦标赛集体 5X 项目奖牌榜

排序	国家/地区		金牌数	银牌数	铜牌数	奖牌总数
1	俄罗斯	RUS	8	4	3	15
2	保加利亚	BUL	5	4	3	12
3	意大利	ITA	2	7	2	11
4	西班牙	ESP	2	2	3	7
5	白俄罗斯	BLR	1	2	3	6

排序	国家/地区		金牌数	银牌数	铜牌数	奖牌总数
6	日本	JPN	1	1	2	4
6	乌克兰	UKR	1	0	3	4
8	苏联	URS	1	2	0	3
9	东德	GRE	1	0	1	2
10	以色列	ISR	0	1	0	1
10	中国	CHN	0	0	1	1

从1987—2019年世界艺术体操锦标赛集体3 X +2 X项目的奖牌榜来看，共有12个国家和地区的运动员榜上有名。其中俄罗斯运动员以奖牌总数16枚（金牌9枚、银牌5枚、铜牌2枚）名列世界艺术体操锦标赛集体3 X +2 X项目奖牌榜之首，保加利亚运动员以奖牌总数11枚（金牌3枚、银牌5枚、铜牌3枚）排名在奖牌榜的第二位，意大利运动员以奖牌总数10枚（金牌3枚、银牌4枚、铜牌3枚）排名在奖牌榜的第三位（见表114）。

表114 1987—2019年世界艺术体操锦标赛集体3X＋2X项目奖牌榜

排序	国家/地区		金牌数	银牌数	铜牌数	奖牌总数
1	俄罗斯	RUS	9	5	2	16
2	保加利亚	BUL	3	5	3	11
3	意大利	ITA	3	4	3	10
4	白俄罗斯	BLR	0	3	6	9
5	西班牙	ESP	3	1	4	8

排序	国家/地区		金牌数	银牌数	铜牌数	奖牌总数
6	乌克兰	UKR	0	1	2	3
7	苏联	URS	2	0	0	2
7	东德	GRE	2	0	0	2
7	日本	JPN	0	2	0	2
10	中国	CHN	0	1	0	1
10	朝鲜	PRK	0	0	1	1
10	以色列	ISR	0	0	1	1

三、世界蹦床锦标赛（Trampoline Gymnastics World Championships）概览

（一）世界蹦床运动发展简况

蹦床运动起源于20世纪30年代的美国。1934年，美国跳水运动员乔治·尼森（George Nissen）通过观看马戏团杂技演员表演时灵活地落在安全网上受到启发，于1936年在他的爱荷华锡达拉皮兹的车库里采用帆布和橡胶内胎制作出了第一个蹦床。据尼森先生回忆，当时有一个法国杂技演员叫"Du Trampolin"。随后，蹦床作为一种庭院活动（backyard activity）迅速流行起来，甚至在第二次世界大战中被用来教飞行员寻找空中感觉。

蹦床作为一个竞技体育项目并被列入比赛，始于1947年在美国得克萨斯举行的首届全美蹦床表演赛；1948年，美国举行了第1届全国蹦床锦

标赛；1955年，蹦床进入了泛美运动会。瑞士人库尔特·贝希勒尔（Kurt Baechler）是瑞士蹦床运动的先驱，英国人特德·布莱克（Ted Blake）是蹦床运动的一位积极的推广者。苏格兰于1958年创建了苏格兰蹦床协会，在欧洲开了创建国家（地区）蹦床协会的先河。然而，在20世纪60年代的美国，由于蹦床训练方法的失当和冒险行为的出现，刚刚兴起的蹦床运动热在美国冷却了。

值得欣喜的是，蹦床运动非但没有因此而销声匿迹，反而从20世纪60年代起迎来了新的发展。蹦床运动不仅又重新返回欧洲，而且迅速传向众多的国家（地区），并以意大利、法国、西德、瑞士为中心被开展起来。1961年7月29日，鲁道夫·斯皮斯（Rudolf Spieth）提议，将蹦床项目引入国际体操联合会至关重要，以便发展、创新，赢得体育市场的份额，并赢得公众、媒体和赞助商的支持。（On 29 July 1961, Rudolf Spieth, a leading member of the Executive, was convinced that the introduction of Trampoline into the FIG programmes was a vital necessity in order to make development and innovation and win further portions of the sports market, as well as winning over the public, the media and the sponsors.）然而，非常遗憾的是，这项提议没有通过，原因是"对妇女没有好处"。

为了适应蹦床运动发展的需要，进一步加强各国蹦床运动员的相互交流，国际蹦床联盟（Fédération Internationale de Trampoline，FIT）于1964年3月22日在英国伦敦创立，总部设在瑞士。瑞士人舍勒（René Schaerer）当选为首任主席，埃里希·肯赛尔（Erich Kinsel）当选为秘书长。同年3月21日，第1届世界蹦床锦标赛在英国伦敦皇家艾伯特音乐厅举行，从而为世界蹦床运动的普及和发展奠定了基础。

英国国会大厦外的纪念邮票（引自国际体联网站）

（二）世界蹦床锦标赛举办时间与地点

世界蹦床锦标赛从1964年至2018年已举行了33届（见表115），其间蹦床项目曾归属于3个国际单项体育组织：1964—1998年，蹦床项目主要隶属于国际蹦床联盟（Fédération Internationale de Trampoline，FIT），并举办了20届世界蹦床锦标赛；其中在1974—1997年由国际技巧联合会（International Federation of Sports Acrobatics，IFSA）举办的前14届世界技巧锦标赛的竞赛项目设置中，包含男子单跳和女子单跳项目。1998年10月6日，国际蹦床联盟代表大会在澳大利亚悉尼举行，来自37个协会的代表出席了该届大会，并做出了两项重大决定：一是通过了国际蹦床联盟（FIT）并入国际体操联合会（FIG）的决议，二是通过了国际蹦床联盟于1998年12月31日解体。基于此，从1999年开始，第21届世界蹦床锦标赛就成为国际体操联合会的重要赛事之一，同时世界技巧锦标赛的竞赛项目设置就由原来的7项减少为5项，即女子单跳和男子单跳项目不再列入其中。

从世界蹦床锦标赛50多年的竞赛史可以看出：从1964年第1届世界锦标赛到1968年第5届世界锦标赛期间每年举办一届；从1970年第6届世界锦标赛到1998年第20届世界锦标赛期间每两年举办一届，而且是在偶数年举行；从1999年第21届世界锦标赛到2009年第26届世界锦标赛期间虽然还是每两年举办一届，但是改为奇数年举行；从2010年至今，又改为每年举办一届（奥运年除外）。

表115　1964—2018年世界蹦床锦标赛举办时间及地点一览

赛事时间	国家/城市	赛事名称
1964	英国/伦敦	第1届世界蹦床锦标赛*
1965	英国/伦敦	第2届世界蹦床锦标赛
1966	美国/拉斐特	第3届世界蹦床锦标赛
1967	英国/伦敦	第4届世界蹦床锦标赛
1968	荷兰/阿默斯福特	第5届世界蹦床锦标赛
1970	瑞士/伯尔尼	第6届世界蹦床锦标赛
1972	德国/斯图加特	第7届世界蹦床锦标赛
1974	南非/约翰内斯堡	第8届世界蹦床锦标赛
1974	苏联/莫斯科	第1届世界技巧锦标赛**
1976	美国/塔尔萨	第9届世界蹦床锦标赛
1976	德国/萨尔布吕肯	第2届世界技巧锦标赛
1978	英国/纽卡斯尔	第10届世界蹦床锦标赛
1978	保加利亚/索非亚	第3届世界技巧锦标赛

赛事时间	国家/城市	赛事名称
1980	瑞士/准将	第11届世界蹦床锦标赛
1980	波兰/波兹南	第4届世界技巧锦标赛
1982	美国/波兹曼	第12届世界蹦床锦标赛
1982	英国/伦敦	第5届世界技巧锦标赛
1984	日本/大阪	第13届世界蹦床锦标赛
1984	保加利亚/索非亚	第6届世界技巧锦标赛
1986	法国/巴黎	第14届世界蹦床锦标赛
1986	法国/雷恩	第7届世界技巧锦标赛
1988	比利时/安特卫普	第8届世界技巧锦标赛
1988	美国/伯明翰	第15届世界蹦床锦标赛
1990	德国/埃森	第16届世界蹦床锦标赛
1990	德国/奥格斯堡	第9届世界技巧锦标赛
1992	新西兰/奥克兰	第17届世界蹦床锦标赛
1992	法国/雷恩	第10届世界技巧锦标赛
1994	葡萄牙/波尔图	第18届世界蹦床锦标赛
1994	中国/北京	第11届世界技巧锦标赛
1995	波兰/弗罗茨瓦夫	第12届世界技巧锦标赛
1996	加拿大/温哥华	第19届世界蹦床锦标赛
1996	德国/里萨	第13届世界技巧锦标赛

赛事时间	国家/城市	赛事名称
1997	英国/曼彻斯特	第14届世界技巧锦标赛
1998	澳大利亚/悉尼	第20届世界蹦床锦标赛
1999	南非/太阳城	第21届世界蹦床锦标赛***
2001	丹麦/欧登塞	第22届世界蹦床锦标赛
2003	德国/汉诺威	第23届世界蹦床锦标赛
2005	荷兰/埃因霍温	第24届世界蹦床锦标赛
2007	加拿大/魁北克	第25届世界蹦床锦标赛
2009	俄罗斯/彼得堡	第26届世界蹦床锦标赛
2010	法国/梅茨	第27届世界蹦床锦标赛
2011	英国/伯明翰	第28届世界蹦床锦标赛
2013	保加利亚/索非亚	第29届世界蹦床锦标赛
2014	美国/代托纳比奇	第30届世界蹦床锦标赛
2015	丹麦/欧登塞	第31届世界蹦床锦标赛
2017	保加利亚/索非亚	第32届世界蹦床锦标赛
2018	俄罗斯/圣彼得堡	第33届世界蹦床锦标赛

注：*指第1届 — 第20届世界蹦床锦标赛归属于国际蹦床联合会（Fédération Internationale de Trampoline，FIT）管理。**指由国际技巧联合会（International Federation of Sports Acrobatics，IFSA）主办的第1届 — 第14届世界技巧锦标赛中设置了男女单跳项目的比赛；从1999年第16届世界技巧锦标赛开始不再设置男女单跳项目；***指从1999年第21届开始，世界蹦床锦标赛归属于国际体操联合会组织。

（三）世界蹦床锦标赛比赛项目的设置与变化

从世界蹦床锦标赛各项目比赛设置时间（见表116）可以看出：1964年举行的第1届世界蹦床锦标赛只设置了蹦床网上男子单人和女子单人两个项目；第2届世界蹦床锦标赛增加了混合双人蹦床同步项目；第3届世界蹦床锦标赛的比赛项目由3个单项增加到6个，即男子和女子网上单人项目、男子和女子网上同步项目，以及男女单跳项目；从1967年第4届世界蹦床锦标赛到1974年第8届世界蹦床锦标赛，比赛项目又减少到了4项，即男子和女子网上单人项目、男子和女子网上同步项目，换言之，男女单跳两个项目并没有被列为世锦赛的比赛项目；从1976年第9届世界蹦床锦标赛到1980年第11届世界蹦床锦标赛，比赛项目增加到了8项，即在男子和女子网上单人项目、男子和女子网上同步项目4个项目的基础上，恢复了男女单跳两个项目，增加了男女小蹦床两个项目。从1982年第12届世界蹦床锦标赛开始，在往届8个比赛项目的基础上，新增设了男女蹦床团体、小蹦床团体及单跳团体。至此，世界蹦床锦标赛的比赛项目设置就成型了，即男女蹦床网上单人项目、同步项目、小蹦床项目、单跳项目，以及蹦床团体、小蹦床团体和单跳团体。从2010年第27届世界蹦床锦标赛开始，偶数年举行的世锦赛只设置8个项目的单项比赛，奇数年举行的世锦赛则同时设置了男女蹦床团体、男女小蹦床团体和男女单跳团体比赛。

表 116 世界蹦床锦标赛比赛项目设置时间一览表

年份	男子							女子						
	网上单人	同步	小蹦床	单跳	团体蹦床	团体小蹦床	团体单跳	网上单人	同步	小蹦床	单跳	团体蹦床	团体小蹦床	团体单跳
1964	√							√						
1965	√	√*						√						
1966	√	√		√				√	√		√			
1967	√	√						√	√					
1968	√	√						√	√					
1970	√	√						√	√					
1972	√	√						√	√					
1974	√	√						√	√					
1976	√	√	√	√				√	√	√	√			
1978	√	√	√	√				√	√	√	√			
1980	√	√	√	√				√	√	√	√			
1982	√	√	√	√	√	√	√	√	√	√	√	√	√	√
1984	√	√	√	√	√	√	√	√	√	√	√	√	√	√
1986	√	√	√	√	√	√	√	√	√	√	√	√	√	√
1988	√	√	√	√	√	√	√	√	√	√	√	√	√	√

续表

年份	比赛项目													
	男子							女子						
	网上单人	同步	小蹦床	单跳	团体			网上单人	同步	小蹦床	单跳	团体		
					蹦床	小蹦床	单跳					蹦床	小蹦床	单跳
1990	√	√	√	√	√	√	√	√	√	√	√	√	√	√
1992	√	√	√	√				√	√	√	√			
1994	√	√	√	√	√	√	√	√	√	√	√	√	√	√
1996	√	√	√	√	√	√	√	√	√	√	√	√	√	√
1998	√	√	√	√	√	√	√	√	√	√	√	√	√	√
1999	√	√	√	√	√	√	√	√	√	√	√	√	√	√
2001	√	√	√	√	√	√	√	√	√	√	√	√	√	√
2003	√	√	√	√	√	√	√	√	√	√	√	√	√	√
2005	√	√	√	√	√	√	√	√	√	√	√	√	√	√
2007	√	√	√	√	√	√	√	√	√	√	√	√	√	√
2009	√	√	√	√	√	√	√	√	√	√	√	√	√	√
2010	√	√	√	√				√	√	√	√			
2011	√	√	√	√	√	√	√	√	√	√	√	√	√	√
2013	√	√	√	√	√	√	√	√	√	√	√	√	√	√
2014	√	√	√	√				√	√	√	√			
2015	√	√	√	√	√	√	√	√	√	√	√	√	√	√

续表

年份	比赛项目												
	男子						女子						
	网上单人	同步	小蹦床	单跳	团体			网上单人	同步	小蹦床	单跳	团体		
					蹦床	小蹦床	单跳					蹦床	小蹦床	单跳
2017	√	√	√	√	√	√	√	√	√	√	√	√	√	√
2018	√	√	√	√				√	√	√	√			

注：＊指1965年第2届世界蹦床锦标赛设置了混合双人同步项目的比赛。

（四）世界蹦床锦标赛参赛国家（地区）及运动员数量变化态势

从参加世界蹦床锦标赛的国家和地区数量来看，世界蹦床锦标赛走过了一条从少到多、不断推进的发展之路。换言之，在世界蹦床锦标赛50多年的发展历程中，其大致经历了三个发展阶段（见图41）：第一阶段为1964—1982年，该阶段是竞赛项目设置的不断完善和定型阶段，同时，由于蹦床项目的开展主要集中在一些具有一定传统的国家和地区，所以从第1届到第12届世界蹦床锦标赛参赛国家和地区的数量基本保持在10个左右。第二阶段为1984—1998年，该阶段，世锦赛基于竞赛项目设置的稳定及蹦床项目的逐步推广，显示出参赛的国家和地区持续增多的发展态势，但是从总的赛事规模来看，基本保持在30个协会。第三阶段为1996年至今，该阶段，蹦床项目之所以能够在世界更大的区域内迅猛发展起来，是基于两个非常重要的因素：一是1997年国际奥委会第106次代表大会决定，将蹦床男女网上单人项目列入2000年悉尼奥运会的正式比赛项目；二是从1999年开始，蹦床项目正式归属于国际体操联合会的大家庭。正是在以上两个机遇的推动之下，蹦床项目迎来了前所未有的大发展，即参加世界蹦床锦标赛的国家和地区最多之时达到了41个。

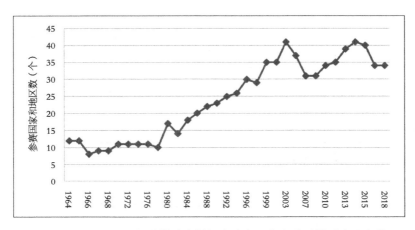

图41　1964 — 2018年世界蹦床锦标赛参赛国家和地区数量变化态势

　　1982年以来参加世界蹦床锦标赛的运动员总人数呈现出了相对缓慢的增长态势（见图42），仔细分析其中的深层次原因，可能有以下几点：其一，在世界蹦床锦标赛创立初期，随着竞赛项目的增加、女子项目的设立等，越来越多的蹦床爱好者加入世界蹦床锦标赛，呈现出参赛运动员人数逐渐上升的态势；其二，随着蹦床项目被纳入奥运会比赛项目，其影响力得到了极大的提升，开展该项目的国家和地区也随之进一步扩大，所以参赛运动员的总人数也不断增多；其三，至于参赛总人数之所以又呈现出了一定的下降态势，经分析，其中的缘由与参赛的协会数量较同期有所减少有关。

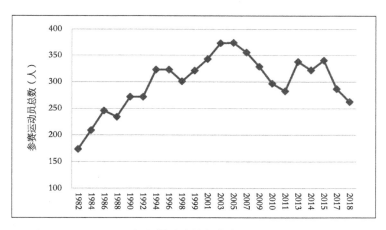

图42　1982—2018年世界蹦床锦标赛参赛运动员总数变化态势

　　进一步分析不同项目参赛总人数的变化，可以看出，30多年以来，网上单人项目的参赛总人数遥遥领先于网上同步、小蹦床和单跳项目的参赛总人数，而且从1982年的81人参赛上升到2014年的271人，参赛运动员总人数是1982年的3倍多。相比之下，网上同步、小蹦床和单跳项目的参赛总人数虽然也表现出了不同程度的增多态势，但是参赛总人数几乎没有突破100人的规模；同时，3个项目的参赛总人数的差别也不太显著（见图43）。

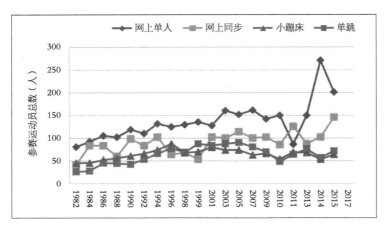

图43　1982 — 2017年世界蹦床锦标赛各单项参赛运动员人数变化态势

（五）世界蹦床锦标赛参赛国家（地区）奖牌分布与分析

1.1964—2018年世界蹦床锦标赛男子项目金牌分布态势与分析

从世界蹦床锦标赛男子项目的金牌榜来看，共有19个国家和地区的运动员进入了世界蹦床锦标赛男子项目金牌榜。其中俄罗斯运动员以金牌总数47枚排名在世界蹦床锦标赛男子项目金牌榜的第一位，美国运动员以金牌总数37枚排名在金牌榜的第二位，中国运动员以金牌总数30枚排名在金牌榜的第三位（见图44）。

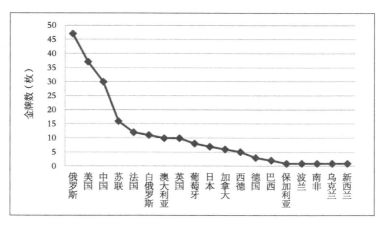

图44　1964—2018年世界蹦床锦标赛男子项目金牌榜

从1974—2018年世界蹦床锦标赛男子个人项目的比赛结果来看，共有204名运动员进入了世界蹦床锦标赛男子个人项目金牌榜。其中俄罗斯运动员莫斯卡伦科以金牌总数14枚位居世界蹦床锦标赛男子个人项目金牌榜之首，中国运动员董栋以金牌总数11枚名列金牌榜的第二位，另一名中国运动员涂潇以金牌总数9枚排名在金牌榜的第三位（见表117）。

表117　1974—2018年世界蹦床锦标赛男子个人项目金牌榜前三名一览

排序	运动员姓名		国家/地区		金牌数	获奖时间
1	莫斯卡伦科	MOSKALENKO Alexander	俄罗斯	RUS	14	1990、1990、1992、1992、1992、1994、1994、1998、1999、1999、1999、2001、2001、2001
2	董栋	DONG Dong	中国	CHN	11	2007、2009、2009、2010、2010、2011、2013、2013、2014、2015、2017

续表

排序	运动员姓名		国家/地区		金牌数	获奖时间
3	涂潇	TU Xiao	中国	CHN	9	2007、2009、2010、2011、2013、2014、2014、2015、2017

从1982—2017年世界蹦床锦标赛男子个人团体项目的比赛结果来看，共有8个国家和地区的运动员进入了世界蹦床锦标赛男子个人团体项目金牌榜。其中中国运动员和俄罗斯运动员均以金牌总数5枚并列排名在世界蹦床锦标赛男子个人团体项目金牌榜的首位，苏联运动员以金牌总数3枚排名在金牌榜的第三位（见表118）。

表 118　1982—2017 年世界蹦床锦标赛男子个人团体项目金牌榜

排序	国家/地区		金牌数	获奖时间
1	俄罗斯	RUS	5	1992、1998、1999、2001、2015
1	中国	CHN	5	2005、2007、2009、2013、2017
3	苏联	URS	3	1984、1988、1990
4	法国	FRA	2	1982、1996
5	日本	JPN	1	2011
5	德国	GER	1	2003
5	西德	FRG	1	1986
5	白俄罗斯	BLR	1	1994

从1982—2017年世界蹦床锦标赛男子单跳团体项目的金牌榜来看，

共有5个国家和地区的运动员进入了世界蹦床锦标赛男子单跳团体项目金牌榜。其中俄罗斯运动员以金牌总数6枚排名在世界蹦床锦标赛男子单跳团体项目金牌榜的第一位，美国运动员以金牌总数5枚名列金牌榜的第二位，中国运动员以金牌总数3枚名列金牌榜的第三位（见表119）。

表119 1982—2017年世界蹦床锦标赛男子单跳团体项目金牌榜

排序	国家/地区		金牌数	获奖时间
1	俄罗斯	RUS	6	1998、1999、2001、2007、2013、2015
2	美国	USA	5	1982、1984、1986、1994、1996
3	中国	CHN	3	2005、2009、2011
4	英国	GBR	2	2003、2017
4	法国	FRA	2	1988、1990

从1982—2017年世界蹦床锦标赛男子小蹦床团体项目的金牌榜来看，共有7个国家和地区的运动员进入了世界蹦床锦标赛男子小蹦床团体项目金牌榜。其中加拿大运动员以金牌总数4枚与澳大利亚运动员并列排名在世界蹦床锦标赛男子小蹦床团体项目金牌榜的第一位，美国运动员、俄罗斯运动员、葡萄牙运动员均以金牌总数3枚并列排名在金牌榜的第三位（见表120）。

表120 1982—2017年世界蹦床锦标赛男子小蹦床团体项目金牌榜

排序	国家/地区		金牌数	获奖时间
1	加拿大	CAN	4	1996、2003、2005、2011
1	澳大利亚	AUS	4	1982、1984、1986、1990
3	美国	USA	3	1988、1999、2013

续表

排序	国家/地区		金牌数	获奖时间
3	俄罗斯	RUS	3	2007、2015、2017
3	葡萄牙	POR	3	1994、2001、2009
6	新西兰	NZL	1	1998
6	德国	GER	1	1994

从 1964 — 2018 年世界蹦床锦标赛男子网上单人项目的比赛结果来看，共有 21 名运动员进入了世界蹦床锦标赛男子网上单人项目金牌榜。其中俄罗斯运动员莫斯卡伦科以金牌总数 5 枚排名在世界蹦床锦标赛男子网上单人项目金牌榜的第一位，中国运动员高磊和董栋均以金牌总数 3 枚并列排名在金牌榜的第二位（见表 121）。

表 121　1964—2018 年世界蹦床锦标赛男子网上单人项目金牌榜前三名一览

排序	运动员姓名		国家/地区		金牌数	获奖时间
1	莫斯卡伦科	MOSKALENKO Alexander	俄罗斯	RUS	5	1990、1992、1994、1999、2001
2	高磊	GAO Lei	中国	CHN	3	2015、2017、2018
2	董栋	DONG Dong	中国	CHN	3	2009、2010、2013

从 1965 — 2018 年世界蹦床锦标赛男子网上同步项目的比赛结果来看，共有 41 名运动员进入了世界蹦床锦标赛男子网上同步项目金牌榜。其中中国运动员涂潇和董栋、俄罗斯运动员莫斯卡伦科 3 人均以金牌总数 4 枚并列排名在世界蹦床锦标赛男子网上同步项目金牌榜的第一位（见表 122）。

表 122　1965—2018 年世界蹦床锦标赛男子网上同步项目金牌榜首位一览

排序	运动员姓名		国家/地区		金牌数	获奖时间
1	涂潇	TU Xiao	中国	CHN	4	2010、2011、2014、2015
1	董栋	DONG Dong	中国	CHN	4	2010、2011、2014、2015
1	莫斯卡伦科	MOSKALENKO Alexander	俄罗斯	RUS	4	1992、1994、1999、2001

从 1965 — 2018 年世界蹦床锦标赛男子单跳项目的比赛结果来看，共有 22 名运动员进入了世界蹦床锦标赛男子单跳项目金牌榜。其中中国运动员宋阳以金牌总数 3 枚位居世界蹦床锦标赛男子单跳项目金牌榜之首，美国运动员伯茨和埃利沃特、法国运动员埃乌藏、俄罗斯运动员彼得罗坎 4 人均以金牌总数 2 枚并列排名在金牌榜的第二位（见表 123）。

表 123　1965—2018 年世界蹦床锦标赛男子单跳项目金牌榜前三名一览

排序	运动员姓名		国家/地区		金牌数	获奖时间
1	宋阳	SONG Yang	中国	CHN	3	2011、2014、2015
2	伯茨	BERTZ Jim	美国	USA	2	1976、1978
2	埃利沃特	ELLIOTT Steve	美国	USA	2	1982、1984
2	埃乌藏	EOUZAN Pascal	法国	FRA	2	1988、1990
2	彼得罗坎	PETROCHAN Levon	俄罗斯	RUS	2	1998、1999

从1976 — 2018年世界蹦床锦标赛男子小蹦床项目的比赛结果来看，共有17名运动员进入了世界蹦床锦标赛男子小蹦床项目金牌榜。其中俄罗斯运动员扎罗明以金牌总数4枚位居世界蹦床锦标赛男子小蹦床项目金牌榜之首；澳大利亚运动员奥斯丁以金牌总数3枚排名在金牌榜的第二位；葡萄牙运动员佩雷拉、里科，澳大利亚运动员韦勒姆，加拿大运动员米特鲁克4人均以金牌总数2枚并列排名在金牌榜的第三位（见表124）。

表124　1976—2018年世界蹦床锦标赛男子小蹦床项目金牌榜前三名一览

排序	运动员姓名		国家/地区		金牌数	获奖时间
1	扎罗明	ZALOMIN Mikhail	俄罗斯	RUS	4	2013、2014、2017、2018
2	奥斯丁	AUSTINE Brett	澳大利亚	AUS	3	1982、1984、1986
3	佩雷拉	PEREIRA Jorge	葡萄牙	POR	2	1992、1994
3	里科	LICO Andre	葡萄牙	POR	2	2009、2010
3	韦勒姆	WAREHAM Adrian	澳大利亚	AUS	2	1988、1990
3	米特鲁克	MITRUK Chris	加拿大	CAN	2	1996、1999

2.1964—2018年世界蹦床锦标赛男子项目奖牌分布态势与分析

从1964 — 2018年世界蹦床锦标赛的奖牌榜来看，共有26个国家和地区的运动员进入了世界蹦床锦标赛男子项目奖牌榜。其中美国运动员以奖牌总数94枚（金牌37枚、银牌33枚、铜牌24枚）排名在世界蹦床锦标赛男子项目奖牌榜的第一位，俄罗斯运动员以奖牌总数93枚（金牌47枚、银牌22枚、铜牌24枚）名列奖牌榜的第二位，中国运动员以奖牌总数52

枚（金牌30枚、银牌19枚、铜牌3枚）与法国运动员（金牌12枚、银牌21枚、铜牌19枚）并列排名在奖牌榜的第三位（见图45）。

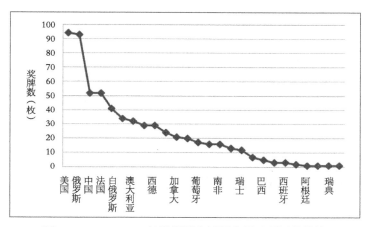

图45　1964 — 2018年世界蹦床锦标赛男子项目奖牌榜

从1964 — 2018年世界蹦床锦标赛男子个人项目的奖牌榜来看，共有646名运动员榜上有名。其中俄罗斯运动员莫斯卡伦科以奖牌总数18枚（金牌14枚、银牌4枚）与中国运动员董栋（金牌11枚、银牌6枚、铜牌1枚）并列排名在世界蹦床锦标赛男子个人项目奖牌榜的首位，白俄罗斯运动员哈沙克以奖牌总数15枚（金牌3枚、银牌9枚、铜牌3枚）排名在奖牌榜的第三位（见表125）。

表125　1964—2018年世界蹦床锦标赛男子个人项目奖牌榜前三名一览

排序	运动员姓名		国家/地区		金牌数	银牌数	铜牌数	奖牌总数
1	莫斯卡伦科	MOSKALENKO Alexander	俄罗斯	RUS	14	4	0	18

续表

排序	运动员姓名		国家/地区		金牌数	银牌数	铜牌数	奖牌总数
1	董栋	DONG Dong	中国	CHN	11	6	1	18
3	哈沙克	KAZAK Nikolai	白俄罗斯	BLR	3	9	3	15

从1982—2017年世界蹦床锦标赛男子个人团体项目的奖牌榜来看，共有15个国家和地区的运动员榜上有名。其中俄罗斯运动员以奖牌总数13枚（金牌5枚、银牌4枚、铜牌4枚）排名在世界蹦床锦标赛男子个人团体项目奖牌榜的第一位，法国运动员以奖牌总数9枚（金牌2枚、银牌1枚、铜牌6枚）排名在奖牌榜的第二位，中国运动员以奖牌总数7枚（金牌5枚、银牌2枚）排名在奖牌榜的第三位（见表126）。

表126　1982—2017年世界蹦床锦标赛男子个人团体项目奖牌榜

排序	国家/地区		金牌数	银牌数	铜牌数	奖牌总数
1	俄罗斯	RUS	5	4	4	13
2	法国	FRA	2	1	6	9
3	中国	CHN	5	2	0	7
4	白俄罗斯	BLR	1	3	1	5
5	苏联	URS	3	1	0	4
5	日本	JPN	1	2	1	4
5	德国	GER	1	2	1	4
8	西德	FRG	1	2	0	3
9	澳大利亚	AUS	0	1	1	2

续表

排序	国家/地区		金牌数	银牌数	铜牌数	奖牌总数
10	英国	GBR	0	1	0	1
10	乌克兰	UKR	0	0	1	1
10	波兰	POL	0	0	1	1
10	西班牙	ESP	0	0	1	1
10	丹麦	DEN	0	0	1	1
10	加拿大	CAN	0	0	1	1

从1982—2017年世界蹦床锦标赛男子单跳团体项目的奖牌榜来看，共有10个国家和地区的运动员榜上有名。其中俄罗斯运动员以奖牌总数11枚（金牌6枚、银牌3枚、铜牌2枚）排名在世界蹦床锦标赛男子单跳团体项目奖牌榜的第一位，美国运动员以奖牌总数10枚（金牌5枚、银牌2枚、铜牌3枚）排名在奖牌榜的第二位，法国运动员以奖牌总数9枚（金牌2枚、银牌4枚、铜牌3枚）排名在奖牌榜的第三位（见表127）。

表 127　1982—2017 年世界蹦床锦标赛男子单跳团体项目奖牌榜

排序	国家/地区		金牌数	银牌数	铜牌数	奖牌总数
1	俄罗斯	RUS	6	3	2	11
2	美国	USA	5	2	3	10
3	法国	FRA	2	4	3	9
4	中国	CHN	3	4	0	7
5	波兰	POL	0	3	2	5

排序	国家/地区		金牌数	银牌数	铜牌数	奖牌总数
6	英国	GBR	2	0	2	4
7	加拿大	CAN	0	1	2	3
8	南非	RSA	0	1	1	2
8	白俄罗斯	BLR	0	0	2	2
10	丹麦	DEN	0	0	1	1

从1982—2017年世界蹦床锦标赛男子小蹦床团体项目的奖牌榜来看，共有12个国家和地区的运动员榜上有名。其中美国运动员以奖牌总数13枚（金牌3枚、银牌6枚、铜牌4枚）排名在世界蹦床锦标赛男子小蹦床团体项目奖牌榜的第一位，加拿大运动员以奖牌总数10枚（金牌4枚、银牌3枚、铜牌3枚）排名在奖牌榜的第二位，澳大利亚运动员以奖牌总数9枚（金牌4枚、银牌2枚、铜牌3枚）排名在奖牌榜的第三位（见表128）。

表128　1982—2017年世界蹦床锦标赛男子小蹦床团体项目奖牌榜

排序	国家/地区		金牌数	银牌数	铜牌数	奖牌总数
1	美国	USA	3	6	4	13
2	加拿大	CAN	4	3	3	10
3	澳大利亚	AUS	4	2	3	9
4	葡萄牙	POR	3	1	2	6
5	俄罗斯	RUS	3	1	0	4
6	德国	GER	1	1	1	3

续表

排序	国家/地区		金牌数	银牌数	铜牌数	奖牌总数
6	西德	FRG	0	1	2	3
8	西班牙	ESP	0	1	1	2
8	英国	GBR	0	0	2	2
10	新西兰	NZL	1	0	0	1
10	保加利亚	BUL	0	1	0	1
10	巴西	BRA	0	1	0	1

　　从1964—2018年世界蹦床锦标赛男子网上单人项目的比赛结果来看，共有56名运动员进入了世界蹦床锦标赛男子网上单人项目奖牌榜。其中中国运动员董栋以奖牌总数8枚（金牌3枚、银牌4枚、铜牌1枚）排名在世界蹦床锦标赛男子网上单人项目奖牌榜的第一位，俄罗斯运动员莫斯卡伦科以奖牌总数6枚（金牌5枚、银牌1枚）排名在奖牌榜的第二位，美国运动员米勒以奖牌总数4枚（金牌2枚、铜牌2枚）与日本运动员鸠山由纪夫（银牌1枚、铜牌3枚）并列排名在奖牌榜的第三位（见表129）。

表129　1964—2018年世界蹦床锦标赛男子网上单人项目奖牌榜前三名一览

排序	运动员姓名		国家/地区		金牌数	银牌数	铜牌数	奖牌总数
1	董栋	DONG Dong	中国	CHN	3	4	1	8
2	莫斯卡伦科	MOSKALENKO Alexander	俄罗斯	RUS	5	1	0	6
3	米勒	MILLER Wayne	美国	USA	2	0	2	4

续表

排序	运动员姓名		国家/地区		金牌数	银牌数	铜牌数	奖牌总数
3	鸠山由纪夫	UEYAMA Yasuhiro	日本	JPN	0	1	3	4

从1965 — 2018年世界蹦床锦标赛男子网上同步项目的比赛结果来看，共有113名运动员进入了世界蹦床锦标赛男子网上同步项目奖牌榜。其中白俄罗斯运动员哈沙克以奖牌总数7枚（金牌2枚、银牌4枚、铜牌1枚）排名在世界蹦床锦标赛男子网上同步项目奖牌榜的第一位，俄罗斯运动员莫斯卡伦科以奖牌总数5枚（金牌4枚、银牌1枚）与日本运动员鸠山由纪夫（金牌3枚、银牌1枚、铜牌1枚）并列排名在奖牌榜的第二位（见表130）。

表130   1965—2018年世界蹦床锦标赛男子网上同步项目奖牌榜前三名一览

排序	运动员姓名		国家/地区		金牌数	银牌数	铜牌数	奖牌总数
1	哈沙克	KAZAK Nikolai	白俄罗斯	BLR	2	4	1	7
2	莫斯卡伦科	MOSKALENKO Alexander	俄罗斯	RUS	4	1	0	5
2	鸠山由纪夫	UEYAMA Yasuhiro	日本	JPN	3	1	1	5

从1965 — 2018年世界蹦床锦标赛男子单跳项目的比赛结果来看，共有57名运动员进入了世界蹦床锦标赛男子单跳项目奖牌榜。其中中国运动员宋阳以奖牌总数5枚（金牌3枚、银牌2枚）排名在世界蹦床锦标赛男子单跳项目奖牌榜的第一位；美国运动员埃利沃特以奖牌总数3枚（金

牌2枚、银牌1枚）与法国运动员埃乌藏，中国运动员张阔，俄罗斯运动员彼得罗坎、穆尔塔扎耶夫、克雷洛夫6人并列排名在奖牌榜的第二位（见表131）。

表131　1965—2018年世界蹦床锦标赛男子单跳项目奖牌榜前三名一览

排序	运动员姓名		国家/地区		金牌数	银牌数	铜牌数	奖牌总数
1	宋阳	SONG Yang	中国	CHN	3	2	0	5
2	埃利沃特	ELLIOTT Steve	美国	USA	2	1	0	3
2	埃乌藏	EOUZAN Pascal	法国	FRA	2	0	1	3
2	彼得罗坎	PETROCHAN Levon	俄罗斯	RUS	2	0	1	3
2	穆尔塔扎耶夫	MURTAZAEV Tagir	俄罗斯	RUS	1	1	1	3
2	张阔	ZHANG Kuo	中国	CHN	1	0	2	3
2	克雷洛夫	KRYLOV Andrey	俄罗斯	RUS	1	0	2	3

从1976—2018年世界蹦床锦标赛男子小蹦床项目的比赛结果来看，共有47名运动员进入了世界蹦床锦标赛男子小蹦床项目奖牌榜。其中澳大利亚运动员奥斯丁以奖牌总数6枚（金牌3枚、银牌1枚、铜牌2枚）排名在世界蹦床锦标赛男子小蹦床项目奖牌榜的第一位，俄罗斯运动员扎罗明以奖牌总数5枚（金牌4枚、银牌1枚）排名在奖牌榜的第二位，美国运动员惠特以奖牌总数4枚（金牌1枚、银牌3枚）排名在奖牌榜的第三位（见表132）。

表 132　1976—2018 年世界蹦床锦标赛男子小蹦床项目奖牌榜前三名一览

排序	运动员姓名		国家/地区		金牌数	银牌数	铜牌数	奖牌总数
1	奥斯丁	AUSTINE Brett	澳大利亚	AUS	3	1	2	6
2	扎罗明	ZALOMIN Mikhail	俄罗斯	RUS	4	1	0	5
3	惠特	WHITE Austin	美国	USA	1	3	0	4

3.1964—2018 年世界蹦床锦标赛女子项目金牌分布态势与分析

从 1964 — 2018 年世界蹦床锦标赛的金牌榜来看，共有 19 个国家和地区的运动员进入了世界蹦床锦标赛女子项目金牌榜。其中美国运动员以金牌总数 38 枚排名在世界蹦床锦标赛女子项目金牌榜的第一位，俄罗斯运动员以金牌总数 37 枚排名在金牌榜的第二位，中国运动员以金牌总数 28 枚排名在金牌榜的第三位（见图 46）。

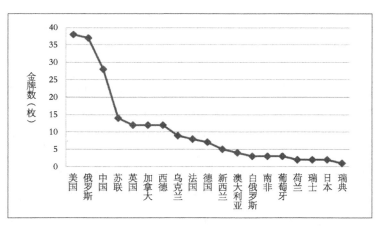

图 46　1964 — 2018 年世界蹦床锦标赛女子项目金牌榜

从1964—2018年世界蹦床锦标赛女子个人项目的金牌榜来看，共有183名运动员榜上有名。其中俄罗斯运动员卡拉瓦耶娃以金牌总数12枚位居世界蹦床锦标赛女子个人项目金牌榜之首；中国运动员贾芳芳、钟杏萍，美国运动员威尔斯3人均以金牌总数9枚并列排名在金牌榜的第二位（见表133）。

表133 1964—2018年世界蹦床锦标赛女子个人项目金牌榜前三名一览

排序	运动员姓名		国家/地区		金牌数	获奖时间
1	卡拉瓦耶娃	KARAVAEVA Irina	俄罗斯	RUS	12	1994、1994、1996、1998、1998、1999、1999、2003、2005、2005、2007、2010
2	贾芳芳	JIA Fangfang	中国	CHN	9	2011、2011、2013、2013、2015、2015、2017、2017、2018
2	威尔斯	WILLS Judy	美国	USA	9	1964、1965、1965、1966、1966、1966、1967、1967、1968
2	钟杏萍	ZHONG Xingping	中国	CHN	9	2005、2007、2009、2009、2011、2015、2015、2017、2017

从1982—2017年世界蹦床锦标赛女子个人团体项目的金牌榜来看，共有6个国家和地区的运动员榜上有名。其中中国运动员以金牌总数6枚名列世界蹦床锦标赛女子个人团体项目金牌榜之首，俄罗斯运动员以金牌总数5枚排名在金牌榜的第二位，苏联运动员和英国运动员均以金牌总数3枚并列排名在金牌榜的第三位（见表134）。

表 134   1982—2017 年世界蹦床锦标赛女子个人团体项目金牌榜

排序	国家/地区		金牌数	获奖时间
1	中国	CHN	6	2005、2007、2009、2011、2015、2017
2	俄罗斯	RUS	5	1994、1996、1998、1999、2003
3	苏联	URS	3	1986、1988、1990
3	英国	GBR	3	1984、1992、2013
5	乌克兰	UKR	1	2001
5	西德	FRG	1	1982

从 1982 — 2017 年世界蹦床锦标赛女子单跳团体项目的金牌榜来看，共有 5 个国家和地区的运动员榜上有名。其中俄罗斯运动员以金牌总数 5 枚名列世界蹦床锦标赛女子单跳团体项目金牌榜之首，中国运动员、美国运动员、法国运动员均以金牌总数 4 枚并列排名在金牌榜的第二位（见表 135）。

表 135   1982—2017 年世界蹦床锦标赛女子单跳团体项目金牌榜

排序	国家/地区		金牌数	获奖时间
1	俄罗斯	RUS	5	1998、1999、2001、2005、2009
2	美国	USA	4	1982、1984、1988、2007
2	法国	FRA	4	1990、1992、1994、1996
2	中国	CHN	4	2011、2013、2015、2017
5	英国	GBR	1	2003

从1982—2017年世界蹦床锦标赛女子小蹦床团体项目的金牌榜来看，共有7个国家和地区的运动员榜上有名。其中俄罗斯运动员以金牌总数5枚名列世界蹦床锦标赛女子小蹦床团体项目金牌榜之首，美国运动员以金牌总数4枚排名在金牌榜的第二位，葡萄牙运动员、新西兰运动员、加拿大运动员、澳大利亚运动员均以金牌总数2枚并列排名在金牌榜的第三位（见表136）。

表136　1982—2017年世界蹦床锦标赛女子小蹦床团体项目金牌榜

排序	国家/地区		金牌数	获奖时间
1	俄罗斯	RUS	5	2001、2003、2007、2009、2017
2	美国	USA	4	1982、1994、1996、2013
3	葡萄牙	POR	2	1999、2005
3	新西兰	NZL	2	1990、1998
3	加拿大	CAN	2	2011、2015
3	澳大利亚	AUS	2	1984、1988
7	西德	FRG	1	1986

从1964—2018年世界蹦床锦标赛女子网上单人项目的金牌榜来看，共有20名运动员榜上有名。其中美国运动员威尔斯和俄罗斯运动员卡拉瓦耶娃均以金牌总数5枚名列世界蹦床锦标赛女子网上单人项目金牌榜之首，美国运动员尼科尔森、中国运动员李丹、加拿大运动员麦克伦南、俄罗斯运动员梅尔库诺娃、瑞士运动员科勒尔5人均以金牌总数2枚并列排名在金牌榜的第三位（见表137）。

表 137   1964—2018 年世界蹦床锦标赛女子网上单人项目金牌榜前三名一览

排序	运动员姓名		国家/地区		金牌数	获奖时间
1	威尔斯	WILLS Judy	美国	USA	5	1964、1965、1966、1967、1968
1	卡拉瓦耶娃	KARAVAEVA Irina	俄罗斯	RUS	5	1994、1998、1999、2005、2007
3	尼科尔森	NICHOLSON Alexandra	美国	USA	2	1972、1974
3	李丹	LI Dan	中国	CHN	2	2010、2015
3	麦克伦南	MACLENNAN Rosannagh	加拿大	CAN	2	2013、2018
3	梅尔库诺娃	MERKULOVA Elena	俄罗斯	RUS	2	1990、1992
3	科勒尔	KELLER Ruth	瑞士	SUI	2	1980、1982

从 1966 — 2018 年世界蹦床锦标赛女子网上同步项目的金牌榜来看，共有 47 名运动员榜上有名。其中中国运动员钟杏萍，乌克兰运动员齐胡列娃、莫夫坎 3 人均以金牌总数 3 枚并列排名在世界蹦床锦标赛女子网上同步项目金牌榜之首（见表 138）。

表 138   1966—2018 年世界蹦床锦标赛女子网上同步项目金牌榜首位一览

排序	运动员姓名		国家/地区		金牌数	获奖时间
1	钟杏萍	ZHONG Xingping	中国	CHN	3	2009、2015、2017
1	齐胡列娃	TSYHULEVA Oxana	乌克兰	UKR	3	1996、1999、2001
1	莫夫坎	MOVCHAN Olena	乌克兰	UKR	3	1996、1999、2001

从1965—2018年世界蹦床锦标赛女子单跳项目的金牌榜来看，共有
12名运动员榜上有名。其中中国运动员贾芳芳以金牌总数5枚排名在世界
蹦床锦标赛女子单跳项目金牌榜之首，俄罗斯运动员科罗贝尼科娃和法国
运动员罗伯特均以金牌总数4枚并列排名在金牌榜的第二位（见表139）。

表 139　1965—2018 年世界蹦床锦标赛女子单跳项目金牌榜前三名一览

排序	运动员姓名		国家/地区		金牌数	获奖时间
1	贾芳芳	JIA Fangfang	中国	CHN	5	2011、2013、2015、2017、2018
2	科罗贝尼科娃	KOROBEYNIKOVA Anna	俄罗斯	RUS	4	2005、2007、2009、2010
2	罗伯特	ROBERT Chrystel	法国	FRA	4	1990、1992、1994、1996

从1976—2018年世界蹦床锦标赛女子小蹦床项目的金牌榜来看，共
有20名运动员榜上有名。其中新西兰运动员沃克以金牌总数3枚排名在
世界蹦床锦标赛女子小蹦床项目金牌榜之首；美国运动员若什、赫尼斯，
加拿大运动员查尔斯均以金牌总数2枚并列排名在金牌榜的第二位（见表
140）。

表 140　1976—2018 年世界蹦床锦标赛女子小蹦床项目金牌榜前三名一览

排序	运动员姓名		国家/地区		金牌数	获奖时间
1	沃克	WALKER Kylie	新西兰	NZL	3	1992、1994、1998
2	若什	JAUCH Erin	美国	USA	2	2014、2015

续表

排序	运动员姓名		国家/地区		金牌数	获奖时间
2	赫尼斯	HENNESSEY Leigh	美国	USA	2	1976、1978
2	查尔斯	CHARLES Sarah	加拿大	CAN	2	2003、2007

4.1964—2018 年世界蹦床锦标赛女子项目奖牌分布态势与分析

从世界蹦床锦标赛的奖牌榜来看，共有 27 个国家和地区的运动员进入了世界蹦床锦标赛女子项目奖牌榜。其中美国运动员以奖牌总数 98 枚（金牌 38 枚、银牌 34 枚、铜牌 26 枚）排名在世界蹦床锦标赛女子项目奖牌榜的第一位，俄罗斯运动员以奖牌总数 79 枚（金牌 37 枚、银牌 21 枚、铜牌 21 枚）名列奖牌榜的第二位，英国运动员以奖牌总数 59 枚（金牌 12 枚、银牌 23 枚、铜牌 24 枚）位居奖牌榜的第三名（见图 47）。

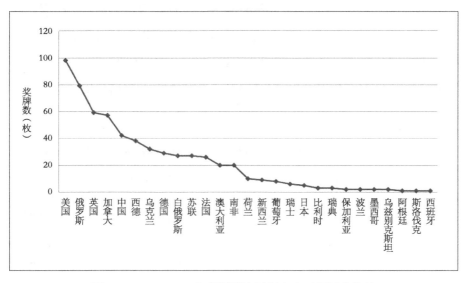

图 47   1964 — 2018 年世界蹦床锦标赛女子项目奖牌榜

从1964 — 2018年世界蹦床锦标赛女子个人项目的奖牌榜来看，共有461名运动员进入了世界蹦床锦标赛女子个人项目奖牌榜。其中俄罗斯运动员卡拉瓦耶娃以奖牌总数19枚（金牌12枚、银牌5枚、铜牌2枚）排名在世界蹦床锦标赛女子个人项目奖牌榜的第一位，另一名俄罗斯运动员科罗贝尼科娃以奖牌总数16枚（金牌8枚、银牌5枚、铜牌3枚）与加拿大运动员麦克伦南（金牌3枚、银牌9枚、铜牌4枚）并列排名在奖牌榜的第二位（见表141）。

表 141　1964—2018 年世界蹦床锦标赛女子个人项目奖牌榜前三名一览

排序	运动员姓名		国家/地区		金牌数	银牌数	铜牌数	合计
1	卡拉瓦耶娃	KARAVAEVA Irina	俄罗斯	RUS	12	5	2	19
2	科罗贝尼科娃	KOROBEYNIKOVA Anna	俄罗斯	RUS	8	5	3	16
2	麦克伦南	MACLENNAN Rosannagh	加拿大	CAN	3	9	4	16

从1982 — 2017年世界蹦床锦标赛女子个人团体项目的奖牌榜来看，共有13个国家和地区的运动员榜上有名。其中英国运动员以奖牌总数11枚（金牌3枚、银牌5枚、铜牌3枚）排名在世界蹦床锦标赛女子个人团体项目奖牌榜的第一位，俄罗斯运动员以奖牌总数9枚（金牌5枚、银牌2枚、铜牌2枚）排名在奖牌榜的第二位，中国运动员以奖牌总数7枚（金牌6枚、银牌1枚）排名在奖牌榜的第三位（见表142）。

表 142　1982—2017 年世界蹦床锦标赛女子个人团体项目奖牌榜

排序	国家/地区		金牌数	银牌数	铜牌数	奖牌总数
1	英国	GBR	3	5	3	11
2	俄罗斯	RUS	5	2	2	9
3	中国	CHN	6	1	0	7
4	白俄罗斯	BLR	0	3	3	6
5	乌克兰	UKR	1	3	1	5
5	西德	FRG	1	1	3	5
5	加拿大	CAN	0	2	3	5
8	苏联	URS	3	0	0	3
9	德国	GER	0	2	0	2
10	美国	USA	0	0	1	1
10	荷兰	NED	0	0	1	1
10	法国	FRA	0	0	1	1
10	澳大利亚	AUS	0	0	1	1

　　从 1982 — 2017 年世界蹦床锦标赛女子单跳团体项目的奖牌榜来看，共有 10 个国家和地区的运动员榜上有名。其中法国运动员以奖牌总数 11 枚（金牌 4 枚、银牌 3 枚、铜牌 4 枚）排名在世界蹦床锦标赛女子单跳团体项目奖牌榜的第一位，俄罗斯运动员以奖牌总数 10 枚（金牌 5 枚、银牌 4 枚、铜牌 1 枚）与美国运动员（金牌 4 枚、银牌 5 枚、铜牌 1 枚）并列排名在奖牌榜的第二位（见表 143）。

表 143 1982—2017 年世界蹦床锦标赛女子单跳团体项目奖牌榜

排序	国家/地区		金牌数	银牌数	铜牌数	奖牌总数
1	法国	FRA	4	3	4	11
2	俄罗斯	RUS	5	4	1	10
2	美国	USA	4	5	1	10
4	英国	GBR	1	2	3	6
4	加拿大	CAN	0	2	4	6
6	中国	CHN	4	0	0	4
7	比利时	BEL	0	1	2	3
8	乌克兰	UKR	0	1	1	2
9	南非	RSA	0	0	1	1
9	澳大利亚	AUS	0	0	1	1

从1982—2017年世界蹦床锦标赛女子小蹦床团体项目的奖牌榜来看，共有9个国家和地区的运动员榜上有名。其中美国运动员以奖牌总数12枚（金牌4枚、银牌2枚、铜牌6枚）排名在世界蹦床锦标赛女子小蹦床团体项目奖牌榜的第一位，加拿大运动员以奖牌总数9枚（金牌2枚、银牌4枚、铜牌3枚）与澳大利亚运动员（金牌2枚、银牌4枚、铜牌3枚）并列排名在奖牌榜的第二位（见表144）。

表 144 1982—2017 年世界蹦床锦标赛女子小蹦床团体项目奖牌榜

排序	国家/地区		金牌数	银牌数	铜牌数	奖牌总数
1	美国	USA	4	2	6	12

排序	国家/地区		金牌数	银牌数	铜牌数	奖牌总数
2	加拿大	CAN	2	4	3	9
2	澳大利亚	AUS	2	4	3	9
4	俄罗斯	RUS	5	0	1	6
5	葡萄牙	POR	2	2	1	5
5	新西兰	NZL	2	2	1	5
7	西德	FRG	1	1	1	3
7	德国	GER	0	1	2	3
9	英国	GBR	0	2	0	2

　　从1964—2018年世界蹦床锦标赛女子网上单人项目的比赛结果来看，共有54名运动员进入了世界蹦床锦标赛女子网上单人项目奖牌榜。其中俄罗斯运动员卡拉瓦耶娃以奖牌总数7枚（金牌5枚、银牌2枚）排名在世界蹦床锦标赛女子网上单人项目奖牌榜的首位，加拿大运动员麦克伦南以奖牌总数6枚（金牌2枚、银牌2枚、铜牌2枚）排名在奖牌榜的第二位，美国运动员威尔斯以5枚金牌与德国运动员多戈纳泽（金牌1枚、铜牌4枚）并列排名在奖牌榜的第三位（见表145）。

表145　1964—2018年世界蹦床锦标赛女子网上单人项目奖牌榜前三名一览

排序	运动员姓名		国家/地区		金牌数	银牌数	铜牌数	奖牌总数
1	卡拉瓦耶娃	KARAVAEVA Irina	俄罗斯	RUS	5	2	0	7
2	麦克伦南	MACLENNAN Rosannagh	加拿大	CAN	2	2	2	6

续表

排序	运动员姓名		国家/地区		金牌数	银牌数	铜牌数	奖牌总数
3	威尔斯	WILLS Judy	美国	USA	5	0	0	5
3	多戈纳泽	DOGONADZE Anna	德国	GER	1	0	4	5

从1966—2018年世界蹦床锦标赛女子网上同步项目的比赛结果来看，共有101名运动员进入了世界蹦床锦标赛女子网上同步项目奖牌榜。其中乌克兰运动员莫夫坎以奖牌总数7枚（金牌3枚、银牌2枚、铜牌2枚）与德国运动员多戈纳泽（金牌2枚、银牌3枚、铜牌2枚）并列排名在世界蹦床锦标赛女子网上同步项目奖牌榜的首位，加拿大运动员麦克伦南以奖牌总数6枚（金牌1枚、银牌5枚）排名在奖牌榜的第三位（见表146）。

表146 1966—2018年世界蹦床锦标赛女子网上同步项目奖牌榜前三名一览

排序	运动员姓名		国家/地区		金牌数	银牌数	铜牌数	奖牌总数
1	莫夫坎	MOVCHAN Olena	乌克兰	UKR	3	2	2	7
1	多戈纳泽	DOGONADZE Anna	德国	GER	2	3	2	7
3	麦克伦南	MACLENNAN Rosannagh	加拿大	CAN	1	5	0	6

从1965—2018年世界蹦床锦标赛女子单跳项目的比赛结果来看，共有48名运动员进入了世界蹦床锦标赛女子单跳项目奖牌榜。其中俄罗斯运动员科罗博涅克以奖牌总数8枚（金牌4枚、银牌2枚、铜牌2枚）排名在世界蹦床锦标赛女子单跳项目奖牌榜的首位，法国运动员罗伯特以奖牌

总数6枚（金牌4枚、银牌1枚、铜牌1枚）排名在奖牌榜的第二位，中国运动员贾芳芳以5枚金牌排名在奖牌榜的第三位（见表147）。

表 147 1965—2018 年世界蹦床锦标赛女子单跳项目奖牌榜前三名一览

排序	运动员姓名		国家/地区		金牌数	银牌数	铜牌数	奖牌总数
1	科罗博涅克	KOROBEYNIKOVA Anna	俄罗斯	RUS	4	2	2	8
2	罗伯特	ROBERT Chrystel	法国	FRA	4	1	1	6
3	贾芳芳	JIA Fangfang	中国	CHN	5	0	0	5

从1976 — 2018年世界蹦床锦标赛女子小蹦床项目的比赛结果来看，共有49名运动员进入了世界蹦床锦标赛女子小蹦床项目奖牌榜。其中新西兰运动员沃克以奖牌总数4枚（金牌3枚、银牌1枚）与西德运动员德雷尔（金牌1枚、银牌1枚、铜牌2枚）并列排名在世界蹦床锦标赛女子小蹦床项目奖牌榜的首位，俄罗斯运动员巴兰蒂娜以奖牌总数3枚（金牌、银牌、铜牌各1枚）与瑞典运动员绍贝格（金牌1枚、铜牌2枚）、美国运动员费尔柴尔德（金牌1枚、铜牌2枚）、英国运动员肖尔特（银牌2枚、铜牌1枚）并列排名在奖牌榜的第三位（见表148）。

表 148 1976—2018 年世界蹦床锦标赛女子小蹦床项目奖牌榜前三名一览

排序	运动员姓名		国家/地区		金牌数	银牌数	铜牌数	奖牌总数
1	沃克	WALKER Kylie	新西兰	NZL	3	1	0	4
1	德雷尔	DREIER Gabriele	西德	FRG	1	1	2	4

排序	运动员姓名		国家/地区		金牌数	银牌数	铜牌数	奖牌总数
3	巴兰蒂娜	BALANDINA Svetlana	俄罗斯	RUS	1	1	1	3
3	绍贝格	SJOEBERG Lina	瑞典	SWE	1	0	2	3
3	费尔柴尔德	FAIRCHILD Bethany	美国	USA	1	0	2	3
3	肖尔特	SHORT Jasmin	英国	GBR	0	2	1	3

四、世界技巧锦标赛（Acrobatic Gymnastics World Championships）概览

（一）世界技巧运动发展简况

技巧作为一项体育运动，可以追溯到远古时期。大约在4000年前，技巧动作就出现在古希腊人和古罗马人庆贺节日的表演活动之中。已发掘出的古希腊两耳细颈酒罐、坛子、其他陶制品等文物上就刻印着诸多技巧动作；在古罗马巡游艺人的表演节目中，技巧动作充当着"主角"。在古老的华夏大地上，技巧动作在新石器时代就已出现，而且动作难度甚高。这一点可以从云南沧源岩画中的"人叠人"（即现代技巧中的"双人站肩平衡""站桥平衡"和"空翻下"）等动作中得到证实。18世纪末，技巧运动进入了马戏场，成为主要节目。之后，技巧运动朝着两个方向发展：一是马戏场的杂技表演，二是业余的体育运动。

现代技巧运动起源于欧洲。早在1932年第10届洛杉矶奥运会上，技巧就是正式比赛项目。1939年，苏联将技巧运动列为正式的比赛项目，

并于同年举行了首届全国技巧比赛。在随后的1942—1945年，技巧运动
在德国、波兰、保加利亚和其他许多国家得到广泛开展。

　　1957年10月11日，由波兰、保加利亚和苏联联合发起的首次国际技
巧比赛在华沙举行。苏联、保加利亚、波兰和东德派代表队参加了比赛，
匈牙利、罗马尼亚派代表观摩了比赛。参加这次比赛的各国（地区）代表
通过认真讨论，认为有必要组织国际性比赛。在保加利亚和波兰的倡议
下，关于成立国际技巧联合会的第一次筹备委员会联席会议于1973年1月
28日—2月3日在索非亚的巴尔干旅馆召开，苏联、保加利亚、波兰等国
家（地区）派代表出席了会议，代表们在为期一周的时间内讨论了大会的
议事日程、国际技巧联合会的组织机构等事项，并将草拟的国际技巧技术
规程、评分规则、有关章程，以及国际技联的会旗、会徽等印制成册提交
大会讨论。筹委会将确定的所有文件分别发至25个国家（地区），并邀
请这些国家（地区）参加国际技巧联合会代表大会。

　　1973年11月22—23日，有10个国家（地区）参加的国际技巧联合
会（International Federation of Sports Acrobatics，IFSA）在莫斯科宣告成

立。在国际技巧联合会的领导下，现代技巧运动进入了新的发展历程。1984年，在举行于瑞士洛桑的第91届国际奥委会代表大会上，技巧运动被列为奥委会承认项目。1997年，在曼彻斯特会议上，鉴于蹦床的男女网上单人项目已成为2000年奥运会的正式比赛项目，与会代表们同意将原属于技巧7个单项（女子单跳、男子单跳、女子双人、男子双人、混合双人、女子三人和男子四人）中的男、女单跳项目划归于蹦床项目。同时，随着1999年1月1日国际技巧联合会与国际体操联合会合并协议的正式生效，世界技巧运动在世纪之交也揭开了发展史的新的一页。由此，成立于1973年的国际技巧联合会在26年的发展历程中，共举办了15届世界技巧锦标赛和10届技巧世界杯比赛，由成立之初的10个成员协会壮大为55个之后也宣告解散。自此，技巧运动与竞技体操、艺术体操、蹦床、健美操、大众体操一起归属到国际体操联合会，世界技巧锦标赛也成为国际体操联合会的主要赛事之一。1999年在比利时的根特市举行的第16届世界技巧锦标赛就是在国际体操联合会的领导下首次举办的，得到了国际体操联合会的极大关注，时任主席布鲁诺·格兰迪先生观看了4天的全部比赛，时任副主席汉斯先生担任仲裁委员会主任并参与了整个比赛的领导工作。

1999年4月8日，时任国际体操联合会主席格兰迪先生
（左）与时任国际技巧联合会主席索蒂诺夫索先生签署
协议（引自国际体联网站）

（二）世界技巧锦标赛举办时间与地点

世界技巧锦标赛在1974 — 2018年已举行了26届（见表149）。1974 —
1994年，世界技巧锦标赛每两年举办一届，在偶数年举行，共举行了11
届；从1995年开始变化为每年举办一届，到2000年共举行了6届；此后
又恢复为每两年举办一届，在偶数年举行，到2018年共举行了9届。

40多年以来世界技巧锦标赛举行地点的统计结果显示，美洲、欧洲
和亚洲的11个国家和地区举办过世界技巧锦标赛，其中德国、波兰和法
国3个国家均已举办过4届，英国和比利时举办过3届，保加利亚和中国
举办过2届，苏联、白俄罗斯、葡萄牙、美国等各举办过1届。

表 149　1974—2018 年世界技巧锦标赛举办时间及地点一览

赛事时间	国家/城市	赛事名称
1974	苏联/莫斯科	第1届世界技巧锦标赛

续表

赛事时间	国家/城市	赛事名称
1976	联邦德国/萨尔布吕肯	第2届世界技巧锦标赛
1978	保加利亚/索非亚	第3届世界技巧锦标赛
1980	波兰/波兹南	第4届世界技巧锦标赛
1982	英国/伦敦、温布利	第5届世界技巧锦标赛
1984	保加利亚/索非亚	第6届世界技巧锦标赛
1986	法国/雷恩	第7届世界技巧锦标赛
1988	比利时/安特卫普	第8届世界技巧锦标赛
1990	联邦德国/奥格斯堡	第9届世界技巧锦标赛
1992	法国/雷恩	第10届世界技巧锦标赛
1994	中国/北京	第11届世界技巧锦标赛
1995	波兰/弗罗茨瓦夫	第12届世界技巧锦标赛
1996	德国/里萨	第13届世界技巧锦标赛
1997	英国/曼彻斯特	第14届世界技巧锦标赛
1998	白俄罗斯/明斯克	第15届世界技巧锦标赛
1999	比利时/根特	第16届世界技巧锦标赛
2000	波兰/弗罗茨瓦夫	第17届世界技巧锦标赛
2002	德国/里萨	第18届世界技巧锦标赛
2004	法国/利维	第19届世界技巧锦标赛
2006	葡萄牙/科英布拉	第20届世界技巧锦标赛
2008	英国/格拉斯哥	第21届世界技巧锦标赛

赛事时间	国家/城市	赛事名称
2010	波兰/弗罗茨瓦夫	第22届世界技巧锦标赛
2012	美国/布埃纳维斯塔	第23届世界技巧锦标赛
2014	法国/巴黎	第24届世界技巧锦标赛
2016	中国/莆田	第25届世界技巧锦标赛
2018	比利时/安特卫普	第26届世界技巧锦标赛

（三）世界技巧锦标赛比赛项目的设置与变化

从世界技巧锦标赛40多年来的发展历程中可以看出，在竞赛项目的设置方面，从1974年第1届世界技巧锦标赛到1998年第15届世界技巧锦标赛的20多年间，竞赛项目设置为男子单跳、女子单跳、男子双人、女子双人、混合双人、女子三人和男子四人共7个大项，以及静力性套路、动力性套路和全能比赛共21个小项；从1999年第16届世界技巧锦标赛到2000年第17届世界技巧锦标赛期间，竞赛项目减少为5个大项及15个小项，即男子单跳和女子单跳两个项目从世界技巧锦标赛中消失；从2002年第18届世界技巧锦标赛开始，竞赛项目虽然仍保持为5个大项，奖牌设置却减少了，即在对全能优胜者（单套奖牌成了历史）进行奖励的基础上增加了团体奖牌（见表150）。

表 150　1974—2018 年世界技巧锦标赛竞赛项目设置一览

年份	男子单跳			女子单跳			男子双人			女子双人			混合双人			女子三人			男子四人		
	静	动	全	静	动	全	静	动	全	静	动	全	静	动	全	静	动	全	静	动	全
1974	√	√	√	√	√	√	√	√	√	√	√	√	√	√	√	√	√	√	√	√	√

续表

年份	男子单跳			女子单跳			男子双人			女子双人			混合双人			女子三人			男子四人		
	静	动	全	静	动	全	静	动	全	静	动	全	静	动	全	静	动	全	静	动	全
1976	√	√	√	√	√	√	√	√	√	√	√	√	√	√	√	√	√	√	√	√	√
1978	√	√	√	√	√	√	√	√	√	√	√	√	√	√	√	√	√	√	√	√	√
1980	√	√	√	√	√	√	√	√	√	√	√	√	√	√	√	√	√	√	√	√	√
1982	√	√	√	√	√	√	√	√	√	√	√	√	√	√	√	√	√	√	√	√	√
1984	√	√	√	√	√	√	√	√	√	√	√	√	√	√	√	√	√	√	√	√	√
1986	√	√	√	√	√	√	√	√	√	√	√	√	√	√	√	√	√	√	√	√	√
1988	√	√	√	√	√	√	√	√	√	√	√	√	√	√	√	√	√	√	√	√	√
1990	√	√	√	√	√	√	√	√	√	√	√	√	√	√	√	√	√	√	√	√	√
1992	√	√	√	√	√	√	√	√	√	√	√	√	√	√	√	√	√	√	√	√	√
1994	√	√	√	√	√	√	√	√	√	√	√	√	√	√	√	√	√	√	√	√	√
1995	√	√	√	√	√	√	√	√	√	√	√	√	√	√	√	√	√	√	√	√	√
1996	√	√	√	√	√	√	√	√	√	√	√	√	√	√	√	√	√	√	√	√	√
1997	√	√	√	√	√	√	√	√	√	√	√	√	√	√	√	√	√	√	√	√	√
1998	√	√	√	√	√	√	√	√	√	√	√	√	√	√	√	√	√	√	√	√	√
1999							√	√	√	√	√	√	√	√	√	√	√	√	√	√	√
2000							√	√	√	√	√	√	√	√	√	√	√	√	√	√	√
2002									√			√			√			√			√
2004									√			√			√			√			√
2006									√			√			√			√			√

年份	男子单跳			女子单跳			男子双人			女子双人			混合双人			女子三人			男子四人		
	静	动	全	静	动	全	静	动	全	静	动	全	静	动	全	静	动	全	静	动	全
2008									√			√			√			√			√
2010									√			√			√			√			√
2012									√			√			√			√			√
2014									√			√			√			√			√
2016									√			√			√			√			√
2018									√			√			√			√			√

注：表中"静"指静力性套路，"动"指动力性套路，"全"指全能。

（四）世界技巧锦标赛参赛国家（地区）数量变化态势

1974年第1届世界技巧锦标赛到2018年第26届世界技巧锦标赛参赛国家和地区的数量变化呈现出一种从逐渐增长到相对稳定的态势，即经过多年的发展，参赛国家和地区由最初的8个增长到两位数，到1996年第13届世界技巧锦标赛时参赛国家和地区达到了最高峰的27个，之后参赛国家和地区基本保持在20个左右。2010年第22届世界技巧锦标赛之后，参赛国家和地区一直保持在20个以上（见图48）。

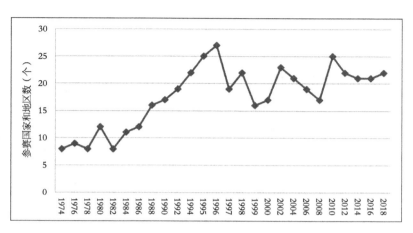

图48 1974 — 2018年世界技巧锦标赛参赛国家和地区数量变化态势

从世界技巧锦标赛参赛运动员数量变化来看，40多年以来呈现出一种从上升到相对稳定的起伏态势，即参赛运动员数量由1974年第1届的85人增长到1992年第10届的210人，再到1996年第13届达到231人的最大值。从1997年第14届世界技巧锦标赛开始到2018年第26届世界技巧锦标赛的20多年间，参赛运动员数量一直保持在150人左右（见图49）。

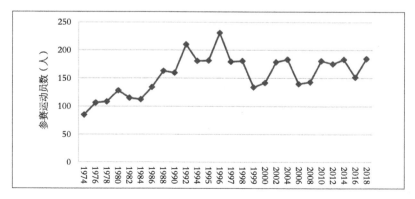

图49 1974 — 2018年世界技巧锦标赛参赛运动员人数变化态势

（五）世界技巧锦标赛参赛国家（地区）奖牌分布

1. 1974—2018年世界技巧锦标赛金牌分布与分析

从世界技巧锦标赛的金牌榜来看，共有13个国家和地区的运动员荣登金牌榜。其中俄罗斯运动员以金牌总数128枚位居世界技巧锦标赛金牌榜之首，苏联运动员以金牌总数101枚位居金牌榜的第二名，中国运动员以金牌总数67枚名列金牌榜的第三位（见图50）。

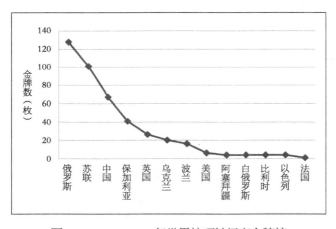

图50　1974—2018年世界技巧锦标赛金牌榜

从1974—2018年世界技巧锦标赛个人项目的比赛结果来看，共有303名运动员获得过世界技巧锦标赛个人项目的金牌。其中5名俄罗斯运动员切尔诺瓦、克里加诺夫斯基、斯特里诺瓦、罗奇诺瓦和古尔格尼泽均以金牌总数6枚并列排名在世界技巧锦标赛个人项目金牌榜的第一位（见表151）。

表 151　1974—2018 年世界技巧锦标赛个人项目金牌榜首位一览

排名	运动员姓名		国家/地区		金牌数（枚）	获奖时间
1	切尔诺瓦	CHERNOVA Marina	俄罗斯	RUS	6	2014、2014、2016、2016、2018、2018
1	克里加诺夫斯基	KRYGANOVSKIY Aleksey	俄罗斯	RUS	6	1992、1994、1995、1997、1998、1999
1	斯特里诺瓦	STROYNOVA Ekaterina	俄罗斯	RUS	6	2004、2004、2010、2010、2012、2012
1	罗奇诺瓦	LOGINOVA Ekaterina	俄罗斯	RUS	6	2004、2004、2010、2010、2012、2012
1	古尔格尼泽	GURGENIDZE Reva	俄罗斯	RUS	6	2006、2006、2010、2012、2014、2014

从 1974 — 2018 年世界技巧锦标赛男子双人项目的比赛结果来看，共有 31 名运动员获得过世界技巧锦标赛男子双人项目的金牌。其中中国运动员李仁杰和宋敏均以金牌总数 5 枚并列排名在世界技巧锦标赛男子双人项目金牌榜之首，苏联运动员利亚普诺夫以金牌总数 3 枚排名在金牌榜的第三位（见表 152）。

表 152　1974—2018 年世界技巧锦标赛男子双人项目金牌榜前三名一览

排名	运动员姓名		国家/地区		金牌数	获奖时间
1	李仁杰*	LI Renjie	中国	CHN	5	1995、1996、1997、1999、2002
1	宋敏*	SONG Min	中国	CHN	5	1995、1996、1997、1999、2002

排名	运动员姓名		国家/地区		金牌数	获奖时间
3	利亚普诺夫	LIAPUNOV Valeri	苏联	URS	3	1984、1986、1988

注：*国际体操联合会公布的世界技巧锦标赛男子双人项目的金牌榜统计有误，即将 RENJIE Li 和 MIN Song 获得的金牌数（1995、1997）与 SONG Min 和 LI Renjie 获得的金牌数（1996、2002）分开进行了统计。另外，宋敏和李仁杰在 1999 年第 16 届世界技巧锦标赛上获得的男子双人项目全能金牌被统计为银牌。故此，笔者在统计时进行了更正并列出了此表。

从 1974 — 2018 年世界技巧锦标赛女子双人项目的比赛结果来看，共有 34 名运动员获得过世界技巧锦标赛女子双人项目的金牌。其中 2 名苏联运动员库哈连科、提什申科，2 名俄罗斯运动员莫霍娃、洛帕金娜均以金牌总数 3 枚并列排名在世界技巧锦标赛女子双人项目金牌榜的第一位（见表 153）。

表 153　1974—2018 年世界技巧锦标赛女子双人项目金牌榜首位一览

排名	运动员姓名		国家/地区		金牌数	获奖时间
1	库哈连科	KUHARENKO Margarita	苏联	URS	3	1976、1978、1980
1	提什申科	TISHTSHENKO Nadjeda	苏联	URS	3	1976、1978、1980
1	莫霍娃	MOKHOVA Anna	俄罗斯	RUS	3	2000、2002、2004
1	洛帕金娜	LOPATKINA Yulia	俄罗斯	RUS	3	2000、2002、2004

从 1974 — 2018 年世界技巧锦标赛混合双人项目的比赛结果来看，共有 45 名运动员获得过世界技巧锦标赛混合双人项目的金牌。其中俄罗斯运动员切尔诺娃和保加利亚运动员米切夫均获得了 3 枚金牌，并列排名在

世界技巧锦标赛混合双人项目金牌榜的首位；俄罗斯运动员帕塔拉亚等9人均以金牌总数2枚并列排名在金牌榜的第三位（见表154）。

表 154 1974—2018年世界技巧锦标赛混合双人项目金牌榜前三名一览

排名	运动员姓名		国家/地区		金牌数	获奖时间
1	切尔诺娃	CHERNOVA Marina	俄罗斯	RUS	3	2014、2016、2018
1	米切夫	MINCHEV Dimitar	保加利亚	BUL	3	1978、1980、1982
3	帕塔拉亚	PATARAYA Georgy	俄罗斯	RUS	2	2016、2018
3	安杰洛娃	ANGELOVA Boyana	保加利亚	BUL	2	1980、1982
3	马卡列乔夫	MAKHALIECHEV Evgeni	苏联	URS	2	1984、1988
3	马尔琴科	MARCHENKO Yevgeni	苏联	URS	2	1986、1990
3	丽贝卡	LAW Rebecca	英国	GBR	2	1998、1999
3	格里菲斯	GRIFFITHS Neil	英国	GBR	2	1998、1999
3	古尔根尼泽	GURGENIDZE Revaz	俄罗斯	RUS	2	2006、2014
3	申尼娅	BOOTH Shenea	美国	USA	2	2002、2004
3	戴维斯	DAVIS Arthur	美国	USA	2	2002、2004

从1974—2018年世界技巧锦标赛女子三人项目的比赛结果来看，共有67名运动员获得过世界技巧锦标赛女子三人项目的金牌。其中有6人均获得了3枚金牌，即中国运动员王菊、周丹和吉晓璐，保加利亚运动员安

吉洛娃，俄罗斯运动员斯特里诺娃、罗奇诺娃，并列排名在世界技巧锦标赛女子三人项目金牌榜之首（见表155）。

表155　1974—2018年世界技巧锦标赛女子三人项目金牌榜首位一览

排名	运动员姓名		国家/地区		金牌数	获奖时间
1	王菊	WANG Ju	中国	CHN	3	1994、1995、1996
1	周丹	ZHOU Dan	中国	CHN	3	1994、1995、1996
1	吉晓璐	JI Xiaolu	中国	CHN	3	1994、1995、1996
1	安吉洛娃	ANGELOVA Boyana	保加利亚	BUL	3	1988、1990、1992
1	斯特里诺娃	STROYNOVA Ekaterina	俄罗斯	RUS	3	2004、2010、2012
1	罗奇诺娃	LOGINOVA Ekaterina	俄罗斯	RUS	3	2004、2010、2012

从1974—2018年世界技巧锦标赛男子四人项目的比赛结果来看，共有91名运动员获得过世界技巧锦标赛男子四人项目的金牌。其中4名苏联运动员伊兹梅洛夫、西蒙诺夫、比斯特罗夫、库拉莱索夫均以金牌总数4枚名列世界技巧锦标赛男子四人项目金牌榜的第一位（见表156）。

表156　1974—2018年世界技巧锦标赛男子四人项目金牌榜首位一览

排名	运动员姓名		国家/地区		金牌数	获奖时间
1	伊兹梅洛夫	IZMAILOV Kaliz	苏联	URS	4	1982、1984、1986、1988
1	西蒙诺夫	SIMONOV Vladimir	苏联	URS	4	1982、1984、1986、1988

续表

排名	运动员姓名		国家/地区		金牌数	获奖时间
1	比斯特罗夫	BISTROV Viktor	苏联	URS	4	1982、1984、1986、1988
1	库拉莱索夫	KURALESOV Viktor	苏联	URS	4	1982、1984、1986、1988

从1974—1999年世界技巧锦标赛男子单跳项目的比赛结果来看，共有9名运动员获得过世界技巧锦标赛男子单跳项目的金牌。其中俄罗斯运动员克里加诺夫斯基以金牌总数5枚名列世界技巧锦标赛男子单跳项目金牌榜的第一位，另外一名俄罗斯运动员伊格纳滕科夫和苏联运动员西库诺夫分别以金牌总数3枚和2枚排名在金牌榜的第二位和第三位（见表157）。

表157　1974—1999年世界技巧锦标赛男子单跳项目金牌榜前三名一览

排名	运动员姓名		国家/地区		金牌数	获奖时间
1	克里加诺夫斯基	KRYGANOVSKIY Aleksey	俄罗斯	RUS	5	1992、1994、1995、1998、1999
2	伊格纳滕科夫	IGNATENKOV Vladimir	俄罗斯	RUS	3	1995、1996、1997
3	西库诺夫	SIKUNOV Juri	苏联	URS	2	1974、1976

从1974—1999年世界技巧锦标赛女子单跳项目的比赛结果来看，共有12名运动员获得过世界技巧锦标赛女子单跳项目的金牌。其中排名在世界技巧锦标赛女子单跳项目金牌榜首位的是俄罗斯运动员拉赫曼诺娃和塔蒂安娜，以及苏联运动员格罗莫娃（见表158）。

表 158　1974—1999 年世界技巧锦标赛女子单跳项目金牌榜首位一览

排名	运动员姓名		国家/地区		金牌数（枚）	获奖时间
1	拉赫曼诺娃	RAHMANOVA Natalia	俄罗斯	RUS	2	1998、1999
1	格罗莫娃	GROMOVA Ludmilla	苏联	URS	2	1980、1984
1	塔蒂安娜	PANIVAN Tatiana	俄罗斯	RUS	2	1994、1995

2. 1974—2018 年世界技巧锦标赛奖牌分布与分析

1974—2018年，共有 18 个国家和地区的运动员进入了世界技巧锦标赛奖牌榜。其中俄罗斯运动员以奖牌总数 228 枚（金牌 128 枚、银牌 66 枚、铜牌 34 枚）排名在世界技巧锦标赛奖牌榜的第一位，中国运动员以奖牌总数 213 枚（金牌 67 枚、银牌 72 枚、铜牌 74 枚）排名在奖牌榜的第二位，保加利亚运动员以奖牌总数 173 枚（金牌 41 枚、银牌 49 枚、铜牌 83 枚）排名在奖牌榜的第三位（见图 51）。

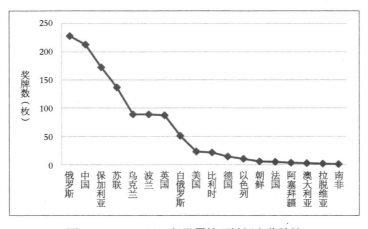

图51　1974—2018年世界技巧锦标赛奖牌榜

　　从1974—2018年世界技巧锦标赛个人项目的奖牌榜来看，共有845名运动员进入了世界技巧锦标赛个人项目奖牌榜。其中俄罗斯运动员古尔格尼泽以奖牌总数9枚（金牌6枚、银牌3枚）排名在世界技巧锦标赛个人项目奖牌榜的首位；另外4名俄罗斯运动员均以奖牌总数8枚并列排名在奖牌榜的第二位，即斯特里诺瓦和罗奇诺瓦均获得了6枚金牌、2枚银牌，杜德琴科和皮利普丘克均获得了5枚金牌、3枚银牌（见表159）。

表 159　1974—2018 年世界技巧锦标赛个人项目奖牌榜前三名一览

排序	运动员姓名		国家/地区		金牌数	银牌数	铜牌数	奖牌总数
1	古尔格尼泽	GURGENIDZE Revaz	俄罗斯	RUS	6	3	0	9
2	斯特里诺瓦	STROYNOVA Ekaterina	俄罗斯	RUS	6	2	0	8
2	罗奇诺瓦	LOGINOVA Ekaterina	俄罗斯	RUS	6	2	0	8
2	杜德琴科	DUDCHENKO Alexei	俄罗斯	RUS	5	3	0	8
2	皮利普丘克	PILIPCHUK Konstantin	俄罗斯	RUS	5	3	0	8

　　从1974—2018年世界技巧锦标赛男子双人项目的奖牌榜来看，共有96名运动员进入了世界技巧锦标赛男子双人项目奖牌榜。其中中国运动员李仁杰和宋敏均以金牌总数5枚与俄罗斯运动员杜德琴科和皮利普丘克（金牌2枚、银牌3枚）并列排名在世界技巧锦标赛男子双人项目奖牌榜之首（见表160）。

表 160　1974—2018 年世界技巧锦标赛男子双人项目奖牌榜首位一览

排序	运动员姓名		国家/地区		金牌数	银牌数	铜牌数	奖牌总数
1	李仁杰*	LI Renjie	中国	CHN	5	0	0	5
1	宋敏*	SONG Min	中国	CHN	5	0	0	5
1	杜德琴科	DUDCHENKO Alexei	俄罗斯	RUS	2	3	0	5
1	皮利普丘克	PILIPCHUK Konstantin	俄罗斯	RUS	2	3	0	5

注：*国际体操联合会公布的世界技巧锦标赛男子双人项目的奖牌榜统计有误，即将RENJIE Li 和MIN Song获得的金牌数（1995、1997）与SONG Min和LI Renjie获得的金牌数（1996、2002）分开进行了统计。另外，宋敏和李仁杰在1999年第16届世界技巧锦标赛上获得的男子双人项目全能金牌被统计为银牌。故此，笔者在统计时进行了更正并列出了此表。

　　从1974 — 2018年世界技巧锦标赛女子双人项目的比赛结果来看，共有119名运动员进入了世界技巧锦标赛女子双人项目奖牌榜。其中俄罗斯运动员洛帕金娜以奖牌总数4枚（金牌3枚、银牌1枚）排名在世界技巧锦标赛女子双人项目奖牌榜的首位，2名苏联运动员、1名俄罗斯运动员、2名乌克兰运动员和4名白俄罗斯运动员均以奖牌总数3枚并列排名在奖牌榜的第二位（见表161）。

表 161　1974—2018 年世界技巧锦标赛女子双人项目奖牌榜前三名一览

排序	运动员姓名		国家/地区		金牌数	银牌数	铜牌数	奖牌总数
1	洛帕金娜	LOPATKINA Yulia	俄罗斯	RUS	3	1	0	4

续表

排序	运动员姓名		国家/地区		金牌数	银牌数	铜牌数	奖牌总数
2	库哈连科	KUHARENKO Margarita	苏联	URS	3	0	0	3
2	提什申科	TISHTSHENKO Nadjeda	苏联	URS	3	0	0	3
2	莫霍娃	MOKHOVA Anna	俄罗斯	RUS	3	0	0	3
2	维什涅夫斯卡娅	VISHNEVSKAYA Iryna	乌克兰	UKR	2	1	0	3
2	科瓦尔丘克	KOVALCHUK Ludmilla	乌克兰	UKR	2	1	0	3
2	穆拉什科	MURASHKO Katsiaryna	白俄罗斯	BLR	2	1	0	3
2	尤斯科	YUSHKO Alina	白俄罗斯	BLR	2	1	0	3
2	拉基耶娃	RAKTCHEEVA Ekaterina	白俄罗斯	BLR	0	0	3	3
2	费科托娃	FEOKTOVA Oksana	白俄罗斯	BLR	0	0	3	3

从1974—2018年世界技巧锦标赛混合双人项目的比赛结果来看，共有117名运动员进入了世界技巧锦标赛混合双人项目奖牌榜。其中俄罗斯运动员古尔根尼泽以奖牌总数5枚（金牌2枚、银牌3枚）排名在世界技巧锦标赛混合双人项目奖牌榜的首位，3名保加利亚运动员和1名英国运动员均以奖牌总数4枚并列排名在奖牌榜的第二位（见表162）。

表 162　1974—2018 年世界技巧锦标赛混合双人项目奖牌榜前三名一览

排序	运动员姓名		国家/地区		金牌数	银牌数	铜牌数	奖牌总数
1	古尔根尼泽	GURGENIDZE Revaz	俄罗斯	RUS	2	3	0	5
2	米切夫	MINCHEV Dimitar	保加利亚	BUL	3	1	0	4
2	格里菲斯	GRIFFITHS Neil	英国	GBR	2	2	0	4
2	托多罗娃	TODOROVA Kapka	保加利亚	BUL	1	3	0	4
2	卡佐夫	KATZOV Yvaylo	保加利亚	BUL	1	3	0	4

　　从 1974 — 2018 年世界技巧锦标赛女子三人项目的比赛结果来看，共有 186 名运动员进入了世界技巧锦标赛女子三人项目奖牌榜。其中俄罗斯运动员斯特里诺娃和罗奇诺娃均以奖牌总数 5 枚（金牌 3 枚、银牌 2 枚）并列排名在世界技巧锦标赛女子三人项目奖牌榜的首位，3 名波兰运动员阿达梅奇卡、卡里诺夫斯卡和甘洛均以奖牌总数 4 枚（金牌 2 枚、铜牌 2 枚）并列排名在奖牌榜的第二位（见表 163）。

表 163　1974—2018 年世界技巧锦标赛女子三人项目奖牌榜前三名一览

排序	运动员姓名		国家/地区		金牌数	银牌数	铜牌数	奖牌总数
1	斯特里诺娃	STROYNOVA Ekaterina	俄罗斯	RUS	3	2	0	5
1	罗奇诺娃	LOGINOVA Ekaterina	俄罗斯	RUS	3	2	0	5

续表

排序	运动员姓名		国家/地区		金牌数	银牌数	铜牌数	奖牌总数
3	阿达梅奇卡	ADAMEICKA Marta	波兰	POL	2	0	2	4
3	卡里诺夫斯卡	KALINOWSKA Edyta	波兰	POL	2	0	2	4
3	甘洛	GAMROT Joanna	波兰	POL	2	0	2	4

　　从1974—2018年世界技巧锦标赛男子四人项目的比赛结果来看，共有228名运动员进入了世界技巧锦标赛男子四人项目奖牌榜。其中保加利亚运动员尼科洛夫以奖牌总数5枚（金牌1枚、铜牌4枚）排名在世界技巧锦标赛男子四人项目奖牌榜的首位；4名苏联运动员伊兹梅洛夫、西蒙诺夫、比斯特罗夫和库拉莱索夫，3名波兰运动员扎贾克、斯威克和安东诺维兹均以奖牌总数4枚并列排名在奖牌榜的第二位（见表164）。

表 164　1974—2018 年世界技巧锦标赛男子四人项目奖牌榜前三名一览

排序	运动员姓名		国家/地区		金牌数	银牌数	铜牌数	奖牌总数
1	尼科洛夫	NIKOLOV Stefan	保加利亚	BUL	1	0	4	5
2	伊兹梅洛夫	IZMAILOV Kaliz	苏联	URS	4	0	0	4
2	西蒙诺夫	SIMONOV Vladimir	苏联	URS	4	0	0	4
2	比斯特罗夫	BISTROV Viktor	苏联	URS	4	0	0	4

续表

排序	运动员姓名		国家/地区		金牌数	银牌数	铜牌数	奖牌总数
2	库拉莱索夫	KURALESOV Viktor	苏联	URS	4	0	0	4
2	扎贾克	ZAJAC Bogdan	波兰	POL	2	1	1	4
2	斯威克	SWIECIK Wojciech	波兰	POL	2	1	1	4
2	安东诺维兹	ANTONOWIZ Leszeck	波兰	POL	2	1	1	4

　　从1974 — 1999年世界技巧锦标赛男子单跳项目的比赛结果来看，共有25名运动员进入了世界技巧锦标赛男子单跳项目奖牌榜。其中俄罗斯运动员克里加诺夫斯基以奖牌总数6枚（金牌5枚、银牌1枚）排名在世界技巧锦标赛男子单跳项目奖牌榜的首位，另一名俄罗斯运动员伊格纳滕科夫以奖牌总数4枚（金牌3枚、银牌1枚）排名在奖牌榜的第二位，苏联运动员布里克曼、波兰运动员加斯特卡、中国运动员陈波均以奖牌总数3枚并列排名在奖牌榜的第三位（见表165）。

表165　1974—1999年世界技巧锦标赛男子单跳项目奖牌榜前三名一览

排序	运动员姓名		国家/地区		金牌数	银牌数	铜牌数	奖牌总数
1	克里加诺夫斯基	KRYGANOVSKIY Aleksey	俄罗斯	RUS	5	1	0	6
2	伊格纳滕科夫	IGNATENKOV Vladimir	俄罗斯	RUS	3	1	0	4
3	布里克曼	BRICKMAN Igor	苏联	URS	1	2	0	3

续表

排序	运动员姓名		国家/地区		金牌数	银牌数	铜牌数	奖牌总数
3	加斯特卡	GARSTKA Andrey	波兰	POL	0	2	1	3
3	陈波	CHEN Bo	中国	CHN	0	1	2	3

从1974—1999年世界技巧锦标赛女子单跳项目的比赛结果来看，共有29名运动员进入了世界技巧锦标赛女子单跳项目奖牌榜。其中苏联运动员格罗莫娃和乌克兰运动员沙班延科均以奖牌总数4枚并列排名在世界技巧锦标赛女子单跳项目奖牌榜的第一位，俄罗斯运动员帕尼万和法国运动员罗伯特均以奖牌总数3枚并列排名在奖牌榜的第三位（见表166）。

表 166　1974—1999 年世界技巧锦标赛女子单跳项目奖牌榜前三名一览

排序	运动员姓名		国家/地区		金牌数	银牌数	铜牌数	奖牌总数
1	格罗莫娃	GROMOVA Ludmilla	苏联	URS	2	2	0	4
1	沙班延科	CHABANENKO Yelena	乌克兰	UKR	1	2	1	4
3	帕尼万	PANIVAN Tatiana	俄罗斯	RUS	2	0	1	3
3	罗伯特	ROBERT Chrystel	法国	FRA	1	1	1	3

五、世界健美操锦标赛（Aerobic Gymnastics World Championships）概览

在国内外竞技体育项目中，健美操归属于体操类项目。从国际体育单项组织的归属来看，目前国际体操联合会（International Gymnastics Federation）、国际健美操联合会（International Aerobic Federation）和国家健美操联合会（Association of National Aerobic）中均包含着健美操项目；从目前举办的健美操国际比赛来看，主要包括国际体操联合会举办的世界健美操锦标赛（Aerobic Gymnastics World Championships）、国际健美操联合会举办的世界杯健美操锦标赛（World Cup International Aerobic Championships）及国家健美操联合会举办的国际健美操锦标赛（International Aerobic Championships）三大赛事。

（一）世界健美操锦标赛举办时间与地点

自从国际体操联合会于1995年将健美操项目纳入所属的正式比赛之中，并举办了第1届世界健美操锦标赛以来，到2018年共举行了15届（见表167）。从比赛时间的变化来看，1995 — 2000年每年举办一届世界健美操锦标赛，共举行了6届；2000年之后改为每2年（偶数年）举办一届世界健美操锦标赛，所以在2002年举办了第7届世界健美操锦标赛。

从已经举行的15届世界健美操锦标赛的举办地点的统计来看，共有11个国家和地区举办过世界健美操锦标赛。其中德国举办世界健美操锦标赛的次数最多，为3次；其次是法国和保加利亚，均举办过2次；其他8个国家和地区均举办过1次。

表 167　1995—2018 年世界健美操锦标赛举办时间及地点一览

赛事时间	国家/城市	赛事名称
1995	法国/巴黎	第1届世界健美操锦标赛
1996	荷兰/海牙	第2届世界健美操锦标赛
1997	澳大利亚/佩思	第3届世界健美操锦标赛
1998	意大利/卡塔尼亚	第4届世界健美操锦标赛
1999	德国/汉诺威	第5届世界健美操锦标赛
2000	德国/里萨	第6届世界健美操锦标赛
2002	立陶宛/克莱佩达	第7届世界健美操锦标赛
2004	保加利亚/索非亚	第8届世界健美操锦标赛
2006	中国/南京	第9届世界健美操锦标赛
2008	德国/乌尔姆	第10届世界健美操锦标赛
2010	法国/罗德兹	第11届世界健美操锦标赛
2012	保加利亚/索非亚	第12届世界健美操锦标赛
2014	墨西哥/坎昆	第13届世界健美操锦标赛
2016	韩国/仁川	第14届世界健美操锦标赛
2018	葡萄牙/吉马良斯	第15届世界健美操锦标赛

（二）世界健美操锦标赛比赛项目的设置与变化

追溯世界健美操锦标赛比赛项目及其初始设置时间，其发展过程大致可以分为3个阶段：第一阶段为1995—2000年，该阶段共举行了6届世界锦标赛，比赛包括男子单人（Individual Man，IM）、女子单

人（Individual Women，IW）、混合双人（Mixed Pairs，MXP）和三人
（Trios）4个项目；第二阶段为2002—2010年，其间共增设了两个比赛项
目，即从2002年第7届世界健美操锦标赛开始设立了集体项目（Groups，
GRP），从2004年第8届世界健美操锦标赛开始设立了团体（Teams）比
赛；第三阶段为2012年至今，即从2012年第12届锦标赛开始增加了有氧
舞蹈（Aerobic Dance）和有氧踏板（Aerobic Step）两个比赛项目（见表
168）。至此，现行的国际体操联合会举办的世界健美操锦标赛共设立了
7个单项比赛和团体比赛。深入分析得知，健美操运动作为国际体操联合
会最年轻的体育运动项目，其赛事制度尚处于探索阶段。世锦赛比赛项
目不断变化的目的就在于既希望通过赛事充分地体现出健美操的项目特
征，又能够吸引越来越多的国家、地区及运动员认识健美操，投入健美操
活动并参与到健美操高水平竞技之中。例如，2019年北川（Tammy Yagi
Kitagawa）担任国际体操联合会健美操技术委员会主席之后，就以恢复健
美操运动的根基（Restoring Aerobic Gymnastics to its roots）为重点开展了
一系列工作，即探寻如何让健美操运动回归本源。这是健美操技术委员会
目前工作的基础问题，换言之，健美操技术委员会一直在寻求加强界定
健美操运动的关键特征。北川主席强调："我们的目标是回归有氧DNA的
形成机制，使健美操对于公众、媒体和赞助商更有吸引力。许多人认为，
健美操所赋予的形象已经失去了它的有氧特性。有时它看起来太像其他
项目的混合体，对我们来说，加强有氧运动的特殊性是很重要的。"（Our
aim is to make the discipline more attractive for the public, media and sponsors
by coming back to what makes the Aerobic DNA. Many people think that the
image given by the discipline has been losing its Aerobic identity. Sometimes it
looks too much like a mixture of other disciplines and for us, it is important to

reinforce the specific character of Aerobic.）为此，健美操技术委员会成员观看了过去20年的视频，并讨论了在规则中传达他们希望遵循的最佳方式。

表 168　1995—2018 年世界健美操锦标赛比赛项目初始设置时间一览

年份	女子单人	男子单人	混合双人	三人	集体	有氧舞蹈	有氧踏板	团体
1995	√	√	√	√				
1996	√	√	√	√				
1997	√	√	√	√				
1998	√	√	√	√				
1999	√	√	√	√				
2000	√	√	√	√				
2002	√	√	√	√	√			
2004	√	√	√	√	√			√
2006	√	√	√	√	√			√
2008	√	√	√	√	√			√
2010	√	√	√	√	√			√
2012	√	√	√	√	√	√	√	√
2014	√	√	√	√	√	√	√	√
2016	√	√	√	√	√	√	√	√
2018	√	√	√	√	√	√	√	√

（三）世界健美操锦标赛参赛国家（地区）数量变化态势与分析

从1995 — 2018年国际体操联合会举行的15届世界健美操锦标赛的参赛国家（地区）数量来看，20多年以来参加比赛的国家（地区）数量一直保持在32 — 42个，其中有3届世锦赛的参赛国家（地区）数量达到了40个以上，即1997年举行的第3届世界健美操锦标赛达到了41个，2012年举行的第12届世界健美操锦标赛达到了42个，2016年举行的第14届世界健美操锦标赛达到了41个。进一步分析可见，相比国际体操联合会的其他体操类项目的世界锦标赛而言，世界健美操锦标赛在设立的时间上是最晚的，仅有20多年的历史。参赛国家和地区的数量虽然少于同时期的世界体操锦标赛和世界艺术体操锦标赛，却比世界蹦床锦标赛和世界技巧锦标赛多一些，且呈现出相对稳定的状态（见图52）。

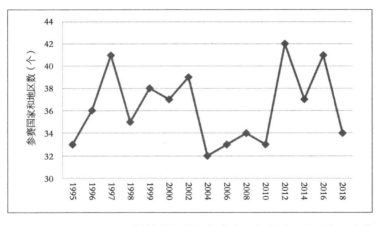

图52   1995 — 2018年世界健美操锦标赛参赛国家和地区数量变化态势

（四）世界健美操锦标赛参赛运动员数量变化态势与平均年龄变化态势

从已举办的15届世界健美操锦标赛的参赛运动员的数量来看，其呈现出了相对稳定的增长态势，即由创立之初的100多人增加到200多人，其中有5届锦标赛的参赛运动员数量超过了300人（见图53）。相比于国际体操联合会举办的其他世界锦标赛，其参赛人数少于同时期的世界体操锦标赛和世界蹦床锦标赛，却比世界艺术体操锦标赛和世界技巧锦标赛多一些。

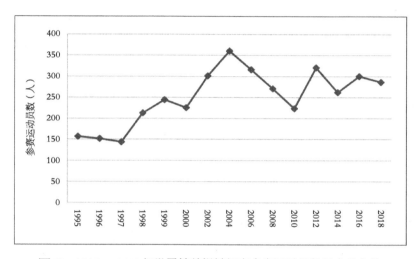

图53 1995—2018年世界健美操锦标赛参赛运动员数量变化态势

从参加世界健美操锦标赛运动员的平均年龄来看，自2004年以来男女运动员的平均年龄均在21岁以上，其中在2004—2012年的5届世锦赛中，男子运动员的平均年龄均超过了女子运动员，而在2014年第13届世界健美操锦标赛上，女子运动员的平均年龄超过了男子运动员（见图54）。这也显示出男子运动员的平均年龄有下降的态势，而女子运动员的平均年龄表现出一定程度上的提高。其中的原因还有待于在后续研究中进一步探析。

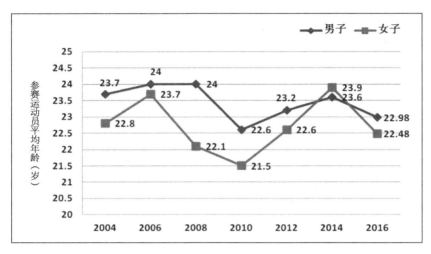

图54 2004—2016年世界健美操锦标赛参赛运动员平均年龄变化态势

（五）世界健美操锦标赛参赛国家（地区）奖牌分布

1.1995—2018年世界健美操锦标赛金牌分布与分析

从世界健美操锦标赛的金牌榜来看，共有15个国家和地区的运动员分享了137枚金牌。其中罗马尼亚运动员独占世界健美操锦标赛金牌榜的鳌头，获得了36枚金牌；中国运动员、巴西运动员和西班牙运动员均获得了16枚金牌，并列排名在金牌榜的第二位（见图55）。

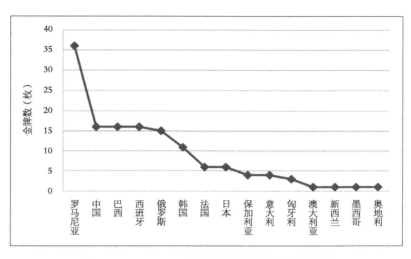

图55　1995 — 2018年世界健美操锦标赛金牌榜

　　从1995 — 2018年世界健美操锦标赛个人项目的金牌榜来看，共有172名运动员榜上有名。其中3名罗马尼亚运动员占据了世界健美操锦标赛个人项目金牌榜的前三位，即马夫罗迪内努以金牌总数9枚登上了世界健美操锦标赛个人项目金牌榜的首位，詹斐尔以金牌总数7枚名列金牌榜的第二位，波瓦塔以金牌总数6枚排名在金牌榜的第三位（见表169）。

表 169　1995—2018 年世界健美操锦标赛个人项目金牌榜前三名一览

排序	运动员姓名		国家/地区		金牌数	获奖时间
1	马夫罗迪内努	MAVRODINEANU Tudorel–Valentin	罗马尼亚	ROU	9	2006、2006、2006、2008、2008、2010、2010、2012、2012
2	詹斐尔	ZAMFIR Mircea	罗马尼亚	ROU	7	2006、2006、2008、2008、2010、2010、2012

排序	运动员姓名		国家/地区		金牌数	获奖时间
3	波瓦塔	POHOATA Tania Mihaela	罗马尼亚	ROU	6	2002、2002、2004、2004、2006、2006

从2002—2018年世界健美操锦标赛团体项目的金牌榜来看，共有4个国家和地区的运动员进入了世界健美操锦标赛团体项目金牌榜。其中罗马尼亚运动员以金牌总数6枚排名在世界健美操锦标赛团体项目金牌榜的首位，中国运动员、俄罗斯运动员和法国运动员均以1枚金牌并列排名在金牌榜的第二位（见表170）。

表170　2002—2018年世界健美操锦标赛团体项目金牌榜

排序	国家/地区		金牌数	获奖时间
1	罗马尼亚	ROU	6	2002、2004、2006、2008、2010、2012
2	俄罗斯	RUS	1	2018
2	法国	FRA	1	2014
2	中国	CHN	1	2016

从2002—2018年世界健美操锦标赛集体项目的金牌榜来看，共有2个国家和地区的运动员进入了世界健美操锦标赛集体项目金牌榜。其中中国运动员以金牌总数5枚位居世界健美操锦标赛集体项目金牌榜之首，罗马尼亚运动员以金牌总数4枚排名在金牌榜的第二位（见表171）。

表 171　2002—2018 年世界健美操锦标赛集体项目金牌榜

排序	国家/地区		金牌数	获奖时间
1	中国	CHN	5	2006、2008、2012、2016、2018
2	罗马尼亚	ROU	4	2002、2004、2010、2014

从 2012—2018 年世界健美操锦标赛有氧舞蹈项目的比赛结果来看，共有 3 个国家和地区的运动员进入了世界健美操锦标赛有氧舞蹈项目金牌榜。其中韩国运动员以金牌总数 2 枚排名在世界健美操锦标赛有氧舞蹈项目金牌榜的第一位，中国运动员和俄罗斯运动员均以金牌总数 1 枚并列排名在金牌榜的第二位（见表 172）。

表 172　2012—2018 年世界健美操锦标赛有氧舞蹈项目金牌榜

排序	国家/地区		金牌数	获奖时间
1	韩国	KOR	2	2016、2018
2	俄罗斯	RUS	1	2014
2	中国	CHN	1	2012

从 2012—2018 年世界健美操锦标赛有氧踏板项目的比赛结果来看，共有 3 个国家和地区的运动员进入了世界健美操锦标赛有氧踏板项目金牌榜。其中中国运动员和俄罗斯运动员均以金牌总数 2 枚并列排名在世界健美操锦标赛有氧踏板项目金牌榜的首位，法国运动员以金牌总数 1 枚排名在金牌榜的第三位（见表 173）。

表 173　2012—2018 年世界健美操锦标赛有氧踏板项目金牌榜

排序	国家/地区		金牌数	获奖时间
1	俄罗斯	RUS	2	2012、2018
1	中国	CHN	2	2012、2014
3	法国	FRA	1	2016

从 1995—2018 年世界健美操锦标赛男子单人项目的比赛结果来看，共有 9 名运动员进入了世界健美操锦标赛男子单人项目金牌榜。其中韩国运动员朴光洙和西班牙运动员卡纳达均以金牌总数 3 枚并列排名在世界健美操锦标赛男子单人项目金牌榜的第一位，日本运动员斋藤水冢和西班牙运动员帕雷霍均以金牌总数 2 枚并列排名在金牌榜的第三位（见表 174）。

表 174　1995—2018 年世界健美操锦标赛男子单人项目金牌榜

排序	运动员姓名		国家/地区		金牌数	获奖时间
1	朴光洙	PARK Kwang-Soo	韩国	KOR	3	1996、1997、1999
1	卡纳达	CANADA Jonatan	西班牙	ESP	3	1998、2000、2002
3	斋藤水冢	SAITO Mizuki	日本	JPN	2	2016、2018
3	帕雷霍	PAREJO Ivan	西班牙	ESP	2	2008、2012
5	维洛兹	VELOZ VELAZQUEZ Josefath	墨西哥	MEX	1	2014
5	杰奎明	JACQUEMIN Morgan	法国	FRA	1	2010
5	敖金平	AO Jinping	中国	CHN	1	2006
5	阿尔坎	ALCAN Gregory	法国	FRA	1	2004
5	亚美科	AMERICO Mario Luis	巴西	BRA	1	1995

　　从1995—2018年世界健美操锦标赛女子单人项目的比赛结果来看，共有11名运动员进入了世界健美操锦标赛女子单人项目金牌榜。其中巴西运动员托马斯和日本运动员伊藤育子均以金牌总数3枚并列排名在世界健美操锦标赛女子单人项目金牌榜的第一位，罗马尼亚运动员康斯坦丁和拉卡图斯、日本运动员北村、西班牙运动员穆诺兹和莫雷诺、奥地利运动员加佐夫、澳大利亚运动员利塔尔、新西兰运动员麦克米兰、巴西运动员塞卡蒂9人均以金牌总数1枚并列排名在金牌榜的第三位（见表175）。

表 175　1995—2018 年世界健美操锦标赛女子单人项目金牌榜

排序	运动员姓名		国家/地区		金牌数	获奖时间
1	马托斯	MATOS LOPEZ Marcela	巴西	BRA	3	2006、2008、2010
1	伊藤育子	ITO Yuriko	日本	JPN	3	1998、1999、2002
3	康斯坦丁	CONSTANTIN Oana Corina	罗马尼亚	ROU	1	2016
3	北村	KITAZUME Riri	日本	JPN	1	2018
3	穆诺兹	MUNOZ VALDERAS Carmen	西班牙	ESP	1	1995
3	加佐夫	GAZOV Lubov	奥地利	AUT	1	2014
3	莫雷诺	MORENO Sara	西班牙	ESP	1	2012
3	利塔尔	LITTLE Jaunita	澳大利亚	AUS	1	1997
3	麦克米兰	MCMILLAN Angela	新西兰	NZL	1	2004
3	拉卡图斯	LACATUS Daniela Izabela	罗马尼亚	ROU	1	2000
3	塞卡蒂	SECATI Isamara	巴西	BRA	1	1996

从1995 — 2018年世界健美操锦标赛混合双人项目的比赛结果来看，共有21名运动员进入了世界健美操锦标赛混合双人项目金牌榜。其中俄罗斯运动员奥斯克尼尔和索洛维娃均以金牌总数4枚并列排名在世界健美操锦标赛混合双人项目金牌榜的首位，意大利运动员多纳蒂和卡斯托尔迪、西班牙运动员利洛里斯和莫雷诺、罗马尼亚运动员马夫罗迪内努5人均以金牌总数2枚并列排名在金牌榜的第三位（见表176）。

表 176   1995—2018 年世界健美操锦标赛混合双人项目金牌榜前三名一览

排序	运动员姓名		国家/地区		金牌数	获奖时间
1	奥斯克尼尔	OSKNER Vladislav	俄罗斯	RUS	4	1998、1999、2000、2002
1	索洛维娃	SOLOVIOVA Tatiana	俄罗斯	RUS	4	1998、1999、2000、2002
3	多纳蒂	DONATI Davide	意大利	ITA	2	2016、2018
3	卡斯托尔迪	CASTOLDI Michela	意大利	ITA	2	2016、2018
3	利洛里斯	LLI LLORIS Vicente	西班牙	ESP	2	2010、2012
3	莫雷诺	MORENO Sara	西班牙	ESP	2	2010、2012
3	马夫罗迪内努	MAVRODINEANU Tudorel-Valentin	罗马尼亚	ROU	2	2006、2012

从1995 — 2018年世界健美操锦标赛三人项目的比赛结果来看，共有38名运动员进入了世界健美操锦标赛三人项目金牌榜。其中罗马尼亚运动员摩尔多瓦以金牌总数3枚排名在世界健美操锦标赛三人项目金牌榜的首位；中国运动员车磊和陶乐，韩国运动员柳俊恩，罗马尼亚运动员詹斐尔、马夫罗迪内努、比林泽亚、尼泽宗和瓦拉姆8人均以金牌总数1枚并

列排名在金牌榜的第二位（见表177）。

表 177 1995—2018 年世界健美操锦标赛三人项目金牌榜前三名一览

排序	运动员姓名		国家/地区		金牌数	获奖时间
1	摩尔多瓦	MOLDOVAN Claudiu Christian	罗马尼亚	ROU	3	1996、1997、2000
2	车磊	CHE Lei	中国	CHN	2	2010、2012
2	柳俊恩	RYU Jusun	韩国	KOR	2	2012、2016
2	陶乐	TAO Lei*	中国	CHN	2	2010、2012
2	詹斐尔	ZAMFIR Mircea	罗马尼亚	ROU	2	2006、2008
2	马夫罗迪内努	MAVRODINEANU Tudorel–Valentin	罗马尼亚	ROU	2	2006、2008
2	比林泽亚	BRINZEA Mircea	罗马尼亚	ROU	2	2006、2008
2	尼泽宗	NEZEZON Andrei	罗马尼亚	ROU	2	1996、1997
2	瓦拉姆	VARLAM Claudiu Catalin	罗马尼亚	ROU	2	1996、1997

注：*国际体联公布的健美操三人项目金牌榜将我国健美操运动员陶乐的英文名拼写为"TAO Lei"。

2. 1995—2018 年世界健美操锦标赛奖牌分布与分析

从世界健美操运动的竞技实力来看，通过对国际体操联合会1995 — 2018年世界健美操锦标赛奖牌总数进行统计与分析发现，在20多年间举行的15届锦标赛中，共有19个国家和地区的运动员分享了394枚奖牌。从奖牌榜来看，罗马尼亚运动员以奖牌总数98枚（金牌36枚、银牌29枚、铜牌33枚）名列世界健美操锦标赛奖牌榜之首，中国运动员以奖牌总数

51枚（金牌16枚、银牌22枚、铜牌13枚）排名在奖牌榜的第二位，俄罗斯运动员以奖牌总数43枚（金牌15枚、银牌9枚、铜牌19枚）排名在奖牌榜的第三位（见图56）。

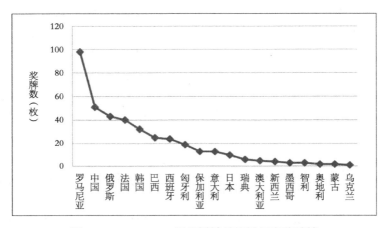

图56　1995—2018年世界健美操锦标赛奖牌榜

从1995—2018年世界健美操锦标赛个人项目的奖牌榜来看，共有342名运动员进入了世界健美操锦标赛个人项目奖牌榜。其中法国运动员乔利以奖牌总数15枚（金牌3枚、银牌6枚、铜牌6枚）排名在世界健美操锦标赛个人项目奖牌榜的首位；2名罗马尼亚运动员均以奖牌总数14枚并列排名在奖牌榜的第二位，即马夫罗迪内努获得了9枚金牌、1枚银牌和4枚铜牌，詹斐尔获得了7枚金牌、4枚银牌和3枚铜牌（见表178）。

表 178　1995—2018 年世界健美操锦标赛个人项目奖牌榜前三名一览

排序	运动员姓名		国家/地区		金牌数	银牌数	铜牌数	合计
1	乔利	JOLY Aurelie	法国	FRA	3	6	6	15
2	马夫罗迪内努	MAVRODINEANU Tudorel–Valentin	罗马尼亚	ROU	9	1	4	14
2	詹斐尔	ZAMFIR Mircea	罗马尼亚	ROU	7	4	3	14

从 2002—2018 年世界健美操锦标赛团体项目的奖牌榜来看，共有 8 个国家和地区的运动员榜上有名。其中罗马尼亚运动员以奖牌总数 9 枚（金牌 6 枚、银牌 2 枚、铜牌 1 枚）排名在世界健美操锦标赛团体项目奖牌榜的第一位，中国运动员以奖牌总数 6 枚（金牌 1 枚、银牌 2 枚、铜牌 3 枚）排名在奖牌榜的第二位，法国运动员以奖牌总数 4 枚（金牌 1 枚、银牌 2 枚、铜牌 1 枚）排名在奖牌榜的第三位（见表 179）。

表 179　2002—2018 年世界健美操锦标赛团体项目奖牌榜

排序	国家/地区		金牌数	银牌数	铜牌数	奖牌总数
1	罗马尼亚	ROU	6	2	1	9
2	中国	CHN	1	2	3	6
3	法国	FRA	1	2	1	4
4	俄罗斯	RUS	1	1	0	2
4	韩国	KOR	0	1	1	2
4	西班牙	ESP	0	1	1	2
7	意大利	ITA	0	0	1	1
7	保加利亚	BUL	0	0	1	1

从2002—2018年世界健美操锦标赛集体项目的奖牌榜来看，共有5个国家和地区的运动员榜上有名。其中中国运动员以奖牌总数9枚（金牌5枚、银牌1枚、铜牌3枚）排名在世界健美操锦标赛集体项目奖牌榜的第一位，罗马尼亚运动员以奖牌总数7枚（金牌4枚、银牌1枚、铜牌2枚）排名在奖牌榜的第二位，法国运动员以奖牌总数5枚（银牌4枚、铜牌1枚）与俄罗斯运动员（银牌2枚、铜牌3枚）并列排名在奖牌榜的第三位（见表180）。

表 180   2002—2018 年世界健美操锦标赛集体项目奖牌榜

排序	国家/地区		金牌数	银牌数	铜牌数	奖牌总数
1	中国	CHN	5	1	3	9
2	罗马尼亚	ROU	4	1	2	7
3	法国	FRA	0	4	1	5
3	俄罗斯	RUS	0	2	3	5
5	意大利	ITA	0	1	0	1

从2012—2018年世界健美操锦标赛有氧舞蹈项目的奖牌榜来看，共有5个国家和地区的运动员榜上有名。其中中国运动员以奖牌总数4枚（金牌1枚、银牌3枚）排名在世界健美操锦标赛有氧舞蹈项目奖牌榜的第一位，韩国运动员以奖牌总数3枚（金牌2枚、铜牌1枚）排名在奖牌榜的第二位，俄罗斯运动员以奖牌总数2枚（金牌1枚、铜牌1枚）与罗马尼亚运动员（银牌1枚、铜牌1枚）并列排名在奖牌榜的第三位（见表181）。

表 181　2012—2018 年世界健美操锦标赛有氧舞蹈项目奖牌榜

排序	国家/地区		金牌数	银牌数	铜牌数	奖牌总数
1	中国	CHN	1	3	0	4
2	韩国	KOR	2	0	1	3
3	俄罗斯	RUS	1	0	1	2
3	罗马尼亚	ROU	0	1	1	2
5	法国	FRA	0	0	1	1

从 2012—2018 年世界健美操锦标赛有氧踏板项目的奖牌榜来看，共有 5 个国家和地区的运动员榜上有名。其中中国运动员以奖牌总数 4 枚（金牌 2 枚、银牌 2 枚）排名在世界健美操锦标赛有氧踏板项目奖牌榜的第一位，俄罗斯运动员以奖牌总数 3 枚（金牌 2 枚、银牌 1 枚）排名在奖牌榜的第二位，法国运动员以奖牌总数 2 枚（金牌 1 枚、铜牌 1 枚）与蒙古运动员（铜牌 2 枚）并列排名在奖牌榜的第三位（见表 182）。

表 182　2012—2018 年世界健美操锦标赛有氧踏板项目奖牌榜

排序	国家/地区		金牌数	银牌数	铜牌数	奖牌总数
1	中国	CHN	2	2	0	4
2	俄罗斯	RUS	2	1	0	3
3	法国	FRA	1	0	1	2
3	蒙古	MGL	0	0	2	2
5	乌克兰	UKR	0	0	1	1

　　从1995—2018年世界健美操锦标赛男子单人项目的比赛结果来看，共有26名运动员进入了世界健美操锦标赛男子单人项目奖牌榜。其中韩国运动员朴光洙以奖牌总数6枚（金牌3枚、银牌2枚、铜牌1枚）排名在世界健美操锦标赛男子单人项目奖牌榜的第一位，西班牙运动员卡纳达以金牌总数3枚与另一名西班牙运动员帕雷霍（金牌2枚、银牌1枚）、匈牙利运动员巴里（银牌2枚、铜牌1枚）、罗马尼亚运动员詹斐尔（银牌2枚、铜牌1枚）并列排名在奖牌榜的第二位（见表183）。

表183　1995—2018年世界健美操锦标赛男子单人项目奖牌榜前三名一览

排序	运动员姓名		国家/地区		金牌数	银牌数	铜牌数	奖牌总数
1	朴光洙	PARK Kwang-Soo	韩国	KOR	3	2	1	6
2	卡纳达	CANADA Jonatan	西班牙	ESP	3	0	0	3
2	帕雷霍	PAREJO Ivan	西班牙	ESP	2	1	0	3
2	巴里	BALI Daniel	匈牙利	HUN	0	2	1	3
2	詹斐尔	ZAMFIR Mircea	罗马尼亚	ROU	0	2	1	3

　　从1995—2018年世界健美操锦标赛女子单人项目的比赛结果来看，共有24名运动员进入了世界健美操锦标赛女子单人项目奖牌榜。其中日本运动员伊藤育子以奖牌总数4枚（金牌3枚、银牌1枚）与罗马尼亚运动员拉卡图斯（金牌1枚、银牌2枚、铜牌1枚）、巴西运动员塞卡蒂（金牌1枚、银牌2枚、铜牌1枚）并列排名在世界健美操锦标赛女子单人项目奖牌榜的首位（见表184）。

表 184　1995—2018 年世界健美操锦标赛女子单人项目奖牌榜首位一览

排序	运动员姓名		国家/地区		金牌数	银牌数	铜牌数	奖牌总数
1	伊藤育子	ITO Yuriko	日本	JPN	3	1	0	4
1	拉卡图斯	LACATUS Daniela Izabela	罗马尼亚	ROU	1	2	1	4
1	塞卡蒂	SECATI Isamara	巴西	BRA	1	2	1	4

从1995 — 2018年世界健美操锦标赛混合双人项目的比赛结果来看，共有47名运动员进入了世界健美操锦标赛混合双人项目奖牌榜。其中俄罗斯运动员奥斯克尼尔和索洛维娃均以奖牌总数7枚（金牌4枚、银牌2枚、铜牌1枚）并列排名在世界健美操锦标赛混合双人项目奖牌榜的首位，罗马尼亚运动员马夫罗迪内努（金牌2枚、铜牌2枚）和拉卡图斯（银牌1枚、铜牌3枚）、法国运动员乔利（金牌1枚、银牌2枚、铜牌1枚）均以奖牌总数4枚并列排名在奖牌榜的第三位（见表185）。

表 185　1995—2018 年世界健美操锦标赛混合双人项目奖牌榜前三名一览

排序	运动员姓名		国家/地区		金牌数	银牌数	铜牌数	奖牌总数
1	奥斯克尼尔	OSKNER Vladislav	俄罗斯	RUS	4	2	1	7
1	索洛维娃	SOLOVIOVA Tatiana	俄罗斯	RUS	4	2	1	7
3	马夫罗迪内努	MAVRODINEANU Tudorel–Valentin	罗马尼亚	ROU	2	0	2	4
3	乔利	JOLY Aurelie	法国	FRA	1	2	1	4

续表

排序	运动员姓名		国家/地区		金牌数	银牌数	铜牌数	奖牌总数
3	拉卡图斯	LACATUS Daniela Izabela	罗马尼亚	ROU	0	1	3	4

从 1995 — 2018 年世界健美操锦标赛三人项目的比赛结果来看，共有 85 名运动员进入了世界健美操锦标赛三人项目奖牌榜。其中罗马尼亚运动员摩尔多瓦以奖牌总数 6 枚（金牌 3 枚、银牌 2 枚、铜牌 1 枚）排名在世界健美操锦标赛三人项目奖牌榜的第一位，另外 3 名罗马尼亚运动员瓦拉姆（金牌 2 枚、银牌 2 枚）、詹斐尔（金牌 2 枚、银牌 1 枚、铜牌 1 枚）和马夫罗迪内努（金牌 2 枚、银牌 1 枚、铜牌 1 枚）与 3 名匈牙利运动员圣捷尔吉、卡图斯·阿提拉和卡图斯·塔马斯（金牌 1 枚、银牌 1 枚、铜牌 2 枚）均以奖牌总数 4 枚并列排名在奖牌榜的第二位（见表 186）。

表 186　1995—2018 年世界健美操锦标赛三人项目奖牌榜前三名一览

排序	运动员姓名		国家/地区		金牌数	银牌数	铜牌数	奖牌总数
1	摩尔多瓦	MOLDOVAN Claudiu Christian	罗马尼亚	ROU	3	2	1	6
2	瓦拉姆	VARLAM Claudiu Catalin	罗马尼亚	ROU	2	2	0	4
2	詹斐尔	ZAMFIR Mircea	罗马尼亚	ROU	2	1	1	4
2	马夫罗迪内努	MAVRODINEANU Tudorel–Valentin	罗马尼亚	ROU	2	1	1	4
2	圣捷尔吉	SZENTGYORGYI Romeo	匈牙利	HUN	1	1	2	4

续表

排序	运动员姓名		国家/地区		金牌数	银牌数	铜牌数	奖牌总数
2	卡图斯·阿提拉	KATUS Attila	匈牙利	HUN	1	1	2	4
2	卡图斯·塔马斯	KATUS Tamas	匈牙利	HUN	1	1	2	4

第 四 部 分

大众体操与世界大众体操节概览

（一）大众体操（Gymnastics for All）发展简况

追溯人类社会体育运动项目的发展历史会发现，任何一个体育运动项目都产生于娱乐健身，同时又发展于体育运动项目的竞赛之中。或者说正是得益于人类所具有的永不满足的天性、勇于不断超越自我的精神，体育运动项目不仅通过竞赛这种方式引领自身一直向着更高、更快、更强的方向演进，而且还以竞赛为平台传播到世界各地，进而推动其自身为更多地域的人们所了解、所喜爱、所运用。

体操运动在人类社会发展与文明进步的过程中发挥了积极的促进作用。然而，说到"体操"，人们最常见到或津津乐道的是奥运会体操比赛、世界体操锦标赛，以及获奖的著名体操运动员。换句话说，大众比较熟悉的是常常在电视等各种媒体上所看到的竞技性体操。然而，人们对大众体操并不了解，尤其对大众体操在国际上的开展状况并不是十分熟悉。

实际上，早在4000年前，中国人就开始练习体操，目的是使自己健康、长寿。在古希腊，人们高度赞赏人的完美形体，因而古希腊人非常珍视体操。19世纪后期，瑞典、挪威、奥地利、德国、瑞士等国家就曾经组织过体操大会演，并在会演的初期仅限本国人参加，主要目的是通过体操活动增进民众的身心健康，促进人与人的交流和沟通，同时造就练习者自信、乐观的品质；后来，随着国与国的交往日益密切，发展到允许外宾参加。1939年，瑞典体操组织第一次举办了有12个国家和地区参加的大众体操会演，且深受欢迎；因而在举办第二次大众体操会演时，参加的国家和地区达到了14个，参与团队为110个，从而推动了大众体操的盛行。

1950年，国际体操联合会全体代表通过了荷兰代表萨默尔（J.H.F Sommer）提出的由国际体操联合会组织举办世界大众体操节的建议，将大众体操盛会纳入国际体操联合会官方议事日程，并命名为"Gymnastrada"。英文"Gymnastrada"一词是由"gymna"和"strada"构成，其中"gymna"源于体操一词"gymnastics"，而"strada"源于街道一词"street"，意指体操节的宗旨是全民运动（sport for all），即推动大众体操的发展，将大众体操推广成为每个人都有机会参加的活动。

1953年，第1届世界大众体操节在荷兰鹿特丹举行。1984年，大众体操被国际体操联合会认定为正式项目，国际体操联合会大众体操委员会（Gymnastics for All Committee）成立，主要负责大众体操的推广及为此开展的一系列活动，最重要的职责就是举办世界大众体操节。

关于大众体操（Gymnastics for All）这一概念，国际体操联合会（2015）的理解包含以下4个方面：

第一，大众体操提供各种各样的活动，适合所有性别、年龄，有着不同能力和文化背景的人。大众体操活动有助于个人身体、智力、心理健康及社会的健康运转。（Gymnastics for All offers a variety of activities suitable for all genders, age groups, people with different abilities and cultural backgrounds. Gymnastics for All activities contribute to personal physical, intellectual, psychological health, and social well being.)

第二，大众体操包括徒手体操、器械体操、健美操和舞蹈，活动所针对的是娱乐、健身、基本功和友谊。(The focus of Gymnastics for All activities is fun, fitness, fundamentals and friendship, which involve Gymnastics with or without Apparatus, Aerobic Gymnastics and Dance.)

第三，大众体操可以通过任何一种展示、表演（如"世界大众体操节"）或竞争性团体项目（如"世界大众体操挑战"）展示体操。[Gymnastics for All can be showed through either demonstration, performance (e.g. "World Gymnaestrada") or competitive team events (e.g. "Gymnastics for All Challenge") .]

第四，大众体操为参与者和观众提供了运动中的审美体验，同时也为他们提供了关注在一个国家（地区）、一种文化背景下特别感兴趣的项目的机会。(Gymnastics for All offers aesthetic experiences in exercise for participants and spectators while providing the opportunity to focus on items that are of particular interest in a national and cultural context.)

德国学者安吉拉·威克曼（Angela Wichmann，2015）认为，这一官方概念说明了体操的多方面和多层次的所有需要，即多样性、包容性、健康，以及各个体操项目的联系；另外，概念化也指艺术和审美经验，不仅使那些积极参与的人，也使那些观看的人不忘记与概念相关的教育元素和价值观。大众体操的本质仍然由它的非竞争性、包容性、平等性、草根哲学来定义。(The essence of Gymnastics for All continues to be defined by its non-competitive, inclusive, democratic, grassroots philosophy.)

（二）世界大众体操节（World Gymnaestrada）发展简况

世界大众体操节是国际体操联合会遍及全世界的一项每4年举行一届

的非竞争性的大众体操活动，而且是国际体操联合会所属项目中吸引参与者最多的一类体操活动。每一个参赛者，不论性别、年龄、种族、宗教、文化、能力或社会身份情况，都可以参加。（The World Gymnaestrada is a world-wide, non-competitive FIG Gymnastics for All event held every 4 years and attracting the largest number of active participants of any FIG event. Participation is for everybody, regard less of gender, age, race, religion, culture, ability or social standing.）世界大众体操节的特别规定是：不评比、不分类、不获奖。（It is a subject with special regulations of no judging, no classification and no prizes.）

　　世界大众体操节就是"大体操"的典范，是国际上规模最大的大众体操盛会，它是融奥运会体操项目、集体操、健身操、娱乐等为一体的综合性盛会。其宗旨是增进健康、提高体力、结交朋友、体验快乐，让全世界了解大众体操的价值，唤起人们对体操运动的兴趣。通过举办世界大众体操节将全世界的体操爱好者聚集在一起，展示大众体操的最新发展成果，为人与人、地区与地区、国与国更好地交流、沟通提供便利的机会是世界各国群众性体操活动与世界大众体操接轨的重要途径。

　　2003年7月25日，时任国际奥委会主席罗格先生出席了在葡萄牙里斯本举行的第12届世界大众体操节，并在闭幕会上发表了热情洋溢的讲话：

　　女士们、先生们：

　　我代表奥林匹克运动，首先要说，今天能和你们在一起，我感到非常高兴。我还要感谢葡萄牙人民和政府一贯的盛情款待。特别感谢各位运动员为广大观众提供的高质量、高艺术性的体操表演。

　　你鼓舞了成千上万的年轻人，你在激励他们形成自尊、尊重他人、博爱和公平竞争的重要价值观。

我还要向第12届世界大众体操节组委会、体育界的领袖和所有为这次活动的成功付出努力的志愿者表示衷心的祝贺。事实上，这届大众体操节已经建立了一个新的参与记录，来自五大洲的25000多名年轻的体操运动员聚集在里斯本。

50年前，国际体操联合会组织了第一个重要的文化活动 —— 世界大众体操节，一项独一无二的活动，会聚了成千上万的体操运动员而不需要竞争。

对公众和运动员来说，世界大众体操节强化普遍性、和平的价值观，而这种价值观对于体育运动至关重要。

谢谢大家！4年后，我们将在奥地利的多恩比恩再次相聚，让我们共同期待第13届世界大众体操节！

世界大众体操节的具体目标主要体现在以下8个方面：

1.促进、推广体操运动的价值和多样性。(Promoting the value and diversity of Gymnastics.)

2.弘扬体操运动在全世界的发展。(Encouraging the growth of Gymnastics for All worldwide.)

3.为国际体操联合会成员协会有意义的工作提供激励。(Providing incentives for meaningful work within FIG Member Federations.)

4.激发运动乐趣，鼓励个人活动。(Inspiring enjoyment in exercise and encouraging personal activity.)

5.展示大众体操无与伦比的无限可选择性。(Demonstrating the unlimited possibilities of different ideas of Gymnastics for All.)

6.呈现大众体操最新的发展成果和动态。(Presenting the most recent findings and developments in Gymnastics for All.)

7.为教练员提供通识教育和技术教育支持。(Assisting in the general and technical education of coaches.)

8.通过体操运动员拉近各大洲国家的友谊，并向更大范围的观众展现体操运动的多样性。(Bringing together gymnasts from continents of the globe for friendship of nations, and presenting the diversity of Gymnastics to a wider public.)

从1953年第1届世界大众体操节到2019年第16届世界大众体操节举办国家/地区来看，共有荷兰、南斯拉夫、西德、奥地利、瑞士、丹麦、德国、瑞典、葡萄牙、芬兰10个国家和地区的15个城市举办过世界大众体操节，其中瑞士和奥地利两个国家各举办过3届，西德和荷兰各举办过2届，其他国家和地区各举办过1届（见表187）。同时也可以看出，世界大众体操节的举办地主要集中在欧洲。这也从一个侧面反映出体操运动在欧洲大陆的普及度很高，深受普通大众的喜爱。

表 187　1953—2019 年世界大众体操节举办时间与地点

序号	举办时间	举办城市与协会		届次
1	1953	鹿特丹	荷兰	第1届世界大众体操节
2	1957	萨格勒布	南斯拉夫	第2届世界大众体操节
3	1961	斯图加特	西德	第3届世界大众体操节
4	1965	维也纳	奥地利	第4届世界大众体操节
5	1969	巴塞尔	瑞士	第5届世界大众体操节

序号	举办时间	举办城市与协会		届次
6	1975	柏林	西德	第6届世界大众体操节
7	1982	苏黎世	瑞士	第7届世界大众体操节
8	1987	海宁	丹麦	第8届世界大众体操节
9	1991	阿姆斯特丹	荷兰	第9届世界大众体操节
10	1995	柏林	德国	第10届世界大众体操节
11	1999	哥德堡	瑞典	第11届世界大众体操节
12	2003	里斯本	葡萄牙	第12届世界大众体操节
13	2007	多恩比恩	奥地利	第13届世界大众体操节
14	2011	洛桑	瑞士	第14届世界大众体操节
15	2015	赫尔辛基	芬兰	第15届世界大众体操节
16	2019	多恩比恩	奥地利	第16届世界大众体操节

　　从参加世界大众体操节的国家和地区来看，自1953年创立以来到2019年，世界大众体操节共举行了16届，共有来自60多个国家和地区的20多万名体操爱好者直接参与过世界大众体操节（见表188）。

表188　1953—2007年参加世界大众体操节国家（地区）统计

序号	参加国家/地区	1953	1957	1961	1965	1969	1975	1982	1987	1991	1995	1999	2003	2007
1	阿根廷													
2	阿尔巴尼亚					1								1
3	澳大利亚								1	1	1	1	1	1
4	奥地利	1	1	1	1	1	1	1	1		1		1	1
5	孟加拉国											1		
6	比利时	1	1	1	1	1	1	1	1		1		1	1
7	巴西		1		1	1	1	1	1		1		1	1
8	保加利亚					1								
9	加拿大		1	1		1	1	1	1	1	1	1	1	1
10	捷克斯洛伐克						1							
11	中国										1			
12	佛得角群岛									1			1	
13	捷克	1	1		1					1	1	1	1	1

续表

序号	参加国家/地区	1953	1957	1961	1965	1969	1975	1982	1987	1991	1995	1999	2003	2007
14	丹麦	1	1	1	1	1	1	1	1	1	1	1	1	1
15	厄瓜多尔												1	
16	埃及			1					1			1		1
17	西班牙		1	1	1	1	1		1	1	1	1	1	1
18	爱沙尼亚										1	1	1	1
19	芬兰	1	1	1	1	1	1	1	1	1	1	1	1	1
20	法国					1		1	1	1	1	1	1	1
21	英国	1	1	1	1	1	1		1	1	1	1	1	1
22	德国	1	1	1	1	1	1		1	1	1	1	1	1
23	希腊				1			1	1	1	1	1	1	1
24	危地马拉													1
25	中国香港													1
26	洪都拉斯												1	1

续表

序号	参加国家/地区	1953	1957	1961	1965	1969	1975	1982	1987	1991	1995	1999	2003	2007
27	匈牙利		1										1	1
28	爱尔兰							1	1	1	1	1	1	1
29	冰岛							1	1	1	1	1	1	1
30	以色列				1	1	1	1	1		1	1	1	1
31	意大利			1	1	1		1	1	1	1	1	1	1
32	日本					1	1	1	1	1	1	1	1	1
33	韩国													1
34	科威特					1			1					
35	拉脱维亚										1	1	1	1
36	列支敦士登							1	1	1		1	1	1
37	立陶宛										1		1	1
38	卢森堡	1								1	1		1	1
39	马来西亚											1		

续表

序号	参加国家/地区	1953	1957	1961	1965	1969	1975	1982	1987	1991	1995	1999	2003	2007
40	墨西哥												1	1
41	纳米比亚											1	1	
42	荷兰	1	1	1	1	1	1	1	1	1	1	1	1	1
43	挪威	1		1	1	1	1	1	1	1	1	1	1	1
44	新西兰				1		1			1	1	1	1	1
45	巴勒斯坦								1					
46	波兰	1	1		1	1								
47	葡萄牙	1			1	1	1	1	1	1	1	1	1	1
48	卡塔尔												1	1
49	罗马尼亚		1		1	1	1	1				1	1	1
50	南非			1	1						1	1		1
51	俄罗斯	1	1							1			1	1
52	新加坡													1

续表

序号	参加国家/地区	1953	1957	1961	1965	1969	1975	1982	1987	1991	1995	1999	2003	2007
53	塞尔维亚		1	1	1	1				1			1	
54	斯洛文尼亚										1	1	1	1
55	斯里兰卡													1
56	瑞士	1		1	1	1	1	1	1	1	1	1	1	1
57	斯洛伐克		1		1			1	1	1	1	1	1	1
58	瑞典	1	1	1	1	1	1	1	1	1	1	1	1	1
59	泰国													1
60	特立尼达和多巴哥											1	1	1
61	突尼斯					1								
62	土耳其				1				1				1	1
63	美国				1	1	1			1	1	1		1
64	乌兹别克斯坦													1
65	委内瑞拉					1							1	1

　　从参加世界大众体操节的国家和地区的数量变化态势来看，其呈现出一条稳步增长的发展轨迹，即由第1届参加世界大众体操节的14个国家和地区增加到第16届的62个国家和地区（见图57）。

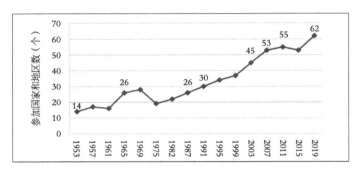

图57　1953—2019年世界大众体操节参加国家和地区数量变化态势

　　从参加世界大众体操节的体操爱好者的人数变化态势来看，其基本保持在一种相对稳定的发展态势，即在快速增长的变化之中保持相对稳定，即保持在每届2万人左右（见图58）。

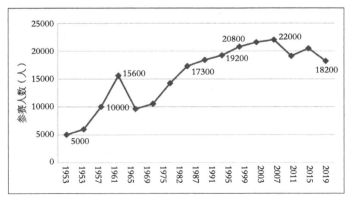

图58　1953—2019年世界大众体操节参加人数变化态势

（三）近十年举行的三届世界大众体操节简况

笔者以2011 — 2019年举行第14届至第16届世界大众体操节的基本情况为例，希望为读者进一步了解世界大众体操节提供一些有益的信息资源：

第14届国际大众体操节（14th World Gymnaestrada）于2011年在瑞士洛桑举行，来自五大洲的55个国家和地区的近2万名体操爱好者于7月10 — 16日（见图59）在持续7天的活动中为全世界观众呈现了1800多场、表演时间超过600小时的大众体操饕餮盛宴；参与者的平均年龄为30岁，每天参与世界大众体操节的志愿者达到4000人。

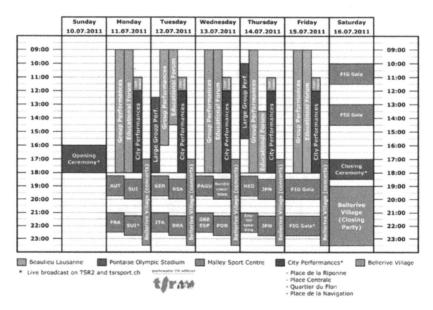

图59　2011年第14届国际大众体操节活动日程安排

为庆祝2011年第14届世界大众体操节的举行，瑞士发行了一枚邮票

（见图60），这枚邮票代表了体操运动员的团结和他们所展示出的和谐
之景。

图60　引自《BULL ETIN N° 5 MARCH 2011》

　　在本届世界大众体操节的最后一天，即7月16日，国际体操联合会
在总部洛桑举行了声势浩大的庆祝国际体操联合会成立130周年纪念活动
（见图61）。为满足广大民众的参观需求，活动组织者还给出了不同的门
票价格及选购方式（见表189）。

图61　庆祝国际体操联合会成立130周年纪念活动现场

表 189　第 14 届国际大众体操节门票价格一览（瑞士法郎）
（ All prices are displayed in Swiss Francs，CHF ）

日程安排	日期	成年人	退休人员与残疾人	11 — 16岁	11 岁以下
奥林匹克体育场（Pontaise Olympic Stadium）					
开幕式（Opening Ceremony）	7月10日	45	45	45	25
闭幕式（Closing Ceremony）	7月16日	30	30	30	15
大团体表演，一天（Large Group Performances，1 day）	7月12 — 14日	15	10	0	0
Beaulieu Lausanne					
团体表演，一周（Group Performances，1 week）	7月11 — 15日	100	80	40	0
团体表演，一天（Goup Performances，1 day）	7月11 — 15日	25	20	10	0
团体和大团体表演，一天（Group and Large Group Performances，1 day）	7月12 — 14日	25	20	10	0
Centre Sportif de Malley 体育中心					
国家晚会，一次演出（National Evening，one show）	7月11 — 14日	35	35	35	35
座位靠近屏幕，一次表演（Seats close to the screen，one show）		25	25	25	25

续表

日程安排	日期	成年人	退休人员与残疾人	11—16岁	11岁以下
国际体联庆典，一次庆典（FIG Gala，one gala）	7月15—16日	40	40	40	40
座位靠近屏幕，一次庆典（Seats close to the screen，one gala）		30	30	30	30

注：引自2011年世界大众体操节网站。

第15届世界大众体操节（15th World Gymnaestrada）于2015年7月12—18日在芬兰首都赫尔辛基举办，在为期一周的展示活动期间，来自50多个国家和地区的2万多名体操爱好者在半径为2千米的大众体操节场地尽情联欢（见图62）。

图62   2015年第15届世界大众体操节场地（引自2015年世界大众体操节网站）

对于第15届世界大众体操节，德国学者安吉拉·威克曼（Angela Wichmann）在一份提交给国际体操联合会的研究报告《参加世界大众

体操节 —— 一个超越国家共同体的表达和经验》(Participating in the World Gymnaestrada — An Expression and Experience of A Supra-national Community)就是以2015年芬兰赫尔辛基世界大众体操节期间新引入的大型团体表演(Gymnaestrada World Team)为研究背景的,运用社会学的视角和定性、民族志的研究方法,从参与者的角度探讨世界大众体操节及其社会文化意义。

安吉拉·威克曼通过研究得出了一些非常值得注意的结论,例如他发现大众体操的三个主要意义层包括表演体操、多样性和包容性原则及对项目的感知。(The study revealed that the three main meaning layers of Gymnastics of All include performance gymnastics, diversity and inclusion principles as well as its perception as a project.)重要的是,在世界大众体操节,年龄和性别、技术水平和体操形式的各种界限都被超越了。(What matters is, at the World Gymnaestrada, all sorts of boundaries of age and gender, skill levels and gymnastics forms are transcended.)这项研究表明,世界大众体操节有助于在整个社会倡导一种世界观,这种世界观的重点不是比别人更好,而是在社会层面上(年龄、性别、国籍)和身体层面上(技能、形式)强调多样性、合作和社区。[This study suggests the World Gymnaestrada is of value in promoting a world view in society where the focus is less on being better than somebody else, but about accentuating diversity, cooperation and community both on a social level(age, gender, nationality)and physical level(skills, forms).]

2019年7月7—13日,第16届世界大众体操节在奥地利的多恩比恩举办,来自62个国家和地区的18200名体操爱好者在为期一周的时间里参加了开幕式和闭幕式、国家(地区)表演、团体表演、大型团体表演、国际体操联合会晚会等，尤其是诸多表演被安排在8个当地城镇和村庄的露天舞台举行，当地人和游客观赏到了超过350小时的体操表演，充分呈现了一场"全民体操"盛会；同时也诠释了荷兰人约翰内斯·索默（Johannes Sommer）创立Gymnaestrada概念的基本原则之一：一个非竞争性的节日，不提供奖牌或奖品，而是注重参与的乐趣和这种聚会激发的联谊感。

值得一提的是，本届世界大众体操节还呈现出以下几个特点：第一，参与世界大众体操节的国家和地区再创新高，即从1953年第1届的14个国家和地区发展到2011年的55个国家和地区，而2019年第16届的参与国家和地区达到了空前的62个。第二，许多新成员加入世界大众体操节这一活动中来。第三，体操节参与者的年龄体现出了体操运动的广泛参与性。例如，斯洛伐克代表团最年长的成员玛丽亚·沙阿洛夫出生于1935年，而日本代表团不仅包括一个10岁以下的组，而且还包括一群70多岁的女士。第四，世界大众体操节不仅是来自世界各地的体操爱好者的盛会，更成为多恩比恩的一个地区性体操节日，有16个城镇和村庄承接体操表演，活动扩展到包括莱茵河谷风景区的11个场馆，有2.5万名观众出席开幕式，9000名志愿者遍布体操节活动的各个区域。正如组委会主席辛特拉（Hinterauer）所言："无论种族、宗教或信仰如何，世界大众体操节绝对是每个人都可以平等参加的活动。这次聚会绝对是独一无二的。"（Hinterauer, the LOC President, said: "The World Gymnaestrada is definitely the event where everybody can take part as equals, no matter what race, religion or creed. This coming together is absolutely unique".）

2019年第16届世界大众体操节日程表如下：

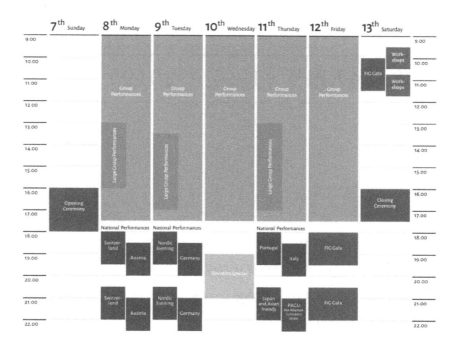

　　世界大众体操节正是秉承着"将大众体操发展成为适合每个人的体操"这一宗旨在全世界范围内逐步得到普及和发展，吸引着越来越多的国家（地区）的体操运动爱好者的参与。这一点可以从1953 — 2019年已经举办过的16届世界大众体操节的参与者的变化态势中得到有力的佐证。从参加国家和地区的变化态势来看，1953年第1届世界大众体操节的参加国家和地区只有14个，到2019年第16届世界大众体操节，参加国家和地区为62个，是第1届的4倍还多；从参加世界大众体操节的国家和地区的规范来看，目前已有近80个国家和地区参与过或有意愿参加。

第 五 部 分

国际体操名人殿堂（1997—2019）

　　"国际体操名人殿堂"（International Gymnastics Hall of Fame，IGHF）是一个非营利的团体机构，成立于1996年，每年组织一次入选庆典仪式。它是专门为那些在进一步推动世界体操事业的发展，在体操运动方面具有非凡影响的体操运动界人士（运动员、教练员等）而设置的，被体操界尊为真正的"体操界诺贝尔奖"。

　　国际体操名人堂的使命是保存、弘扬、分享体操最伟大的传奇成就，以教育、激励孩子们实现自己的"个人最佳"生活。

需要说明的是，首次"国际体操名人殿堂"评选活动是1987年在加利福尼亚的欧申赛德举行的，1988年只有苏联体操运动员科尔布特1人入选；1993年又举行了一次，罗马尼亚体操运动员科马内奇1人入选，随后就停止了。1997年又恢复了"国际体操名人殿堂"的评选活动，并由此开始每年举行一届，且开始计算举行的届数。基于此，就按照美国IGHF公布的实际情况将科尔布特和科马内奇列入1997年第1届国际体操名人堂。

笔者根据"国际体操名人殿堂"公布的相关资料整理并翻译出1997 — 2019年入选的著名体操运动员、教练员等。

1997年第1届国际体操名人堂入选9人：

奥尔加·科尔布特（Olga Korbut，苏联）、纳迪娅·科马内奇（Nadia Comaneci，罗马尼亚）、巴特·康纳尔（Bart Conner，美国）、雅各布·京塔德（Jack Gunthard，瑞士）、亚瑟·甘德（Arthur Gander，瑞士）、贝拉·卡洛里（Bela Karolyi，罗马尼亚）、玛丽·卢·雷顿（Mary Lou Retton，美国）、莱·什图克利（Leon Stukelj，斯洛文尼亚）、竹本正男（Masao Takemoto，日本）。

1998年第2届国际体操名人堂入选7人：

维拉·恰斯拉夫斯卡（Vera Caslavska，捷克）、萨维诺·古列尔梅蒂（Savino Guglielmetti，意大利）、拉瑞萨·拉蒂尼娜（Larissa Latynina，苏联）、小野乔（Takashi Ono，日本）、凯茜·里格比（Cathy Rigby，美国）、柳德米拉·图利舍娃（Ludmilla Tourischeva，苏联）、彼得·维德马尔（Peter Vidmar，美国）。

1999年第3届国际体操名人堂入选6人：

弗兰克·巴瑞（Frank Bare，美国）、米洛斯拉维·切拉尔（Miroslav Cerar，斯洛文尼亚）、远藤幸雄（Yukio Endo，日本）、涅利·金（Nelli Kim，白俄罗斯）、欧根·马克（Eugen Mack，瑞士）、尤里·季托夫（Yuri Titov，俄罗斯）。

2000年第4届国际体操名人堂入选4人：

玛克西·格瑙克（Maxi Gnauck，德国）、李宁（Li Ning，中国）、叶卡捷琳娜·萨博（Ecaterina Szabo，罗马尼亚）、山下治广（Haruhiro Yamashita，日本）。

2001年第5届国际体操名人堂入选6人：

尼古拉·安德里阿诺夫（Nikolai Andrianov，俄罗斯）、布尔达（Ljubov Burda，苏联）、布鲁诺·格兰迪（Bruno Grandi，意大利）、加藤泽男（Sawao Kato，日本）、威廉·托列松（William Thoresson，瑞典）、特奥多拉·昂古尔良（Teodora Ungureanu，罗马尼亚）。

2002年第6届国际体操名人堂入选6人：

波利娜·阿斯塔霍娃（Polina Astakhova，乌克兰）、池田敬子（Keiko Ikeda，日本）、阿格尼斯·凯莱蒂（Agnes Keleti，匈牙利）、鲍里斯·沙赫林（Boris Shakhlin，乌克兰）、丹妮拉·希莉瓦斯（Daniela Silivas，罗马尼亚）、维拉切（Berthe Villancher，法国）。

2003年第7届国际体操名人堂入选5人：

马克斯·邦盖特（Max Bangerter，瑞士）、德米特里·比洛泽尔采夫（Dimitri Bilozertchev，苏联）、卡琳·杨茨（Karin Janz，德国）、弗兰克·梅里切利（Franco Menichelli，意大利）、科特·托马斯（Kurt Thomas，美国）。

2004年第8届国际体操名人堂入选5人：

亚历山大·基加金（Alexander Dityatin，俄罗斯）、早田卓次（Takuji Hayata，日本）、海伦娜·拉科西（Helena Rakoczy，波兰）、海基·萨沃莱宁（Heikki Savolainen，芬兰）、叶莲娜·舒舒诺娃（Yelena Shushunova，俄罗斯）。

2005年第9届国际体操名人堂入选4人：

斯维特拉娜·博金斯卡娅（Svetlana Boginskaya，白俄罗斯）、瓦列里·柳金（Valery Liukin，哈萨克斯坦）、中山彰规（Akinori Nakayama，日本）、艾丽卡·祖切尔德（Erika Zuchold，德国）。

2006年第10届国际体操名人堂入选4人：

弗拉迪米尔·阿尔捷莫夫（Vladimir Artemov，俄罗斯）、监物永三（Eizo Kenmotsu，日本）、纳塔莉亚·库钦斯卡娅（Natalia Kuchinskaya，俄罗斯）、香农·米勒（Shannon Miller，美国）。

2007年第11届国际体操名人堂入选4人：

西蒙娜·阿玛纳尔（Simona Amanar，罗马尼亚）、叶莲娜·达维多娃（Yelena Davydova，俄罗斯）、埃伯哈德·京格尔（Eberhard Gienger，德国）、笠松茂（Shigeru Kasamatsu，日本）。

2008年第12届国际体操名人堂入选4人：

斯托扬·德尔切夫（Stoyan Deltchev，保加利亚）、马燕红（Ma Yanhong，中国）、莉莉娅·波德科帕耶娃（Lilia Podkopayeva，乌克兰）、鹤见修治（Shuji Tsurumi，日本）。

2009年第13届国际体操名人堂入选5人（4名运动员、1名教练员）：

多米尼克·道斯（Dominique Dawes，美国）、艾维拉·萨迪（Elvira Saadi，乌兹别克斯坦）、维克托·朱卡林（Viktor Chukarin，乌克兰）、维塔利·谢尔博（Vitaly Scherbo，白俄罗斯）、贝鲁·奥克塔维安（Bellu Octavian，罗马尼亚著名教练员）。

2010年第14届国际体操名人堂入选3人：

亨丽埃塔·奥诺迪（Henrietta Onodi，匈牙利）、尤里·科罗廖夫（Yuri Korolev，俄罗斯）、米哈伊·沃罗宁（Mikhail Voronin，俄罗斯）。

2011年第15届国际体操名人堂入选4人（3名运动员、1名教练员）：

亚历山大·特卡切夫（Alexander Tkatchev，俄罗斯）、拉维尼亚·米洛索维奇（Lavinia Milosovici，罗马尼亚）、施菲特·克拉克（Steffi Kraeker，德国）、列昂尼德·阿尔卡耶夫（Leonid Arkayev，俄罗斯著名教练员）。

2012年第16届国际体操名人堂入选3人：

佐尔坦·马乔尔（Zoltan Magyar，匈牙利）、纳塔莉亚·沙波什尼科娃（Natalia Shaposhnikova，俄罗斯）、基姆·兹梅斯卡（Kim Zmeskal，美国）。

2013年第17届国际体操名人堂入选2人：

阿尔伯特·阿扎良（Albert Azaryan，亚美尼亚）、吉娜·高吉安（Gina Gogean，罗马尼亚）。

2014年第18届国际体操名人堂入选4人：

纳塔莉娅·尤尔琴科（Natalia Yurchenko，俄罗斯）、杰克·菲（Jackie Fie，美国）、李月久（Li Yuejiu，中国）、克劳斯·科斯特（Klaus Koeste，德国）。

2015年第19届国际体操名人堂入选2人：

瓦列里·贝伦基（Valery Belenky，阿塞拜疆）、叶莲娜扎·扎莫洛德奇科娃（Elena Zamolodchikova，俄罗斯）。

2016年第20届国际体操名人堂入选4人：

奥莱利娅·多布雷（Aurelia Dobre，罗马尼亚）、伊戈尔·科罗布钦斯基（Igor Korobchinsky，乌克兰）、乔丹·杰维特切夫（Jordan Jovtchev，保加利亚）、塔季扬娜·李森科（Tatiana Lysenko，乌克兰）。

2017年第21届国际体操名人堂入选4人：

藤本俊（Shun Fujimoto，日本）、奥克萨娜·丘索维金娜（Oksana Chusovitina，乌兹别克斯坦）、阿列克谢·涅莫夫（Alexei Nemov，俄罗斯）、艾莉西亚·萨克拉莫妮（Alicia Sacramone，美国）。

2018年第22届国际体操名人堂入选3人：

保罗·哈姆（Paul Hamm，美国）、娜斯佳·柳金（Nastia Liukin，

美国）、安德列娅·拉杜坎（Andreea Raducan，罗马尼亚）。

2019年第23届国际体操名人堂入选4人：

肖恩·约翰逊（Shawn Johnson，美国）、玛丽亚·菲拉托娃（Maria Filatova，俄罗斯）、伊万·伊万科夫（Ivan Ivankov，白俄罗斯）、李小鹏（Li Xiaopeng，中国）。

附录：国际体操联合会所属152个成员协会一览表

序号	国家/地区协会		
1	阿富汗体操协会	AFG	AFGHANISTAN NATIONAL GYMNASTICS FEDERATION
2	阿尔巴尼亚体操协会	ALB	ALBANIAN GYMNASTICS FEDERATION
3	阿尔及利亚体操协会	ALG	FEDERATION ALGERIENNE DE GYMNASTIQUE
4	安道尔体操协会	AND	FEDERACIO ANDORRANA DE GIMNASTICA
5	安哥拉体操协会	ANG	FEDERACAO ANGOLANA DE GINASTICA
6	阿根廷体操协会	ARG	CONFEDERACION ARGENTINA DE GIMNASIA
7	亚美尼亚体操协会	ARM	GYMNASTICS FEDERATION OF ARMENIA
8	阿鲁巴岛体操协会	ARU	FEDERACION GIMNASTICO ARUBANO
9	美属萨摩亚体操协会	ASA	GYMNASTICS FEDERATION OF AMERICAN SAMOA
10	澳大利亚体操协会	AUS	GYMNASTICS AUSTRALIA
11	奥地利体操协会	AUT	OESTERREICHISCHER FACHVERBAND FUER TURNEN

续表

序号	国家/地区协会		
12	阿塞拜疆体操协会	AZE	AZERBAIJAN GYMNASTICS FEDERATION
13	巴哈马体操协会	BAH	GYMNASTICS FEDERATION OF THE BAHAMAS
14	孟加拉国体操协会	BAN	BANGLADESH GYMNASTICS FEDERATION
15	巴巴多斯体操协会	BAR	BARBADOS AMATEUR GYMNASTICS ASSOCIATION
16	比利时体操协会	BEL	FEDERATION ROYALE BELGE DE GYMNASTIQUE
17	贝宁体操协会	BEN	FEDERATION BENINOISE DE GYMNASTIQUE
18	百慕大体操协会	BER	BERMUDA GYMNASTICS ASSOCIATION
19	波斯尼亚和黑塞哥维那体操协会	BIH	GYMNASTICS FEDERATION OF BOSNIA HERZEGOVINA
20	白俄罗斯体操协会	BLR	BELARUS GYMNASTICS ASSOCIATION
21	玻利维亚体操协会	BOL	FEDERACION BOLIVIANA DE GIMNASIA
22	巴西体操协会	BRA	BRAZILIAN GYMNASTICS FEDERATION
23	巴林体操协会	BRN	BAHRAIN GYMNASTICS ASSOCIATION
24	保加利亚体操协会	BUL	FEDERATION BULGARE DE GYMNASTIQUE
25	布基纳法索体操协会	BUR	FEDERATION BURKINABE DE GYMNASTIQUE
26	柬埔寨体操协会	CAM	CAMBODIA GYMNASTICS FEDERATION
27	加拿大体操协会	CAN	GYMNASTICS CANADA

序号	国家/地区协会		
28	开曼群岛体操协会	CAY	CAYMAN ISLANDS GYMNASTICS FEDERATION
29	刚果（布）体操协会	CGO	FEDERATION CONGOLAISE DE GYMNASTIQUE（FECOGYM）
30	智利体操协会	CHI	FEDERACION NACIONAL DE GIMNASIA DE CHILE（FENAGICHI）
31	中国体操协会	CHN	CHINESE GYMNASTICS ASSOCIATION
32	喀麦隆体操协会	CMR	FEDERATION CAMEROUNAISE DE GYMNASTIQUE
33	刚果（金）体操协会	COD	FEDERATION DE GYMNASTIQUE DE LA REP. DEM. DU CONGO（FGCOD）
34	库克群岛体操协会	COK	COOK ISLANDS GYMNASTICS FEDERATION
35	哥伦比亚体操协会	COL	FEDERACION COLOMBIANA DE GIMNASIA
36	佛得角体操协会	CPV	CAPE VERDEAN GYMNASTICS FEDERATION
37	哥斯达黎加体操协会	CRC	FEDERACION DEPORTIVA DE GIMNASIA COSTA RICA
38	克罗地亚体操协会	CRO	CROATIAN GYMNASTICS FEDERATION
39	古巴体操协会	CUB	FEDERACION CUBANA DE GIMNASIA
40	塞浦路斯体操协会	CYP	CYPRUS GYMNASTICS FEDERATION
41	捷克体操协会	CZE	CZECH GYMNASTICS FEDERATION
42	丹麦体操协会	DEN	DANMARKS GYMNASTIK FORBUND

续表

序号	国家/地区协会		
43	多米尼加体操协会	DOM	FEDERACION DOMINICANA DE GIMNASIA
44	厄瓜多尔体操协会	ECU	FEDERACION ECUATORIANA DE GIMNASIA
45	埃及体操协会	EGY	EGYPT GYMNASTICS FEDERATION
46	萨尔瓦多体操协会	ESA	FEDERACION SALVADORENA DE GIMNASIA
47	西班牙体操协会	ESP	REAL FEDERACION ESPANOLA DE GIMNASIA
48	爱沙尼亚体操协会	EST	ESTONIAN GYMNASTICS FEDERATION
49	埃塞俄比亚体操协会	ETH	ETHIOPIAN GYMNASTICS FEDERATION
50	斐济体操协会	FIJ	THE GYMNASTICS FEDERATION OF FIJI
51	芬兰体操协会	FIN	FINNISH GYMNASTICS FEDERATION SVOLI
52	法国体操协会	FRA	FEDERATION FRANCAISE DE GYMNASTIQUE
53	英国体操协会	GBR	BRITISH GYMNASTICS
54	格鲁吉亚体操协会	GEO	UNITED GEORGIAN GYMNASTICS FEDERATION
55	德国体操协会	GER	DTB DEUTSCHER TURNER-BUND
56	希腊体操协会	GRE	HELLENIC GYMNASTICS FEDERATION
57	危地马拉体操协会	GUA	FED. NACIONAL DE GIMNASIA DE GUATEMALA
58	关岛体操协会	GUM	GUAM GYMNASTICS FEDERATION

序号	国家/地区协会		
59	海地体操协会	HAI	FEDERATION HAITIENNE DE GYMNASTIQUE
60	中国香港体操协会	HKG	THE GYMNASTICS ASSOCIATION OF HONG KONG，CHINA
61	洪都拉斯体操协会	HON	FEDERACION HONDURENA DE GIMNASIA
62	匈牙利体操协会	HUN	HUNGARIAN GYMNASTICS FEDERATION
63	印度尼西亚体操协会	INA	PERSATUAN SENAM INDONESIA （PERSANI）
64	印度体操协会	IND	GYMNASTICS FEDERATION OF INDIA
65	伊朗体操协会	IRI	GYMNASTIC FED. OF THE ISLAMIC REP. OF IRAN
66	爱尔兰体操协会	IRL	GYMNASTICS IRELAND
67	伊拉克体操协会	IRQ	IRAQI GYMNASTICS FEDERATION
68	冰岛体操协会	ISL	ICELANDIC GYMNASTICS FEDERATION
69	以色列体操协会	ISR	ISRAEL GYMNASTICS ASSOCIATION
70	意大利体操协会	ITA	FEDERAZIONE GINNASTICA ITALIA
71	牙买加体操协会	JAM	JAMAICA AMATEUR GYMNASTICS ASSOCIATION
72	约旦体操协会	JOR	JORDAN GYMNASTICS FEDERATION
73	日本体操协会	JPN	JAPAN GYMNASTICS ASSOCIATION
74	哈萨克斯坦体操协会	KAZ	GYMNASTICS FEDERATION OF KAZAKHSTAN

序号	国家/地区协会		
75	吉尔吉斯斯坦体操协会	KGZ	GYMNASTICS FEDERATION OF THE KYRGYZ REPUBLIC
76	韩国体操协会	KOR	KOREA GYMNASTICS ASSOCIATION
77	科索沃体操协会	KOS	KOSOVA GYMNASTICS FEDERATION
78	沙特阿拉伯体操协会	KSA	SAUDI ARABIAN GYMNASTICS FEDERATION
79	科威特体操协会	KUW	KUWAIT GYMNASTICS FEDERATION
80	拉脱维亚体操协会	LAT	LATVIAN GYMNASTICS FEDERATION
81	利比亚体操协会	LBA	LIBYAN GYMNASTICS FEDERATION
82	黎巴嫩体操协会	LBN	FEDERATION LIBANAISE DE GYMNASTIQUE
83	莱索托体操协会	LES	LESOTHO GYMNASTICS FEDERATION
84	列支敦士登体操协会	LIE	TURNVERBAND LIECHTENSTEIN
85	立陶宛体操协会	LTU	LIETUVOS GIMNASTIKOS FEDERACIJA
86	卢森堡体操协会	LUX	FEDERATION LUXEMBOURGEOISE DE GYMNASTIQUE
87	马达加斯加体操协会	MAD	FEDERATION MALGACHE DE GYMNASTIQUE
88	摩洛哥体操协会	MAR	FEDERATION ROYALE MAROCAINE DE GYMNASTIQUE
89	马来西亚体操协会	MAS	MALAYSIAN GYMNASTICS FEDERATION
90	摩尔多瓦体操协会	MDA	UNION OF GYMNASTICS FED. OF THE REP. OF MOLDOVA

序号	国家/地区协会		
91	墨西哥体操协会	MEX	FEDERACION MEXICANA DE GIMNASIA, A.C.
92	蒙古体操协会	MGL	MONGOLIAN GYMNASTICS FEDERATION
93	马其顿体操协会	MKD	FEDERATION OF GYMNASTICS SPORTS OF MACEDONIA
94	马耳他体操协会	MLT	MALTA GYMNASTICS FEDERATION
95	黑山体操协会	MNE	GYMNASTICS FEDERATION OF MONTENEGRO
96	摩纳哥体操协会	MON	FEDERATION MONEGASQUE DE GYMNASTIQUE
97	莫桑比克体操协会	MOZ	FEDERACAO DE GINASTICA DE MOCAMBIQUE
98	毛里求斯体操协会（暂停）	MRI	MAURITIUS GYMNASTICS FEDERATION（Suspended）
99	缅甸体操协会	MYA	MYANMAR GYMNASTICS FEDERATION
100	纳米比亚体操协会	NAM	NAMIBIAN GYMNASTICS
101	尼加拉瓜体操协会	NCA	FEDERACION NICARAGUENSE DE GIMNASIA
102	荷兰体操协会	NED	KONINKLIJKE NEDERLANDSE GYMNASTIEK UNIE
103	尼泊尔体操协会	NEP	NEPAL GYMNASTICS ASSOCIATION
104	尼日利亚体操协会	NGR	GYMNASTICS FEDERATION OF NIGERIA
105	挪威体操协会	NOR	NORGES GYMNASTIKK– OG TURNFORBUND

续表

序号	国家/地区协会		
106	新西兰体操协会	NZL	GYMNASTICS NEW ZEALAND
107	巴基斯坦体操协会	PAK	PAKISTAN GYMNASTICS FEDERATION
108	巴拿马体操协会	PAN	FEDERACION PANAMENA DE GIMNASIA
109	巴拉圭体操协会	PAR	FEDERACION PARAGUAYA DE GIMNASIA
110	秘鲁体操协会	PER	FEDERACION DEPORTIVA PERUANA DE GIMNASIA
111	菲律宾体操协会	PHI	GYMNASTICS ASSOCIATION OF THE PHILIPPINES（GAP）
112	巴勒斯坦体操协会	PLE	PALESTINIAN GYMNASTICS FEDERATION
113	巴布亚新几内亚体操协会	PNG	PAPUA NEW GUINEA GYMNASTICS FEDERATION
114	波兰体操协会	POL	POLISH GYMNASTIC ASSOCIATION
115	葡萄牙体操协会	POR	GYMNASTICS FEDERATION OF PORTUGAL
116	朝鲜体操协会	PRK	GYMNASTICS ASSOC. DEM. PEOPLE'S REP. OF KOREA
117	波多黎各体操协会	PUR	FEDERACION PUERTORRIQUENA DE GIMNASIA
118	卡塔尔体操协会	QAT	QATAR GYMNASTICS FEDERATION（QGF）
119	罗马尼亚体操协会	ROU	FEDERATIA ROMANA DE GIMNASTICA
120	南非体操协会	RSA	SOUTH AFRICAN GYMNASTICS FEDERATION

序号	国家/地区协会		
121	俄罗斯体操协会	RUS	FEDERATION DE GYMNASTIQUE DE RUSSIE
122	卢旺达体操协会	RWA	FEDERATION RWANDAISE DE GYMNASTIQUE
123	塞内加尔体操协会	SEN	COMITE NAT. PROMOTION GYMNASTIQUE SENEGAL
124	塞舌尔体操协会	SEY	SEYCHELLES GYMNASTICS FEDERATION
125	新加坡体操协会	SGP	SINGAPORE GYMNASTICS
126	斯洛文尼亚体操协会	SLO	SLOVENIAN GYMNASTICS FEDERATION
127	圣马力诺体操协会	SMR	FEDERAZIONE SAMMARINESE GINNASTICA
128	塞尔维亚体操协会	SRB	GYMNASTICS FEDERATION OF SERBIA
129	斯里兰卡体操协会	SRI	NATIONAL GYMNASTICS ASSOCIATION OF SRI LANKA
130	苏丹体操协会	SUD	SUDANESE GYMNASTICS FEDERATION
131	瑞士体操协会	SUI	SCHWEIZERISCHER TURNVERBAND
132	斯洛伐克体操协会	SVK	SLOVENSKA GYMNASTICKA FEDERACIA
133	瑞典体操协会	SWE	SVENSKA GYMNASTIKFOERBUNDET
134	斯威士兰体操协会	SWZ	ESWATINI GYMNASTICS FEDERATION
135	叙利亚体操协会	SYR	FEDERATION SYRIENNE DE GYMNASTIQUE
136	汤加体操协会	TGA	TONGA GYMNASTICS FEDERATION

序号	国家/地区协会		
137	泰国体操协会	THA	THE GYMNASTICS ASSOCIATION OF THAILAND
138	土库曼斯坦体操协会	TKM	GYMNASTICS FEDERATION OF TURKMENISTAN
139	中国台北体操协会	TPE	CHINESE TAIPEI GYMNASTIC ASSOCIATION
140	特立尼达和多巴哥体操协会	TTO	TRINIDAD AND TOBAGO GYMNASTICS FEDERATION（T.T.G.F.）
141	突尼斯体操协会	TUN	FEDERATION TUNISIENNE DE GYMNASTIQUE
142	土耳其体操协会	TUR	TURKIYE CIMNASTIK FEDERASYONU
143	乌干达体操协会	UGA	GYMNASTICS ASSOCIATION OF UGANDA
144	乌克兰体操协会	UKR	UKRAINIAN GYMNASTICS FEDERATION
145	乌拉圭体操协会	URU	FEDERACION URUGUAYA DE GIMNASIA
146	美国体操协会	USA	USA GYMNASTICS
147	乌兹别克斯坦体操协会	UZB	UZBEKISTAN GYMNASTICS FEDERATION
148	委内瑞拉体操协会	VEN	FEDERACION VENEZOLANA DE GIMNASIA
149	越南体操协会	VIE	ASSOC. DE GYM. DE LA REP. SOC. DU VIETNAM
150	圣文森特和格林纳丁斯体操协会	VIN	ST VINCENT AND THE GRENADINES GYMNASTICS ASS.

续表

序号	国家/地区协会		
151	也门体操协会	YEM	YEMEN GYMNASTICS FEDERATION
152	津巴布韦体操协会	ZIM	GYMNASTICS ZIMBABWE

注：引自国际体操联合会网站，2020年6月10日。

参 考 资 料

［1］FIG. Congress in Tokyo. World of Gymnastics, 2017（2）.

［2］FIG. Code of Conduct for Athletes, Coaches, Judges and Officials, 2019.

［3］FIG.100 Years of International Gymnastics Federation（1881 — 1981）.

［4］FIG.125 Ans Years（1881 — 2006）Federatino Internationle de Gymnastique.

［5］FIG. Objectif An 2000.

［6］FIG. FIG General Judges' Rules（2021 — 2024）.Version 2.0, 2020（1）.

［7］Philippe J. Silacci, La Jonchère. 1992 — 2016 from Vitaly Scherbo to Kohei Uchimura, 2017（1）.

［8］FIG. Postponement and Progression — the Olympics that Helped Shape Gymnastics. https://www.gymnastics.sport/site/news/displaynews.php?idNews=2850, 2020-03-27.

［9］FIG.Age Group Development and Competition Program for Men's Artistic Gymnastics, 2015（5）.

［10］FIG. Age Group Development and Competition Program for Women's Artistic Gymnastics, 2015（5）.

［11］FIG. Age Group Development and Competition Program for Rhythmic Gymnastics, 2018（2）.

［12］FIG. Age Group Development and Competition Program for Trampoline Gymnastics（Trampoline, Tumbling & DMT）, 2019（1）.

［13］FIG. Age Group Development and Competition Program for Acrobatic Gymnastics, 2019（2）.

［14］FIG. Age Group Development and Competition Program for Aerobic Gymnastics, 2019（2）.

［15］FIG. Age Group Development and Competition Program for Parkour Gymnastics（Speed – Trick – Freestyle）, 2019（5）.

［16］FIG. New Formats for World Championships and New System for Olympic Qualification, 2019-05-05.

［17］FIG. Technical Regulations 2020. Lausanne, 2019（11）.

［18］International Gymnastics Hall of Fame. http://www.ighof.com/master.php.

［19］Fédération Internationale de Gymnastique.https://www.gymnastics.sport/site/.

［20］中国体操协会网站（http://gymnastics.sport.org.cn/.）

［21］日本体操协会网站（https://www.jpn-gym.or.jp/.）

［22］美国体操协会网站（https://www.usagym.org/.）